O ESTILO STARTUP

ERIC RIES

O ESTILO STARTUP

Como as empresas **modernas** usam
o **empreendedorismo** para transformar
sua cultura e impulsionar seu crescimento

SEXTANTE

Título original: *The Startup Way*
Copyright © 2017 por Eric Ries
Copyright da tradução © 2019 por GMT Editores Ltda.

Todos os direitos reservados. Nenhuma parte deste livro pode ser utilizada ou reproduzida sob quaisquer meios existentes sem autorização por escrito dos editores.

tradução: Carlos Szlak
preparo de originais: Juliana Souza
revisão: Luis Américo Costa e Sheila Louzada
capa: Marcus Gosling
adaptação de capa, projeto gráfico e diagramação: Ana Paula Daudt Brandão
impressão e acabamento: Associação Religiosa Imprensa da Fé

CIP-BRASIL. CATALOGAÇÃO NA PUBLICAÇÃO
SINDICATO NACIONAL DOS EDITORES DE LIVROS, RJ

R422e   Ries, Eric
          O estilo startup / Eric Ries; tradução de Carlos Szlak. Rio de Janeiro: Sextante, 2019.
          368 p.; 16 x 23 cm.

          Tradução de: The startup way
          ISBN 978-85-431-0860-5

          1. Empreendedorismo. 2. Incubadoras de empresas. 3. Inovações tecnológicas. I. Szlak, Carlos. II. Título.

19-59814   CDD: 658.421
                                       CDU: 005.71-021.131

Todos os direitos reservados, no Brasil, por
GMT Editores Ltda.
Rua Voluntários da Pátria, 45 – Gr. 1.404 – Botafogo
22270-000 – Rio de Janeiro – RJ
Tel.: (21) 2538-4100 – Fax: (21) 2286-9244
E-mail: atendimento@sextante.com.br
www.sextante.com.br

Para Gabriel e Clara

Sumário

Introdução   9

PARTE 1   A EMPRESA MODERNA   23
"O hipercrescimento de uma empresa exige também
o hipercrescimento de seu pessoal."   25

CAPÍTULO 1   Respeite o passado, invente o futuro: criando a
empresa moderna   27

CAPÍTULO 2   Empreendedorismo: a área funcional ausente   45

CAPÍTULO 3   Um estado de espírito de startup   63

CAPÍTULO 4   Lições da startup enxuta   83

CAPÍTULO 5   Um sistema de gestão para a inovação
em grande escala   113

PARTE 2   UM ROTEIRO PARA A TRANSFORMAÇÃO   129
"Quem está falando e do que estamos falando?"   131

CAPÍTULO 6   Fase I: massa crítica   137

CAPÍTULO 7   Fase II: em expansão   175

CAPÍTULO 8   Fase III: sistemas profundos   209

CAPÍTULO 9   Contabilidade para inovação   247

PARTE 3	**O QUADRO GLOBAL**	281
CAPÍTULO 10	**Uma teoria unificada do empreendedorismo**	287
CAPÍTULO 11	**Rumo a políticas públicas pró-empreendedorismo**	299
EPÍLOGO	**Uma nova religião cívica**	325
ANEXO 1	**Recursos adicionais**	331
ANEXO 2	**Um catálogo de MVPs**	339
	Comentários a respeito dos métodos de investigação	343
	Transparência	345
	Agradecimentos	347
	Notas	353

Introdução

Numa tarde de verão, uma equipe de engenheiros e um grupo de executivos de uma das maiores empresas dos Estados Unidos se reuniram numa sala de aula no centro de suas amplas instalações para treinamento de executivos. O propósito era discutir o plano quinquenal, de centenas de milhões de dólares, referente ao desenvolvimento de um novo motor a diesel e gás natural. O objetivo era ingressar num novo mercado. Todos estavam muito entusiasmados. O motor, denominado Series X, tinha amplas aplicações para diversos setores, desde geração de energia até potência veicular.

Tudo isso era muito claro para as pessoas ali reunidas, exceto para uma delas, que participava sem ter nenhum conhecimento prévio sobre motores, energia ou produção de bens industriais. Portanto, essa pessoa estava limitada a fazer uma série de perguntas que qualquer um poderia ter feito:

"Onde mesmo isso é usado? Num barco? Num avião? No mar e em terra? Num trem?"

Sem dúvida, os executivos e os engenheiros se perguntavam: "Quem é esse cara?"

O cara era eu. A empresa era a GE, uma das mais antigas e respeitáveis organizações americanas, com um valor de mercado (naquela época) de 220,47 bilhões de dólares e pelo menos 300 mil funcionários.

O que eu estava fazendo ali no verão de 2012? Não sou executivo de nenhuma empresa. Minha experiência profissional não é em energia, assistência médica ou qualquer um dos diversos segmentos industriais da GE.

Sou um empreendedor.

Jeffrey Immelt, CEO e presidente do conselho da GE, e Beth Comstock, a vice-presidente, convidaram-me para ir naquele dia até Crotonville, no estado de Nova York, porque estavam intrigados com uma ideia proposta em *A startup enxuta*, meu primeiro livro: os princípios da administração empreendedora podiam ser aplicados em qualquer indústria, em empresas de qualquer porte e em qualquer setor da economia. Ambos acreditavam que a GE precisava começar a adotar esses princípios. O objetivo era colocar a organização numa trajetória de crescimento e adaptabilidade e, para Immelt, deixar um legado que permitiria a prosperidade a longo prazo.

Naquele dia, adotamos um novo olhar em relação ao plano para o motor Series X e percebemos que o produto poderia chegar ao mercado muito mais rápido se fosse desenvolvido um motor mais simples em questão de meses, não de anos. Essa reunião foi a primeira de muitas (algumas das quais serão abordadas mais à frente).

No dia seguinte, tive uma conversa bem diferente. Foi com o fundador e CEO de uma das empresas da próxima geração de startups de tecnologia em hipercrescimento. As duas empresas não podiam ser mais diferentes: uma antiga, a outra nova; uma líder de mercado em diversos setores, a outra batalhando para se destacar. Uma desenvolvendo imensos produtos físicos; a outra desenvolvendo o tipo de infraestrutura de software que move a internet. Uma na Costa Leste; a outra na Costa Oeste. Executivos de terno em uma; funcionários usando jeans rasgados na outra.

O CEO dessa empresa, um dos primeiros a adotar as ideias de *A startup enxuta*, estava encarando uma nova série de desafios: como expandir além de sua primeira inovação bem-sucedida? Como empoderar seus funcionários para que pensassem como empreendedores? E, mais importante, onde encontrar novas fontes de crescimento sustentável?

Fiquei surpreso porque, apesar de todas as diferenças, essas duas conversas tinham vários pontos semelhantes. A GE – como muitas empresas de sucesso – buscava revigorar sua cultura com energia empreendedora para continuar a crescer. Já a startup tentava descobrir como manter sua cultura empreendedora enquanto crescia.

Nos últimos anos isso me aconteceu diversas vezes, e me impressionei com a semelhança entre os desafios enfrentados por organizações que costumamos achar bem diferentes. A partir das conversas com líderes e fundadores, cheguei à conclusão de que as organizações atuais – tanto as tradicionais quanto as emergentes – carecem das capacidades necessárias a qualquer empresa para prosperar: as habilidades de testar com rapidez novos produtos e novos modelos de negócio, de empoderar seu pessoal mais criativo e de se engajar repetidas vezes num processo de inovação – e gerenciá-lo com rigor e responsabilização –, de modo que possam chegar a novas fontes de crescimento e produtividade.

Esse processo – e como passar da "carência" para a "prosperidade" em qualquer empresa ou organização – é o foco deste livro.

QUEM SOU EU?

Minha jornada até aquela reunião em Crotonville foi improvável – para não dizer inesperada. No início da minha carreira, atuei como engenheiro de softwares e depois como empreendedor. Sabe aquele estereótipo da criança que fica montando coisas na garagem de casa e no futuro se torna empreendedor de tecnologia? Bem, esse era eu. Minha primeira incursão no empreendedorismo, durante a bolha das empresas pontocom, foi um fracasso humilhante. Meu primeiro livro publicado, o "brilhante" *Black Art of Java Game Programming* (A arte obscura de programar jogos em Java), de 1996, já foi vendido na Amazon por 99 centavos de dólar (era um exemplar usado). Na ocasião, nenhum desses projetos pareceu precursor dos anos futuros, nos quais eu passaria defendendo um novo sistema de gestão.

No entanto, ao me mudar para o Vale do Silício, comecei a enxergar padrões no que impulsionava sucessos e fracassos corporativos. E, ao longo do caminho, comecei a formular um modelo de como tornar a prática do empreendedorismo mais rigorosa. Então comecei a escrever sobre o assunto, primeiro on-line, a partir de 2008, e depois num livro, *A startup enxuta*, publicado originalmente em 2011. O que aconteceu a partir daí superou minhas expectativas mais absurdas. O movimento associado às ideias do livro se espalhou mundialmente. Mais de 1 milhão de pessoas em todo o mundo leram o livro. Seja qual for o país em que você está, são grandes as possibilidades de que exista uma comunidade local de startups enxutas no Meetup.[1] Milhares de fundadores, investidores e outras pessoas do ecossistema de startups se reuniram para adotar as ideias e as práticas da startup enxuta.

No livro, fiz uma afirmação que na época pareceu radical. Sustentei que uma startup deve ser entendida como "uma instituição humana projetada para criar novos produtos ou serviços sob condições de extrema incerteza". Essa definição é intencionalmente genérica. Não especifica nada sobre o tamanho da organização, o tipo (empresa privada, organização sem fins lucrativos ou outras formas) ou o ramo ou setor de que faz parte. De acordo com essa definição ampla, qualquer pessoa – não importa o cargo – pode ser jogada de modo inesperado nas águas do empreendedorismo se o contexto de seu trabalho se tornar incerto demais. Mostrei que os empreendedores estão em todos os lugares: pequenas empresas, megacorporações, sistemas de saúde, escolas e até em agências governamentais. Estão em qualquer lugar onde houver pessoas fazendo o trabalho honroso e muitas vezes não reconhecido de testar uma nova ideia, criando uma maneira melhor de trabalhar ou atendendo a novos clientes por meio da oferta de um produto ou serviço em novos mercados.

Nos anos seguintes à primeira edição de *A startup enxuta*, as diversas organizações que adotaram os métodos que apresentei comprovaram aquela afirmação muitas vezes. Tive a oportunidade de viajar por todo o mundo, trabalhando com empresas de quase todos os tamanhos. Três fundadores trabalhando num novo aplicativo? Sim. Pequena empresa? Sim. Organização religiosa sem fins lucrativos? Com certeza. Indústrias de médio porte? Também. Startups de tecnologia em hipercrescimento e pré-oferta inicial de ações? Sem dúvida. Burocracias governamentais gigantescas? Por que não? Algumas das maiores e mais lentas empresas multinacionais do mundo? Pode apostar. Todos esses tipos de organização podem utilizar a metodologia da startup enxuta para realizar um trabalho mais eficaz e acelerar seu progresso.

DESENVOLVENDO AS CAPACIDADES AUSENTES

No final das contas, foram essas viagens que me levaram àquela sala de aula da GE. O sucesso do motor Series X, junto com vários projetos-piloto similares, levou a algo extraordinário. A GE e eu estabelecemos uma parceria para desenvolver um programa denominado FastWorks (nome que se inspira no slogan da GE, "Imagination at Work"),[2] que pôs em prática uma mudança cultural e gerencial importante. Ao longo de alguns anos, formamos milhares de líderes em toda a empresa. Eu mesmo, como coach, orientei mais de 100 equipes de projeto, abarcando cada área funcional, região e unidade de negócios. Na GE, todos os CEOs de unidades de negócios e altos executivos aprenderam o modo empreendedor de trabalho, e as funções internas foram transformadas para que facilitassem a inovação em vez de impedi-la.

Contudo, fiquei surpreso ao descobrir que as startups também precisam desse tipo de aprendizagem e trabalho de transformação. Como muitos no Vale do Silício, ascendi profissionalmente com a crença de que o pessoal das "grandes empresas" era fundamentalmente diferente dos empreendedores criativos e disruptivos;[3] que, uma vez que alcançam certo tamanho, as organizações começam a morrer lentamente, de dentro para fora. Param de inovar. As pessoas mais criativas vão embora. Inevitavelmente, as grandes empresas se tornam esclerosadas, burocráticas, engessadas.

Essa crença cria um paradoxo estranho, uma espécie de dissonância cognitiva que afeta todos nós que aspiramos a um empreendedorismo de alto crescimento. Depois de trabalhar com centenas de empreendedores, acabei me acostumando a perguntar a eles:

"Se você odeia tanto as grandes empresas, por que está tentando criar mais uma?"

A maioria fica desconcertada com a pergunta, pois, em sua imaginação, a empresa que estão desenvolvendo será diferente. Não será perturbada por reuniões inúteis nem por gerentes de nível médio intrometidos; vai continuar dinâmica, ousada, uma eterna startup. Mas com que frequência esse ideal é alcançado?

Nos últimos anos, os primeiros fundadores e CEOs que adotaram o método startup enxuta voltaram a entrar em contato comigo. No começo, ficaram empolgados com as partes do método que desencadeariam um início rápido da atividade, como o *produto mínimo viável* e o *pivô*, mas não se concentraram tanto nas partes que são, francamente, um pouco mais chatas: a ciência da administração e a disciplina da contabilidade. Agora que suas empresas se expandiram e passaram a empregar centenas, milhares ou, em certos casos, até dezenas de milhares de funcionários, perceberam que tinham de encontrar uma maneira de se ater à própria forma empreendedora de trabalho – mesmo utilizando ferramentas de gestão tradicionais, fazendo mais estimativas e se aproximando de um organograma de aparência tradicional.

Vi isso de perto em dezenas de empresas incríveis: depois que os funcionários ficam sujeitos a estruturas e incentivos tradicionais, surgem certos comportamentos burocráticos. É uma consequência inevitável desses sistemas.

O que esses fundadores queriam saber era o seguinte: podemos utilizar as técnicas da startup enxuta para impedir que nossas organizações se tornem letárgicas e burocráticas ao se expandirem?

Graças ao trabalho que fiz com organizações maiores, pude dizer a eles que a resposta era sim.

É por isso que desde 2012 tenho levado uma vida dupla. Muitas vezes eu me reunia com o dirigente de uma megaorganização líder de mercado pela manhã e, à tarde, passava algum tempo em startups – algumas com histórias de sucesso e crescimento gigantesco no Vale do Silício, outras recém-criadas e promissoras. Mas as perguntas que me faziam eram surpreendentemente parecidas:

Como estimular meus funcionários a pensar mais como empreendedores?

Como desenvolver novos produtos para novos mercados sem perder os clientes existentes?

Como cobrar responsabilização das pessoas que trabalham de modo empreendedor sem colocar em risco meu negócio principal?

Como criar uma cultura que equilibre as necessidades do negócio existente com novas fontes de crescimento?

Se você está lendo este livro, provavelmente também já se fez essas perguntas sobre sua organização.

Ao aprender com as empresas com que trabalhei, comecei a desenvolver uma nova obra a respeito dos princípios aplicáveis depois da fase de "início das atividades", sobretudo em empresas tradicionais e até de grande porte. Esta obra trata de:

- como a gestão tradicional e o que denomino *gestão empreendedora* podem funcionar juntas;
- o que startups precisam fazer, além de aplicar os princípios da startup enxuta, quando apresentam problemas que resultam do crescimento e da expansão rápida;
- como deve ser o *processo* de transformação organizacional, a fim de se aproximar de uma forma de trabalho mais enxuta e mais iterativa.

Trabalhei com milhares de gestores e fundadores para testar e refinar essa nova abordagem. Estive nas trincheiras com eles, lançando novos produtos, fundando novas empresas, reinventando sistemas de TI, auditando processos financeiros, repensando práticas de RH e estratégias de vendas e o que mais você puder imaginar. Trabalhei com líderes de todas as áreas funcionais corporativas, incluindo cadeia de suprimentos, departamento jurídico e pesquisa e desenvolvimento (P&D). Também trabalhei em inúmeros setores: perfuração em águas profundas, aparelhos eletrônicos, automotivo, moda, assistência médica, forças armadas e educação, para mencionar só alguns.

A nova abordagem se inspira não só em meu trabalho direto com as empresas, mas também em todo um movimento de líderes com ideias afins. É embasada em estudos de caso e no conhecimento de inúmeras fontes: multinacionais icônicas, como GE e Toyota; pioneiros consagrados da tecnologia, como Amazon, Intuit e Facebook; a próxima geração de startups em hipercrescimento, como Twilio, Dropbox e Airbnb; e inúmeras startups emergentes de que você ainda nem ouviu falar. E, talvez de modo ainda mais surpreendente, inspira-se no trabalho de inovadores que vêm reformando algumas das instituições mais antigas e mais burocráticas do mundo, incluindo o governo federal dos Estados Unidos.

Os líderes visionários de todos os tipos de negócio estão despertando para novas possibilidades, que misturam o melhor da administração geral com a disciplina emergente da gestão empreendedora.

Ao trabalhar com eles, percebi que o empreendedorismo tem o potencial de revitalizar o pensamento gerencial do século XXI. Não é mais apenas a forma de trabalhar num setor. É a forma de trabalhar – ou querer trabalhar – em todos os lugares.

Chamo isso de estilo startup.

OS CINCO PRINCÍPIOS POR TRÁS DO ESTILO STARTUP

O estilo startup combina o rigor da administração geral com a natureza altamente iterativa das startups. É um sistema que pode ser utilizado em qualquer organização que procure a prática da inovação contínua, não importa o tamanho, a idade ou a missão.

Pense novamente na definição de startup que apresentei. Como o empreendedorismo sempre envolve o desenvolvimento da instituição, então necessariamente envolve a gestão. No estilo startup, o empreendedorismo é uma disciplina gerencial, uma nova estrutura para organizar, avaliar e alocar recursos para o trabalho de uma empresa. É uma filosofia que substitui o modelo antiquado que impede o progresso de muitas empresas, propiciando uma nova forma de trabalhar para criar crescimento sustentável por meio da inovação contínua. Em vez do atual sistema de gestão, amarrado ao planejamento e às estimativas, o estilo startup cria um sistema que abarca a velocidade e a incerteza, e até tira proveito delas.

Os cinco princípios-chave por trás da filosofia do estilo startup são:

1. **Inovação contínua**: muitos líderes estão buscando uma forma principal de inovação. Porém, o crescimento a longo prazo requer algo distinto: um método para encontrar novos avanços repetidas vezes, recorrendo à criatividade e ao talento em cada nível da organização.
2. **Startup como unidade atômica de trabalho**: a fim de criar ciclos de inovação contínua e ativar novas fontes de crescimento, as empresas

precisam permitir que suas equipes experimentem até encontrá-las. Essas equipes são como startups internas e requerem o suporte de uma estrutura organizacional exclusiva.
3. **A área funcional ausente:** se você adicionar startups ao ecossistema da organização, elas devem ser gerenciadas de modo que se misturem com as técnicas tradicionais. A maioria das organizações carece de uma disciplina básica – empreendedorismo – tão fundamental para seu sucesso futuro quanto marketing e finanças.
4. **A segunda fundação:** realizar esse tipo de mudança profunda na estrutura da organização é como fundar a empresa outra vez, quer ela tenha 5 ou 100 anos.
5. **Transformação contínua:** tudo isso exige uma nova capacidade organizacional: a habilidade de reescrever o DNA da organização em resposta a novos e diversos desafios. Seria uma pena transformar-se apenas uma vez. Depois que uma empresa descobre como se transformar, pode e deve estar preparada para fazer isso muito mais vezes no futuro.

Logo de saída, é importante notar que envolver toda a organização nesse método de trabalho não significa que todas as equipes devam ser reorganizadas em torno dos princípios da startup nem que todos os funcionários começarão a agir como empreendedores num passe de mágica. O objetivo é possibilitar que as equipes startup trabalhem com segurança e dar a todos os funcionários a *oportunidade* de agir de forma empreendedora. Adotar o método startup enxuta possibilita que as pessoas trabalhem naturalmente dessa forma, ou possam trabalhar, dados o estímulo e a permissão necessários. Como consequência, todos os gestores da empresa devem dominar as ferramentas de gestão empreendedora, mesmo aqueles que não estão diretamente envolvidos com startups. Eles precisam entender por que algumas pessoas estão trabalhando de forma diferente, ser capazes de cobrar responsabilização em consonância com os novos padrões e reconhecer quando suas áreas funcionais normais, que atuam como guardiãs – como RH, TI, jurídica e *compliance* –, estão atrapalhando.

O LIVRO

Isto não é um manifesto. Já temos muitos deles. Nosso mundo está repleto de gurus e especialistas nos dizendo para avançar mais rápido, ser mais inovadores e pensar fora dos parâmetros convencionais. No entanto, carecemos de detalhes específicos: como exatamente atingir esses resultados? Este livro é uma tentativa de apresentar os detalhes que faltam. Aqui são oferecidas técnicas comprovadas para reavivar o espírito empreendedor de uma organização. Ou, antes de mais nada, para impedir que ele se perca.

Se você for um líder – seja de uma empresa ou de uma equipe –, este livro lhe mostrará como fazer com que sua organização encontre novas fontes de crescimento de longo prazo. Você aprenderá a criar estruturas de responsabilização que incentivem a inovação produtiva, ou seja, do tipo que realmente tem valor para uma empresa, e também a estruturar o trabalho de modo que ele seja mais gratificante. Além disso, terá uma nova visão sobre qual é seu papel como líder – um papel bastante diferente daquele que ainda é ensinado em muitos cursos de MBA ou almejado por investidores ou membros do conselho de administração. Scott Cook, cofundador da Intuit e agora diretor-presidente de seu comitê executivo, afirma que essa é uma mudança de perspectiva. É a diferença entre "representar o imperador romano" (decidindo que projetos vivem ou morrem) e "representar o cientista" (estar sempre aberto à pesquisa e à descoberta). Isso tornará seu trabalho mais interessante e eficaz.

Este livro se baseia em experiências da vida real, em organizações que implantaram com sucesso essas ideias numa grande variedade de setores, atividades e escalas. Detalha uma série de intervenções específicas que podem ajudá-lo a investir em empreendedorismo como disciplina básica, acompanhando-o na tarefa de mudar a mentalidade da alta direção. Graças ao meu trabalho com a GE, fui autorizado a contar sobre os bastidores da transformação promovida pelo programa FastWorks, que servirá como um estudo de caso estendido para ilustrar os conceitos que tornaram a GE adaptável ao futuro. E também compartilharei histórias detalhadas de muitas organizações que tiveram uma jornada semelhante.

Na Parte 1, "A empresa moderna", vou revelar por que as práticas gerenciais tradicionais não estão mais funcionando e por que os dias de hoje tornaram tão importante a integração da gestão empreendedora. Falaremos de novas capacidades e formas de trabalho agora necessárias.

Ainda na Parte 1 definimos "a startup" como a nova *unidade atômica de trabalho* para um terreno altamente incerto e expõe as condições para desenvolver um portfólio de startups dentro de uma organização. Vamos discutir como criar as bases para uma responsabilização vigorosa em relação a projetos de inovação, mesmo em situações de grande incerteza, em que o planejamento e as estimativas são difíceis ou impossíveis, e como evitar os tipos de medida de responsabilização que tantas vezes liquidam projetos de inovação compensadores. Também faremos uma rápida incursão pelos pontos e processos importantes detalhados em *A startup enxuta*, tais como *produtos mínimos viáveis*, *pivôs* e o *ciclo construir-medir-aprender*.

Na Parte 2, "Um roteiro para a transformação", mergulharemos no "como" relativo ao estilo startup. Quando as equipes recebem a chance de se organizar dessa maneira, naturalmente adotam processos novos e não convencionais. Vamos explorar essas técnicas, algumas das quais baseadas em conceitos expostos em *A startup enxuta*, outras inteiramente novas. Além disso, falaremos de como gerenciar o conflito entre esses novos processos e os sistemas mais antigos, incluindo os conflitos entre os gerentes de nível médio, que têm sido os assassinos do progresso.

Para uma empresa moderna, os resultados finais da inovação contínua não são apenas os novos e revolucionários produtos, serviços, sistemas internos e ganhos comerciais. A inovação também proporciona a oportunidade de incubar uma nova cultura, que desencadeia a criatividade empreendedora em todos os níveis da organização. Investigaremos meios de fazer escolhas corretas de responsabilização e processos que permitem que essa nova cultura prospere e cresça.

Vamos levar em consideração as necessidades de pessoal, contratação e desenvolvimento decorrentes dessa nova forma de trabalho, esclarecendo a crença equivocada, mas bastante difundida, de que para trabalhar de maneira empreendedora é preciso demitir o pessoal e recorrer ao mercado para procurar superestrelas. Encontrei empreendedores de verdade em todas as organizações com que trabalhei – sem exceção e incluindo algumas empresas icônicas integrantes da Fortune 500. Discutiremos como tirar das sombras essas pessoas talentosas, desenvolver uma rede de coaching e apoio e, no fim das contas, ajudá-las a ter êxito. Examinaremos de que forma as áreas funcionais internas de uma corporação, incluindo RH, jurídico, financeiro, TI e suprimentos, podem ser transformadas a fim de facilitar a inovação, e não bloqueá-la. Estudaremos os tipos de problema que surgem especificamente durante a inovação contínua. Finalmente, daremos uma olhada atenta nos processos e nos mecanismos da *contabilidade para inovação*, ou seja, a estrutura financeira que apoia essa nova forma de trabalho.

Na Parte 3, "O quadro global", vamos conferir o que acontece depois que o processo de transformação está "concluído". Na verdade, ele nunca está. O objetivo maior do estilo startup é que as organizações se mantenham num estado de transformação contínua, que lhes permita prosperar em qualquer circunstância. Acredito que esse tipo de flexibilidade também pode ser usado de modo muito mais amplo. Assim, os capítulos finais tratam das consequências mais importantes dessa nova estrutura quando aplicada às políticas públicas e aos problemas que encaramos enquanto sociedade.

UM CAMINHO PARA O PENSAMENTO DE LONGO PRAZO

Dando continuidade a um tema de *A startup enxuta*, neste livro retornarei muitas vezes a uma questão central: como as empresas podem criar crescimento e resultados *de longo prazo*? De todos os tópicos que discuto dia após dia, esse é o mais passional para os fundadores e gestores atuais. Repetidas vezes observo pessoas que desejam desesperadamente concretizar uma visão de longo prazo para a empresa e deixar um legado de melhorias, mas ficam o tempo todo frustradas pelas demandas de curto prazo dos atuais sistemas empresariais. Bastam alguns trimestres ruins para que os investidores exijam mudanças e para que a política interna de uma empresa sofra uma grande reviravolta, de uma ponta à outra.

Você talvez ache que uma organização que avalia os funcionários em relação a prazos trimestrais estritos, como a maioria das empresas faz hoje em dia, trabalharia com uma mentalidade que estimula a experimentação rápida num cronograma curto. No entanto, o que de fato acontece é o oposto disso. Por causa da pressão, tudo que pode ser feito em um trimestre precisa ser bastante previsível para que seja possível assumir futuros compromissos com base em seus resultados. Em vez de enxergar as oportunidades de inovação que resultam do pensamento em ciclos curtos, as empresas se tornam conservadoras e se concentram apenas em projetos que acreditam que maximizarão a produtividade do trimestre ou do ano fiscal. Isso significa que continuam a fazer as mesmas coisas, quer essas coisas ainda funcionem como antes ou não. Além disso, a empresa que exige previsibilidade a curto prazo também está mal equipada para cobrar responsabilidade de equipes que trabalham em projetos mais longos.

Acredito que a nova estrutura descrita neste livro é uma orientação concreta para ultrapassar esse dilema, chegando a um sistema novo e mais sustentável para a criação de crescimento e flexibilidade de longo prazo.

Então, agora que você sabe o que queremos alcançar – mudar a maneira como a empresa moderna funciona –, vamos começar.

PARTE 1

A EMPRESA MODERNA

"O hipercrescimento de uma empresa exige também o hipercrescimento de seu pessoal."

Em 2006, provavelmente você jamais teria pensado em alugar o apartamento de um estranho em vez de se hospedar num Hilton. Enquanto escrevo este livro, mais de 100 milhões de pessoas já fizeram isso, graças ao Airbnb.[1] Em sua essência, a empresa é experimental. Se não fosse, nunca teria descoberto um mercado totalmente desconhecido nem teria atingido, em apenas dez anos, um valor de 30 bilhões de dólares. Então, o que mais o pensamento startup pode trazer a uma empresa que muito recentemente alcançou enorme sucesso ao abalar todo um mercado?

Alguns anos após o lançamento do Airbnb, a equipe original começou a buscar oportunidades de crescimento. Eles adicionaram novos recursos ao produto existente, incluindo a verificação do usuário e o seguro para o anfitrião, para aumentar a confiança na plataforma, e fizeram uma parceria com a Concur Technologies a fim de captar viajantes a negócios. No entanto, sabiam que, para continuar crescendo, precisavam propor algo inteiramente diferente. "Ficamos nos perguntando 'E agora? Para onde vamos?'", recorda Joe Zadeh, um dos primeiros funcionários da empresa e agora seu vice-presidente de produto. Como o fundador Brian Chesky afirmou: "Eu tinha esse senso de urgência ou crise. A gente não pode ficar na mesma."[2]

Zadeh e Chesky perceberam que, a fim de propor algo novo, precisavam se dar tempo e espaço para fazer testes – algo que tinham quando lançaram a empresa, simplesmente por causa da circunstância, mas que não tinha sido priorizado durante o crescimento do Airbnb. Eles criaram uma pequena e dedicada equipe, encabeçada por Chesky, cuja primeira missão foi passar uma tarde no Fisherman's Wharf, um belo lugar com vista panorâmica para a baía de São Francisco, a prisão de Alcatraz e a ponte Golden Gate, onde há inúmeros turistas e lojas de suvenires. O resultado, que veio alguns anos depois, foi o lançamento do Airbnb Trips, serviço de planejamento de viagens, marcando a primeira expansão importante da empresa. No Capítulo 8, aprenderemos mais acerca do que ocorreu entre aquela tarde e o lançamento do produto, e a respeito da estrutura do Airbnb, que permite tanto a manutenção de seu produto principal quanto os experimentos com novas ideias, como o Trips. O que quero destacar aqui é a filosofia por trás de fazer apostas que podem ou não compensar em vez de simplesmente refinar um sucesso presente. Zadeh resume isso: "O hipercrescimento de uma empresa exige também o hipercrescimento de seu pessoal."

O Airbnb é apenas um exemplo de uma estrutura de startup que permite a experimentação. Ao longo do livro, observaremos aspectos de diversas outras, incluindo Dropbox, WordPress e Emerald Cloud Lab, para entendermos como prosperaram.

Claro que muitas startups ainda não chegaram a esse patamar. No entanto, se tiverem êxito, vão alcançá-lo em breve. É crucial pensar em como gerenciar o crescimento antes que ele aconteça, e não quando já aconteceu e está gerando uma crise. Entender as ferramentas disponíveis e o ambiente em que as estamos usando é fundamental para o sucesso de longo prazo. Como Ari Gesher, da Palantir, afirma: "O hipercrescimento é árduo. Não há nenhuma maneira agradável de alcançá-lo. Se doer, você não está fazendo errado, está fazendo certo."[3]

Nesta parte, vamos falar tanto do que significa se tornar uma empresa moderna quanto da estrutura empreendedora necessária para sobreviver e incorporar uma visão de longo prazo. A implementação dessa visão exige paciência e dedicação – a transformação nunca é apenas provisória –, mas as organizações que agem dessa maneira têm maior chance de expansão contínua. Vamos tratar dos elementos da cultura e do trabalho das startups que tornaram o Vale do Silício e outros polos de startups lugares tão dinâmicos, e também das lições e teorias do passado que formam a base para uma nova maneira de pensar a respeito de gestão. Por fim, vamos sintetizar essas ideias no estilo startup.

CAPÍTULO 1

Respeite o passado, invente o futuro: criando a empresa moderna

Anos atrás, quando comecei a trabalhar com a GE, tive uma conversa com seu CEO, Jeff Immelt. O que ele me disse naquele dia me marcou: "Ninguém quer trabalhar numa empresa antiquada. Ninguém quer comprar produtos de uma empresa antiquada. E ninguém quer investir numa empresa antiquada."

Seguiu-se uma discussão profunda a respeito do que torna uma empresa de fato moderna. Como se reconhece uma?

Pedi a Jeff que imaginasse o seguinte cenário: se eu selecionar um funcionário da empresa ao acaso, de qualquer escalão, área funcional ou região, e ele tiver uma ideia brilhante que dê origem a uma nova e radical fonte de crescimento para a empresa, como ele a implantará? A empresa tem um processo automático para testar uma nova ideia, para ver se é mesmo tão boa? E possui ferramentas gerenciais para expandir essa ideia até atingir o impacto máximo, mesmo que ela não se encaixe em nenhuma das linhas de negócios atuais?

Isto é o que uma empresa moderna faz: aproveita a criatividade e o talento de cada um de seus funcionários.

Jeff me respondeu no ato: "Seu próximo livro deveria ser sobre isso."

O MERCADO DA INCERTEZA

Acho que a maioria dos líderes empresariais admite que os desafios diários de tocar seu negócio deixam pouco tempo e energia para explorar e testar novas ideias. É lógico que as empresas de hoje estão atuando num ambiente bastante diferente do de suas antecessoras. Tive o privilégio de conhecer milhares de gestores de todo o mundo nos últimos anos. Repetidas vezes percebi a enorme ansiedade deles por causa da imprevisibilidade do mundo em que vivem. Algumas das preocupações que mais ouvi:

1. A globalização e a ascensão de novos concorrentes globais.
2. "Softwares devorando o mundo"[1] e o fato de que a automação e a TI parecem destruir os "fossos"[2] competitivos que as empresas conseguiram construir ao redor de seus produtos e serviços no passado.
3. A crescente velocidade da mudança tecnológica e das preferências do consumidor.
4. A quantidade absurda de novas startups com potencial de grande crescimento que estão ingressando em cada setor, mesmo que a maioria delas acabe fechando as portas.[3]

E esses são apenas alguns exemplos das fontes *externas* de incerteza que os gestores de hoje encaram. E eles sofrem pressão cada vez maior para criar mais incertezas: lançar produtos inovadores, procurar novas fontes de crescimento ou ingressar em novos mercados.

É importante perceber como a mudança aconteceu. Na maior parte do século XX, o crescimento em diversos setores foi limitado pela capacidade. Era óbvio o que uma empresa faria se tivesse capacidade extra: produziria mais coisas e as venderia depois. Os "novos produtos" eram, em sua maioria, variações do que já se produzia. O "novo crescimento" significava veicular mais propaganda para alcançar novos compradores para os produtos existentes. As bases para concorrência eram principalmente preço, qualidade, variedade e distribuição. As barreiras à entrada eram altas e, se concorrentes entrassem em cena, ingressavam e cresciam de modo relativamente lento para os padrões atuais.

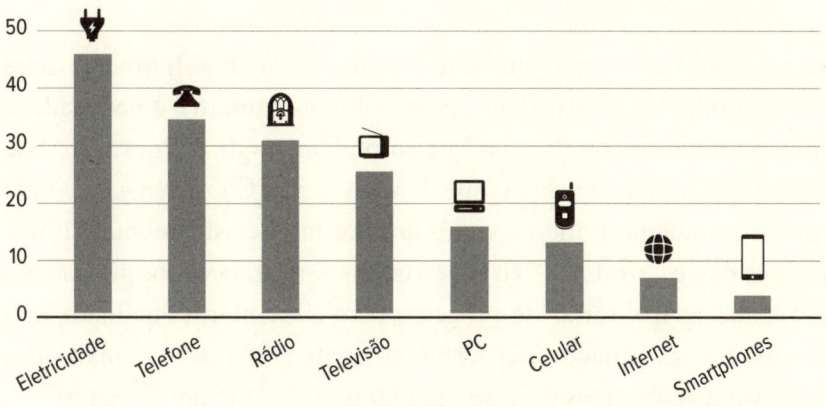

Tempo (em anos) para uma tecnologia ser adotada por 25% da população americana.
Fonte: Censo dos EUA, *The Wall Street Journal*

A difusão e o ritmo de adoção de novas tecnologias aumentaram ao longo do tempo. O gráfico mostra quantos anos se passaram até que tecnologias como eletricidade, televisão e internet fossem adotadas por ao menos 25% da população americana.[4]

No momento atual, a comunicação global permite que novos produtos sejam concebidos e desenvolvidos em qualquer lugar, e os clientes conseguem descobri-los numa velocidade sem precedentes. Além disso, as pessoas físicas e as pequenas empresas têm acesso a esses novos sistemas globais como nunca antes, ainda mais se pensarmos como era pequeno o número de detentores de capital antigamente.

Esse arranjo vira de ponta-cabeça o antigo axioma de Karl Marx. O que ele chamava de *meios de produção* agora pode ser alugado. Cadeias globais de suprimentos podem ser emprestadas por um custo marginal um pouco maior que o dos produtos básicos produzidos. Isso reduz drasticamente o capital inicial necessário para tentar algo novo.

Além disso, a base da concorrência está mudando. Os consumidores atuais têm mais opções e são mais exigentes. As tendências tecnológicas recompensam as empresas com alcance mais amplo e poder de quase monopólio. Muitas vezes a base para a concorrência é design, marca, modelo de negócios ou plataforma tecnológica.

O PORTFÓLIO GERENCIAL

Esse é o contexto em que uma empresa moderna atua. Inúmeras delas ainda produzem bens primários, porém o mais comum é a necessidade de novas fontes de crescimento que só podem surgir da inovação. Isso tem efeitos muito reais sobre o que denomino *portfólio gerencial* de uma empresa. As melhorias incrementais dos produtos existentes ou as novas variações desses produtos são investimentos relativamente previsíveis, assim como as melhorias de processo para aumentar a qualidade e as margens. Nessas situações, as ferramentas de gestão tradicional – das estimativas aos objetivos de desempenho típicos – funcionam bem.

Contudo, para outras partes do portfólio gerencial, em que saltos de inovação estão sendo experimentados, as ferramentas de gestão tradicional não servem. E a maioria das empresas ainda não tem nada para substituí-las.

POR QUE AS FERRAMENTAS DE GESTÃO TRADICIONAL NÃO FUNCIONAM MUITO BEM COM A INCERTEZA

Alguns anos atrás, li *Meus anos com a General Motors*, de Alfred Sloan, um dos clássicos da literatura de administração (a primeira edição data de 1963). Nesse livro, ele relata o momento, em 1921, em que a GM quase ficou sem dinheiro. O motivo? Nenhuma catástrofe devastadora ou escândalo de apropriação indébita. Não, a empresa simplesmente acumulou estoque demais, gastando em torno de muitas centenas de milhões de dólares (em valores dos anos 1920!), alheia ao fato de que a economia geral estava despencando naquele ano e a demanda seria muito baixa em 1920-1921.

Após salvar a empresa por meio de medidas emergenciais, Sloan empreendeu uma jornada de alguns anos para encontrar um novo princípio gerencial capaz de impedir a reincidência nesse tipo de problema. No fim, ele fez uma descoberta revolucionária, que chamou de "o segredo para o controle coordenado das operações descentralizadas".

A base desse sistema era obter estimativas rigorosas, para cada gerente de divisão, do número exato de carros que a GM deveria vender num ano "ideal". Ao utilizar essas estimativas, em combinação com alguns objetivos internos e fatores macroeconômicos externos, a empresa geraria uma previsão de quantos carros cada divisão seria responsável por vender. Os gerentes que superavam esse total eram promovidos, e aqueles que ficavam aquém das expectativas, não. Uma vez posto em prática, o sistema funcionou para evitar que se repetisse o tipo de erro de cálculo e desperdício de recursos que tinha ocorrido.

A estrutura que Alfred Sloan criou tornou-se a base de toda a administração geral do século XX. Não se podia administrar uma empresa multinacional, uma multidivisão, um multiproduto e suas cadeias globais de fornecedores de suprimentos sem essa estrutura. É uma das ideias verdadeiramente revolucionárias dos últimos 100 anos, sendo ainda muito utilizada hoje em dia. Todo mundo sabe como funciona: você supera sua estimativa, gera lucros, é promovido. Falhe e fique alerta.

Porém, quando li essa história, o que passou pela minha cabeça foi: Você está me dizendo que...

houve um tempo em que...

as pessoas faziam estimativas...

e elas *se concretizavam*?

Além disso, as estimativas eram tão exatas que podiam ser utilizadas como um sistema justo para decidir quem era promovido e quem não era? Como empreendedor, nunca vivenciei algo do tipo.

As startups em que trabalhei e que conheci no Vale do Silício não podiam fazer estimativas exatas porque não tinham nenhum histórico operacional. Assim como seus produtos, seus mercados também eram desconhecidos – e, em certos casos, até a funcionalidade da própria tecnologia era desconhecida –, o que impossibilitava qualquer estimativa exata.[5]

No entanto, as startups também fazem estimativas, só não tão exatas.

No início da minha carreira, eu sabia por que *eu* sempre fazia estimativas para os meus negócios: sem isso, você não consegue dinheiro. Julguei que a estimativa era uma espécie de ritual de *kabuki*, em que os empreendedores provavam aos investidores quão durões eram mostrando quanto sofrimento causado por planilhas conseguiam suportar. Era um exercício fictício orientado pelo nosso desejo de mostrar um resultado remotamente plausível para uma ideia que em geral carecia de qualquer comprovação.

Com o tempo, porém, descobri que alguns investidores realmente *acreditavam* na estimativa. Até tentavam utilizá-la como ferramenta de responsabilização, exatamente como Alfred Sloan. Se a startup não correspondesse aos números do plano de negócios original, os investidores interpretariam como um sinal de execução insatisfatória. Como empreendedor, achei essa reação desconcertante. Esses investidores não sabiam que aqueles números eram baseados em previsões?

Mais tarde em minha carreira, fiz amizade com gerentes em cargos corporativos tradicionais que estavam tentando promover a inovação. Quanto mais inovadores corporativos eu conhecia, mais ouvia falar a respeito de quanta confiança seus chefes tinham nas estimativas para cobrar das pessoas – até mesmo de membros da alta direção. Com frequência, o "plano de fantasia" da abordagem original é otimista demais para ser utilizado como estimativa real, mas os gestores, sem outro sistema para usar, necessitam de algo em que se agarrar. Sem alternativa, apegam-se à estimativa, mesmo se for inventada.

A essa altura você já deve ter começado a perceber o problema: um sistema mais antigo de responsabilização, projetado para uma época muito diferente e para um contexto muito diverso, ainda está sendo utilizado em situações em que não funciona. Às vezes, o fracasso em cumprir uma estimativa significa que uma equipe teve um desempenho insatisfatório. Outras vezes, porém, quer dizer que a própria estimativa era uma fantasia. Como perceber a diferença?

COMO LIDAR COM O FRACASSO?

Sem dúvida você já ouviu falar do conjunto de práticas Seis Sigma, uma das mais famosas transformações corporativas da história da administração. Implementado na GE em 1995 pelo CEO Jack Welch, o Seis Sigma é um processo para desenvolver e entregar produtos quase perfeitos. *Sigma* é um termo estatístico que mede até onde determinado processo se desvia da perfeição. Para alcançar a Qualidade Seis Sigma, um processo deve produzir não mais do que 3,4 defeitos por milhão de chances; isto é, deve ser imperfeito em menos de 0,0000034% das vezes. Welch introduziu o processo na GE com o objetivo de alcançar a Qualidade Seis Sigma em toda a empresa num período de cinco anos, afirmando: "A qualidade pode de fato fazer com que a GE passe de uma das grandes empresas para a maior do mercado de negócios mundial."[6]

Durante minhas viagens de treinamento de executivos da GE, tanto apreciadores quanto céticos do Seis Sigma fizeram inúmeras perguntas. Queriam inclusive saber se o FastWorks era a próxima "grande novidade" da GE. Tornaria obsoleto o treinamento do Seis Sigma? Se a ideia era executar o FastWorks em paralelo com o Seis Sigma, como saberiam quando usá-lo? Havia certificações e níveis de conhecimento sobre startup enxuta parecidos com as faixas coloridas do Seis Sigma?

Certo dia, quando estava reunido com um faixa preta do Seis Sigma de um dos negócios industriais da GE – e bastante cético –, eu me peguei distraído pela caneca na mesa dele, em que li a seguinte inscrição: FRACASSAR NÃO É UMA OPÇÃO. Ninguém no mundo das startups teria uma caneca assim, pensei. Seria ridículo. Ao longo da minha experiência, deparei com inúmeras situações em que a realidade se mostrou imprevisível demais para evitarmos o fracasso.

Pensei nos melhores e mais bem-sucedidos empreendedores que conheço. O que a caneca deles diria? Provavelmente: EU TOMO FRACASSO NO CAFÉ DA MANHÃ.

A tensão entre essas duas frases de efeito é um grande ponto de partida para entender não só por que as startups tiveram dificuldade em adotar métodos gerenciais tradicionais e vice-versa, mas também o que as conecta. Houve um tempo em que produzir produtos de alta qualidade dentro do prazo, dentro do orçamento e em larga escala era uma das preocupações mais notáveis. Entender como desenvolver qualidade nos produtos de dentro para fora exigia o domínio da nova ciência estatística da variação e, depois, a criação de ferramentas, metodologias e programas de treinamento que pudessem tornar a execução mais prática. A padronização, a produção em massa, a manufatura enxuta e o Seis Sigma são todos frutos dessa vitória conceitual arduamente conquistada.

Nesses métodos, está a pressuposição de que o fracasso pode ser evitado por meio da preparação diligente, do planejamento e da execução. No entanto, a parte que cabe à startup no portfólio gerencial desafia essa suposição. Se alguns projetos fracassaram em atingir suas projeções porque a incerteza latente era muito alta, como cobraremos responsabilidade desses líderes?

MUDANDO A MANEIRA COMO AS EMPRESAS "CRESCEM"

Aditya Agarwal, que trabalhou no Facebook nos primeiros anos da empresa – quando passou de 10 para cerca de 2,5 mil funcionários –, é hoje vice-presidente de engenharia da Dropbox. Ele enxerga o dilema empreendedor desta maneira:

> Um dos motivos pelos quais é difícil desenvolver coisas novas em empresas maiores é que as pessoas não têm o modelo mental de "Meu trabalho é aprender coisas novas". A maioria acredita que deve ficar realmente boa na realização de alguma coisa e, depois, continuar fazendo aquilo. Sim, há aprendizagem incremental, mas é mais uma questão de aperfeiçoar sua arte do que de criá-la quase do zero. Mesmo as empresas que parecem ter lançado um bom produto não saberiam fazer outro com facilidade.

Você acharia que uma startup inovadora e popular como a Dropbox, que foi fundada em 2007 e, no momento em que este livro foi escrito, valia 10 bilhões de dólares, tinha 500 milhões de usuários e cerca de 1,5 mil funcionários no mundo todo,[7] evitaria facilmente o problema de replicar uma estrutura antiquada, certo? Afinal, ela chegou ao mercado com um produto do qual ninguém sabia que precisava e que se tornou um grande sucesso.

No entanto, a Dropbox também se deparou com alguns dos problemas que costumamos associar às empresas tradicionais e mais consagradas. Por quê? Porque, no desenrolar de seu enorme e rápido crescimento, continuou usando um esquema já conhecido. Perdeu alguns dos primeiros princípios sobre mentalidade de produto que possibilitaram seu sucesso inicial. O lançamento de dois novos produtos carros-chefes, o Mailbox e o Carousel, foi, segundo Agarwal, "decepcionante. Não houve a escala massiva que queríamos, e acabamos vendo o fim deles".

Os motivos desses fracassos foram conhecidos. "Não reunimos um número suficiente de feedbacks válidos dos usuários. Estávamos desenvolvendo cada vez mais, porém ouvindo menos."

A diferença entre a Dropbox e as empresas mais tradicionais e antigas foi que no cerne da empresa persistiu o entendimento original das melhores maneiras de testar, promover e desenvolver ideias. "Foi a experiência mais dolorosa pela qual passamos", Agarwal afirmou, e prosseguiu: "Mas também a mais gratificante e importante. Acabou nos ensinando muitas coisas que estávamos fazendo errado no desenvolvimento de novos produtos. É importante aceitar a dor, fazer a autópsia completa e aprender com isso. É assim que se fica melhor e mais forte."

Após diversas mudanças, algumas das quais detalharemos num capítulo posterior, a empresa apresentou o Dropbox Paper, novo recurso para comunicação e colaboração na plataforma, que se inspirou no que aprendeu com as tentativas anteriores. Foi lançado mundialmente, em 21 línguas, em janeiro de 2017.

Como Todd Jackson, vice-presidente de produto da Dropbox, afirmou: "É necessária uma disciplina diferente para lançar produtos inteiramente novos." No século XXI, é decisivo ter a consciência da necessidade tanto de proteger quanto de desenvolver um produto existente, sendo ao mesmo tempo capaz de experimentar novos produtos, além de ser um marco distintivo de uma empresa moderna.

O PAPEL DO LÍDER

Alguns anos atrás, eu estava respondendo a perguntas numa reunião estilo assembleia geral, numa startup unicórnio[8] – empresa privada avaliada em mais de 1 bilhão de dólares – que tinha crescido rápido e já contava com mais de mil funcionários. Embora a empresa tivesse poucos anos de vida e tecnologia de ponta, suas práticas gerenciais eram decididamente tradicionais. A assembleia enfocou estas questões básicas: o que aconteceu com nosso DNA de startup? Por que nossa velocidade e nossa agilidade caíram tanto de uns tempos para cá? O que devemos fazer para recuperá-las?

Depois, a fundadora me procurou para expressar suas frustrações e descreveu seu dilema desta maneira: uma equipe queria sua ajuda para testar uma ideia. Embora naquele momento ela estivesse à frente de uma grande empresa, no fundo era uma empreendedora. Então, ofereceu à equipe algum apoio financeiro, deu autorização para que seguisse em frente e voltou ao trabalho diário de administrar a empresa. Essa equipe a atualizava periodicamente, como todas as outras, e tudo parecia estar caminhando bem. Seis meses depois, ela decidiu dar uma olhada no que a equipe estava fazendo e descobriu que nenhum produto tinha sido lançado. Ainda não havia clientes, e o produto estava feito pela metade e era muito mais complicado do que deveria ser.

A equipe deu um milhão de desculpas: falta de recursos, a necessidade de prever dez outros problemas que talvez surgissem no futuro e construir a infraestrutura que os apoiaria, etc. Era um caso clássico de desvio do escopo do projeto, pois a equipe ia adicionando cada vez mais componentes "essenciais" ao produto. A fundadora não entendia o que tinha dado errado. Por que ninguém dissera nada? Por que sua equipe não percebera que aquilo seria um desastre? A resposta era que a equipe não estava sendo responsabilizada a ponto de se sentir obrigada a mostrar progresso (ou a falta dele).

Isso me deu a oportunidade de perguntar à fundadora o que seus primeiros investidores teriam dito se ela desse alguma dessas desculpas. "Eles teriam fugido, ou alguém teria dito: 'Isso é ótimo, mas você não tem tempo para fazer dez coisas. Você tem tempo para fazer bem uma coisa. Você não tem recursos para desenvolver todo esse restante. Você precisa desenvolver aquilo de que realmente necessita agora. Você pode dar todas essas desculpas para justificar o fato de não ter clientes, mas não ter clientes é como não ter oxigênio. Você não consegue sobreviver.'"

Foi um momento estranho. A CEO e fundadora estava acostumada a pensar em si mesma como a protagonista destemida da história clássica do empreendedor. Os investidores e os conselheiros eram apenas o elenco de apoio. Porém, naquele momento, ela tinha que aprender a se ver como a investidora dos empreendedores que trabalhavam para ela. Ela era a pessoa encarregada de desenvolver um programa para apoiar as iniciativas deles e lhes dar os marcos e os mecanismos para demonstrar os resultados de seu trabalho, e não tinha feito isso. Considerando a situação por essa nova perspectiva, ela percebeu que tinha que reinterpretar seu papel. Depois que ela o fez, tivemos uma conversa estimulante sobre quem eram os empreendedores de sua empresa e como ela poderia empoderá-los.

LUCRANDO A PARTIR DO FRACASSO NA AMAZON

Algumas empresas, claro, já estão trabalhando dessa maneira: são as mais bem-sucedidas na economia atual. Isso acontece porque sabem como pensar em longo prazo, mesmo quando estão agindo rápido e medindo os resultados à medida que se reajustam. Pensem no celular Fire, da Amazon. Ao longo de quatro anos, o projeto passou de uma ideia ambiciosa, detalhada numa simulação de comunicado à imprensa, a um fracasso quase universal logo depois de seu lançamento, em meados de 2014. Com preço inicial de 199 dólares, em pouco tempo o Fire passou a custar apenas 99 centavos. Meses depois, a empresa teve uma redução de valor contábil de 170 milhões de dólares, causada sobretudo pelos celulares encalhados.[9] Enquanto uma empresa mais tradicional teria demitido funcionários e destruído a autoconfiança da equipe, a Amazon utilizou essa oportunidade para aprender e se reorganizar. Como Jeff Bezos afirmou na ocasião:

> Colecionei bilhões de dólares em fracassos na Amazon.com. Literalmente. Nada disso é divertido, mas também não importa. O que importa é que empresas que não testam novas possibilidades ou não aceitam os fracassos acabam, no final, se colocando numa posição em que a única coisa que podem fazer é uma aposta desesperada ao fim de sua existência corporativa. Não acredito em apostas que ponham a empresa em risco.

Em vez de encerrar as atividades da Lab126 (a equipe que projetou o Fire) e demitir as pessoas que o criaram, a Amazon as transferiu para outros projetos: tablets, o Echo, o assistente ativado por voz Alexa e muitas coisas ainda por vir.[10] Ao mesmo tempo, fora do espaço de novos produtos, a empresa entrou nos mercados de entrega de comida, produções originais de TV e uma linha própria de produtos para bebês. "Há muitas maneiras de pensar nisso, mas a realidade é que a Amazon é um conjunto de diversos negócios e iniciativas", Bezos disse naquele ano. "É como se tivéssemos construído uma barraca de limonada 20 anos atrás e a barraca tivesse se tornado muito lucrativa ao longo do tempo, mas tivéssemos decidido usar as habilidades e os trunfos que adquirimos para também abrir uma barraca de hambúrguer, uma barraca de cachorro-quente; estamos investindo em novas iniciativas."[11]

Mesmo em situações em que não é possível fazer estimativas, ainda é possível planejar. Fosse qual fosse o plano de negócios original do Fire, ele certamente não previu o que aconteceu. Porém o celular foi desenvolvido com uma suposição de risco, que criou espaço para a reação da empresa quando o produto não apresentou o desempenho esperado. É essa visão de longo prazo – o entendimento de que a limonada pode acabar não sendo um grande sucesso no longo prazo, mas alguma outra aposta pode ser – que permite a criação de um portfólio de experimentos.

UM FOCO NO LEGADO

A maioria das empresas passa por dificuldades para enfrentar essa nova realidade. Não porque não estejam repletas de pessoas inteligentes e ambiciosas, mas porque carecem das ferramentas adequadas.

Para a maioria dos líderes das empresas tradicionais, isso requer novas habilidades. Isso vale até mesmo para líderes que são empreendedores bem-sucedidos, porque envolve a adoção de um novo papel. É uma experiência surreal, que inclui desaprender hábitos e padrões que os ajudaram antes em suas carreiras.

Quando converso com líderes que estão nessa transição, há um conceito que considero o mais útil: o legado. A maioria de nós herdou a organização onde trabalhamos de uma geração anterior de líderes. Isso vale para governos e empresas globais, como a GE, mas também para quase qualquer pessoa que não seja a fundadora da organização em que trabalha. Assim, precisamos nos perguntar: queremos que a próxima geração de gestores encontre uma organização mais forte do que aquela que herdamos? Qual é o legado que queremos deixar?

Essa questão não é apenas para as empresas mais antigas e tradicionais. Uma das minhas histórias favoritas de Sheryl Sandberg, a dinâmica diretora de operações do Facebook, envolve uma reunião da empresa em que os funcionários reclamaram da "injustiça" de ter seu desempenho avaliado com base no sucesso dos projetos em que trabalharam, e não apenas na contribuição individual que deram a esses projetos.

Sandberg reconheceu essas reclamações, mas sua resposta ficou marcada em minha mente por anos. Ela pediu que os funcionários pensassem numa de suas empresas favoritas que tivesse sofrido uma interrupção na trajetória, como a Kodak ou a RIM, por exemplo. Que imaginassem todos os funcionários daquela empresa condenada nos meses e anos que antecederam a interrupção. Que pensassem em todas as pessoas que obtiveram críticas positivas, foram promovidas, receberam bônus por sua excelente contribuição funcional, enquanto a empresa afundava numa derrota terrível. Eles realmente queriam ser um daqueles funcionários?

Quanto mais alto o nível hierárquico dos funcionários com quem falo, mais relevante essa questão se torna. Muitos deles já desfrutaram de grande sucesso profissional e financeiro – foi assim que se tornaram membros da alta direção. E, ainda que tenham motivação e ambição para fazer mais, também conseguem enxergar seu trabalho pelas lentes de longo prazo da história da organização.

O objetivo final desse processo é criar uma verdadeira síntese: uma maneira moderna de pensar sobre organizações e liderança que pode se tornar a base para o crescimento e a inovação do século XXI. Para atender a esse objetivo, seria uma loucura jogar fora as lições gerenciais do passado que foram arduamente conquistadas. Seria uma loucura ainda maior ficarmos aprisionados em conformidade maquinal à ideologia pregressa, em face da mudança e da disrupção. Em vez disso, é hora de começarmos a construir sobre essas bases.

O SISTEMA AUSENTE

Na primeira vez que a Toyota me convidou para uma reunião, admito que fiquei um pouco nervoso. Para alguém que escreve a respeito de processos enxutos, a Toyota possui um status quase mítico, pois foi a primeira empresa a executar esses princípios em grande escala. Em 2011, batizei minha teoria de "startup enxuta", numa homenagem à dívida intelectual que tenho com a Toyota e a geração anterior de pensadores enxutos (uma dívida que perpassa este livro, que deve seu título ao magistral *O modelo Toyota*, de Jeffrey Liker). Minha intenção era que *A startup enxuta* mostrasse como as ideias enxutas podem ser aplicadas num novo domínio – o solo empreendedor da incerteza extrema –, encontrando nova aplicabilidade para uma nova geração de gestores (se você não estiver familiarizado com *A startup enxuta*, não se preocupe, pois abordaremos suas principais conclusões no Capítulo 4).

Dado o status e o desempenho empresarial lendários da Toyota, teria sido perfeitamente compreensível que eles rejeitassem *A startup enxuta* como algo "não inventado aqui". Sem dúvida, minha falta de experiência profissional em indústria e de treinamento formal no "modelo Toyota" pode ter levado a empresa a fazer vários questionamentos. No entanto, na cultura aberta da Toyota, essas questões nunca vieram à baila. Enquanto trabalhávamos juntos, diversos adotantes iniciais de dentro da empresa revelaram por que acreditavam que a startup enxuta poderia ser benéfica para o Sistema Toyota de Produção (STP).

A Toyota se tornou líder mundial na capacidade de produzir em massa produtos de alta qualidade dentro do prazo, dentro do orçamento e com o melhor custo do setor. A empresa apresentara inovações muito bem-sucedidas, como a tecnologia de propulsão híbrida do Prius, mas, na ocasião da reunião, não havia obtido o mesmo nível de sucesso incorporando inovações de plataforma digital em seus produtos. Como as preferências do consumidor e a tecnologia de veículos autônomos seguem em constante evolução, isso ameaça se tornar uma vulnerabilidade decisiva da empresa.

Enquanto buscava a aprovação do projeto original (você saberá mais sobre isso no Capítulo 6), eu me encontrei com líderes de todos os níveis hierárquicos da empresa, culminando com uma reunião com Shigeki Tomoyama, um dos principais líderes da Toyota, que na ocasião era diretor dos grupos de tecnologia da informação e de serviços de informação e tecnologia. Como muitos líderes da Toyota, ele passava a maior parte do tempo viajando a trabalho, acompanhando "com os próprios olhos" o que estava acontecendo em todo o vasto império da empresa. É fácil imaginar a cena de quando ele veio me encontrar. Da maneira típica japonesa, ele andava com uma grande comitiva. Eu e mais alguns outros poucos americanos da pequena filial da empresa, que eram meus congêneres, nos sentamos à mesa. Sinceramente, eu não sabia como a reunião se desenrolaria.

Conversamos longa e detalhadamente a respeito de *A startup enxuta* e de como as ideias poderiam ser aplicadas na Toyota. Sem dúvida, alguém da comitiva tinha lido o livro. No entanto, o Sr. Tomoyama não falou de imediato. Não consegui interpretar sua linguagem corporal para saber o que ele pensava.

Quando ele enfim rompeu o silêncio, disse algo que nunca vou esquecer: "Essa é a metade que faltava ao Sistema Toyota de Produção. Temos um sistema que é excelente para produzir o que especificamos, com alta qualidade, mas não temos um sistema para descobrir o que produzir." Explicou que a Toyota havia avançado tanto na capacidade de produzir com eficiência os produtos existentes que tinha perdido algo do espírito inovador inicial. Sem dúvida, a empresa tinha um método para desenvolver novas ideias, mas esse sistema precisava ser melhorado e integrado à companhia como um todo. Dizer que fiquei honrado com a afirmação dele seria um eufemismo.

Uma empresa moderna é aquela que possui as duas metades, os dois sistemas: que tem a capacidade de fabricar produtos de grande confiabilidade e qualidade, mas também de descobrir novos produtos para comercializar.

UMA EMPRESA DE FATO MODERNA

Tudo isso posto, como podemos confirmar se uma empresa é moderna? E, mais importante: o que podemos fazer, como líderes, para tornar uma empresa moderna?

A empresa moderna é aquela em que todo funcionário tem a oportunidade de ser um empreendedor. Ela basicamente respeita seus funcionários e suas ideias.

É disciplinada na execução rigorosa de seu negócio principal – sem disciplina, nenhuma inovação é possível –, mas também emprega um conjunto complementar de ferramentas de gestão empreendedora para lidar com situações de incerteza extrema.

UMA EMPRESA ANTIQUADA baseia-se no crescimento constante por meio de gestão e controles prescritivos, estando sujeita a enorme pressão para apresentar resultados em intervalos de curto prazo, como relatórios trimestrais.

UMA EMPRESA MODERNA se baseia em impacto prolongado mediante inovação contínua e se concentra em resultados de longo prazo.

UMA EMPRESA ANTIQUADA é constituída de especialistas em departamentos funcionais especializados, entre os quais o trabalho circula num processo *stage-gate* ou em cascata, que envia os projetos de uma área funcional para outra com marcos específicos ligados a cada entrega.

UMA EMPRESA MODERNA é constituída de equipes multifuncionais, que trabalham juntas para atender os clientes por meio de processos altamente iterativos e científicos.

UMA EMPRESA ANTIQUADA tende a conduzir megaprogramas.
UMA EMPRESA MODERNA conduz experimentos rápidos.

UMA EMPRESA ANTIQUADA utiliza as áreas funcionais internas, como jurídico, TI e finanças, para diminuir o risco por meio da conformidade com procedimentos detalhados.

UMA EMPRESA MODERNA utiliza as áreas funcionais internas para ajudar seus funcionários a satisfazer o objetivo de servir aos clientes, compartilhando responsabilidades para promover resultados empresariais.

UMA EMPRESA ANTIQUADA prioriza até projetos bastante duvidosos, com base em retorno sobre investimento, contabilidade tradicional e participação de mercado. Para medir o sucesso, as equipes do projeto buscam e compartilham números projetados para parecerem os melhores possíveis (métricas de vaidade), mas não necessariamente para revelar a verdade.

UMA EMPRESA MODERNA tenta maximizar a probabilidade e a escala do *impacto* futuro. As equipes do projeto relatam e medem os indicadores de tendências utilizando a *contabilidade para inovação*. Num contexto com fins lucrativos, esse objetivo muitas vezes segue a recomendação de Jeff Bezos de "se concentrar no crescimento de longo prazo do fluxo de caixa livre por ação" em vez de em indicadores da contabilidade tradicional.[12]

UMA EMPRESA ANTIQUADA está repleta de tarefas simultâneas: reuniões e deliberações em que os participantes não estão totalmente concentrados na tarefa à sua frente. Na sala, há diversos gerentes de nível médio e especialistas para dar sua contribuição, mesmo que não tenham responsabilidade direta pela implementação do projeto. E a maioria dos funcionários está dividindo sua criatividade e seu foco entre muitos projetos ao mesmo tempo.

UMA EMPRESA MODERNA possui uma nova ferramenta em seu arsenal: a startup interna, constituída por um pequeno número de adeptos apaixonados e dedicados a um projeto por vez. Como a famosa "equipe das duas pizzas" da Amazon, tão pequena que pode ser saciada com duas pizzas, essas equipes são capazes de fazer testes com rapidez e expandir seu impacto. O lema delas: "Pense grande. Comece pequeno. Cresça rápido."

UMA EMPRESA ANTIQUADA é composta por gerentes e seus subordinados.

UMA EMPRESA MODERNA é composta por líderes e pelos empreendedores que eles empoderam.

UMA EMPRESA ANTIQUADA tende a correr atrás de projetos grandes, caros e de desenvolvimento lento, a fim de garantir que estejam "corretos", utilizando um sistema de *financiamento por direito*, que permanece semelhante ano após ano.

UMA EMPRESA MODERNA busca um portfólio de experimentos inteligentes e restringe o custo do fracasso, investindo mais nos experimentos que funcionam e usando um sistema de *financiamento mensurado*, que aumenta à medida que o sucesso é demonstrado.

UMA EMPRESA ANTIQUADA acredita que eficiência é quando todos estão ocupados o tempo todo, o que facilita "alcançar o fracasso" mediante o desenvolvimento eficiente da coisa errada.

UMA EMPRESA MODERNA acredita que eficiência significa encontrar a coisa certa a fazer para os clientes, não importam os meios necessários.

UMA EMPRESA ANTIQUADA acredita que "fracassar não é uma opção", e os gestores são versados em fingir que fracassos nunca acontecem, escondendo-os. Podem até se declarar a favor da ideia de "aceitar o fracasso", mas seus sistemas de remuneração, promoção e avaliação enviam uma mensagem bem diferente.

UMA EMPRESA MODERNA recompensa os *fracassos produtivos*, que levam a mudanças inteligentes de direção e fornecem informações úteis.

UMA EMPRESA ANTIQUADA se protege da concorrência por meio de barreiras à entrada.

UMA EMPRESA MODERNA deixa os concorrentes para trás por meio da inovação contínua.

Se você estudar essa lista de diferenças, perceberá uma série de paradoxos. Em geral, mesmo entre as empresas antiquadas que focam em resultados de curto prazo (como relatórios trimestrais), a maioria das iniciativas é bastante lenta, tem aversão ao risco e investe na base do tudo ou nada. A gestão moderna requer uma filosofia de longo prazo, unida à experimentação extremamente rápida, para descobrir estratégias que apoiarão a visão de longo prazo.

CAPÍTULO 2
Empreendedorismo:
a área funcional ausente

Façamos uma experiência imaginária. Visualize, por um instante, como as empresas deviam ser antes do advento do marketing como disciplina reconhecida. Não existiam diretores de marketing, marketing de produto ou gerentes de marca como conhecemos hoje. Não havia como ser promovido com base apenas em habilidades de marketing. Naqueles tempos, todos – e por isso, na verdade, ninguém – eram responsáveis por aquilo que agora chamamos marketing: publicidade, materiais promocionais e até gestão de produto.

Há uma razão para o marketing ser considerado, hoje, um componente fundamental de quase todas as organizações. É uma área que demanda excelência, e alguém precisa estar à frente dela. O mesmo acontece com todas as outras áreas funcionais essenciais: engenharia, finanças, TI, cadeia de suprimentos, RH, jurídico.

Na estrutura organizacional típica, quem é responsável por enfrentar a incerteza, liberando novas, inesperadas e drásticas formas de crescimento e impacto, convertendo insights de pesquisa em produtos viáveis e aproveitando as forças de ruptura da organização? Evidentemente, nas organizações pequenas são os fundadores. No entanto, depois que uma companhia cresce o suficiente, a resposta sincera costuma ser a seguinte: ninguém.

Mas, mesmo que houvesse alguém, essa pessoa seria responsável pelo que exatamente? A falta de um sistema para se guiar por novas ideias é um grande problema para as corporações, que passaram décadas – às vezes até mais – acumulando camadas de burocracia ou sendo limitadas pelas práticas incômodas do "Sempre fizemos desse jeito". Contudo, o problema também não é incomum em startups em hipercrescimento. No final de sua incrível expansão, os funcionários originais, que viveram de perto os estágios iniciais do desenvolvimento da empresa, são amplamente superados em número pelos funcionários que não estavam lá desde o começo, muitas vezes numa proporção de cinco ou dez para um. Imagine onde todas essas centenas ou esses milhares de novos funcionários costumavam trabalhar. Quantos você acha que fizeram parte dos estágios iniciais de outra startup bem-sucedida? A lei dos grandes números diz que foram muito poucos.

Assim, ao crescer e contratar pessoal, as startups bem-sucedidas recebem, de forma não intencional mas inevitável, uma imensa quantidade do DNA de grandes empresas. Então surge o desafio de reorientar esse pessoal para uma cultura de startup. E que ferramentas a startup tem à sua disposição? Treinamento, remuneração, estrutura de equipe, ambiente físico: todas as marcas de uma organização tradicional.

A ÁREA FUNCIONAL EMPREENDEDORA

Quando me encontro com CEOs, costumo perguntar a eles quem, em suas organizações, é responsável por:

1. Supervisionar as iniciativas de grande potencial de crescimento, que podem algum dia se tornar novas divisões da empresa.
2. Incutir no trabalho cotidiano uma mentalidade empreendedora, experimental, iterativa.

Raramente essas responsabilidades aparecem no organograma. Na melhor das hipóteses, são um compromisso, mas não bem a prioridade, de algum dos gestores das áreas funcionais existentes (frequentemente engenharia, marketing ou TI) ou, ainda pior, são "responsabilidade de todos". Ninguém acorda todos os dias determinado a investir na próxima geração de líderes empreendedores, combater as forças de ruptura ou aproveitá-las para um novo crescimento e assegurar que cada pessoa da organização seja percebida como um recurso para potenciais novas ideias.

Assim, é hora de ir além dessas medidas tímidas e enxergar o empreendedorismo como uma disciplina básica de uma empresa moderna. Ele tem o papel singular de proteger o "DNA de startup" da organização, infundindo a mentalidade e as técnicas empreendedoras por toda a empresa a fim de investir de forma contínua na próxima geração de inovações.

Muitos funcionários e gestores de diversas áreas aprendem as ferramentas e os procedimentos de, por exemplo, finanças, como orçamento básico ou modelagem financeira. A área de finanças tem um papel importante na definição dos padrões que todas as equipes devem utilizar para relatar progressos ou solicitar recursos. Na maioria das organizações, essa área não tem o poder de tomar decisões diretas sobre a alocação de recursos; isso é responsabilidade dos executivos na matriz. Contudo, o pessoal de finanças é responsável por determinar como o processo se desenrola: qual informação é considerada importante, como o progresso é avaliado e como os recursos são alocados.

Algum dia, o empreendedorismo funcionará da mesma forma – como uma área funcional, com o próprio plano de carreira de *empreendedores corporativos*, e também como fonte de difusão de conhecimento básico, responsável por disseminar métodos empreendedores por toda a organização.

Como veremos, os grandes empreendedores podem (e devem) vir de qualquer parte da organização. Às vezes as grandes ideias aparecem em lugares inesperados. Assim, a área funcional empreendedora deve ser integrada à trama da organização com muito cuidado.

As empresas modernas precisam de algo mais do que apenas outro laboratório de inovação. Precisam de algo mais do que P&D e prototipação, algo diferente dos antigos projetos secretos de desenvolvimento avançado. Precisam da capacidade de fazer, de modo consistente e confiável, apostas em projetos de alto risco e grandes lucros sem comprometer a empresa. E precisam encontrar, formar e reter os tipos de líder capazes de realizar isso. Depois de ouvir muitos casos e de trabalhar com diversas empresas, grandes e pequenas, que estavam enfrentando esse desafio, acredito que devemos simplesmente chamar essa área funcional de "empreendedorismo".

Startup como unidade atômica de trabalho

A primeira responsabilidade da área funcional de empreendedorismo é *supervisionar as startups internas da empresa*. Os líderes precisam entender a startup como uma *unidade atômica de trabalho*, distinta dos outros tipos de equipe de projeto que as empresas costumam ter. Nem tudo que uma empresa moderna faz é melhor administrado por uma startup, mas ela é a forma organizacional que tem o melhor desempenho no contexto de incerteza extrema. Como os tipos de projeto que as startups encabeçam são melhor definidos como experimentos, as startups internas devem combinar o rigor científico de P&D, o foco no cliente de vendas e marketing e a disciplina de processo da engenharia. Dá até para estranhar que a área funcional de empreendedorismo não tenha um lugar lógico no organograma tradicional.

Além disso, os empreendedores que lideram essas startups necessitam de um plano de carreira distinto, com os próprios padrões de desenvolvimento de desempenho referentes às melhores práticas e às métricas de sucesso, incluindo tutoria em técnicas de alto impacto que aceleram o crescimento. Entender isso foi um dos ingredientes do sucesso do Vale do Silício.[1]

Integrar as startups na organização controladora

A segunda responsabilidade da área funcional empreendedora é *administrar o problema do sucesso*. Embora eu reconheça que a maioria das startups fracassa, a parte mais difícil para a maior parte das organizações é saber o que fazer quando tem sucesso. Dentro de uma empresa tradicional, uma startup que está mal das pernas é uma ameaça apenas moderada à ordem estabelecida, mas uma startup que está tendo sucesso real representa um perigo ainda maior. Quaisquer que tenham sido as exceções concedidas aos gerentes de nível médio da empresa para dar continuidade à criação desse novo experimento, eles ficarão sob extrema pressão durante o processo.

Quando encontro diretores de laboratórios de inovação, raramente eles têm um plano para esse cenário. E como a reação adversa pode vir rápida e fatalmente, não é adequado se desesperar diante dessa situação. Estabelecer métricas para definir o sucesso, criar "ilhas de liberdade" com limitações de responsabilidade apropriadas (e expansíveis) e convencer a alta direção a adotar essa nova abordagem envolvem negociações difíceis, que exigem atenção profissional e em tempo integral. Basicamente, a questão é a seguinte: como cada experimento bem-sucedido encontrará lugar na organização? Será absorvida por uma divisão existente ou se tornará uma divisão inteiramente nova? Como isso será decidido? De quem será a decisão? (Cada um desses tópicos será abordado em detalhes na Parte 2.)

Essa é uma maneira de visualizar o que acontece quando um experimento de startup é iniciada dentro de uma empresa. Cada divisão precisa de um modo de testar, refinar e expandir novas ideias a fim de inovar e crescer. No entanto, as ideias sozinhas não têm valor. São valiosas apenas quando incorporadas por uma equipe dedicada, capaz de persegui-las incessantemente, permanecer fiel à visão do experimento, embora sendo flexível o suficiente para mudar de eixo quando necessário (ver o Capítulo 4) e, no final das contas, descobrir seu pleno e verdadeiro potencial.

IDEIAS SÃO VALIDADAS, ADOTADAS E EXPANDIDAS

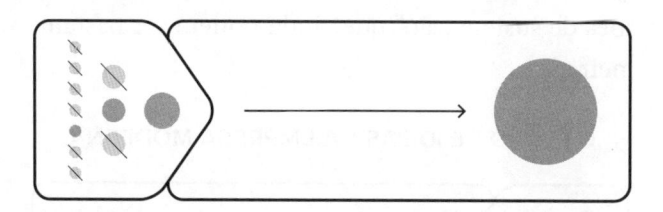

Predomínio da experimentação   Predomínio da execução

A trajetória de uma startup interna, ao longo do tempo, em uma divisão. Começa como parte de um conjunto de experimentos em fase de constituição e cresce ao longo do tempo. Enquanto muitos de seus pares morrem por falta de aceitação, ela continua. Ao longo de mais tempo, a proporção entre experimentação e execução muda, até que as atividades de execução sejam dominantes na startup. Então, e só então, a divisão controladora pode assumir total responsabilidade por gerenciá-la.

Há anos diversos pensadores levantam a bandeira de que a gestão empreendedora é distinta da administração geral.[2] No entanto, isso leva a uma confusão comum: a de que essas formas distintas de administração podem ser isoladas uma da outra e ainda funcionar. Não podem.

Uma startup muito pequena, com um produto inteiramente novo, está numa extremidade do *continuum* experimentação-execução. Uma divisão madura, que está gerando crescimento constante, trimestre após trimestre, com um produto existente, está na extremidade oposta.

No entanto, mesmo uma startup recém-criada precisa executar. Mesmo uma startup com apenas dez clientes tem que começar a se perguntar quanta energia deve investir em atender os clientes existentes ou na obtenção de novos clientes. E as leis da gravidade empresarial também seguem atuando: a escassez de recursos enfrentada pela maioria das startups pede mais disciplina financeira, e não menos.

Da mesma forma, até a equipe de produto mais conservadora fará *alguma* experimentação e *alguma* inovação. Clayton Christensen, autor de *O dilema da inovação*, defende essa ideia há anos. Na maioria dos casos, as boas práticas empresariais implicarão oportunidades perdidas, porque, a fim de atender bem os clientes existentes, as empresas não querem fazer nada muito radical. A equipe pode ficar presa nesse dilema e ser incapaz de produzir algo verdadeiramente disruptivo, mas está engajada em "inovações de sustentação" que ainda podem ser bastante radicais à própria maneira.[3]

O FLUXO DE IDEIAS NA EMPRESA MODERNA

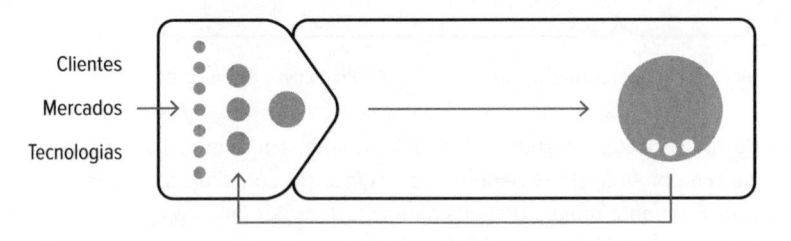

Clientes
Mercados
Tecnologias

Ideias das equipes de produto em execução

Portanto, cada unidade organizacional é melhor entendida como um *portfólio* que contém uma combinação de experimentação e execução. À medida que as startups amadurecem, a proporção entre essas duas ações muda naturalmente. No entanto, também muda quando as organizações reinvestem no próprio DNA de startup. Isso tem implicações no fluxo de ideias por toda a empresa. As startups internas também podem crescer e se tornar linhas de negócios estabelecidas ou até mesmo divisões inteiramente novas, mas as equipes de inovação dentro de linhas de negócios já instituídas também são uma fonte importante de novas ideias que podem ser testadas. Assim, a gestão empreendedora é uma contraforça sistemática ao dilema da inovação e a outras formas de inércia empresarial.

No entanto, esse portfólio híbrido dentro de uma empresa leva a um novo problema, que é...

Exigir um novo estilo de liderança

Sejamos honestos. Empreendedores não são as pessoas mais fáceis do mundo para se gerenciar. Mesmo os melhores que conheço lutam para criar um ambiente em que *outros* empreendedores desejariam ingressar. E todos têm dificuldade de lidar com a questão básica de como distinguir um empreendedor de um rebelde que simplesmente não tem disciplina e compromisso para seguir regras.

As ferramentas gerenciais tradicionais se concentram no planejamento e na estimativa. Assim, desenvolvemos medidas importantes para identificar gestores que têm sucesso naquele ambiente. Temos programas para gestores com grande potencial; temos treinamento detalhado em liderança, gestão de produto e vendas; temos programas de rodízio de funções para treinamento multifuncional. E cada vez mais estamos dirigindo nossa atenção para desafios globais, valorizando exposição e experiência internacionais no desenvolvimento de um gestor equilibrado. *Mas como faremos tudo isso com empreendedores?* Como identificá-los? E como gerenciá-los?

O empreendedorismo não é só para produtos

A essa altura, é natural pensar que cabe às startups internas apenas a criação de novos produtos e que a área funcional ausente nas empresas é estritamente análoga a áreas funcionais convencionais, como engenharia ou marketing. Isso dá origem a um organograma mais ou menos assim:

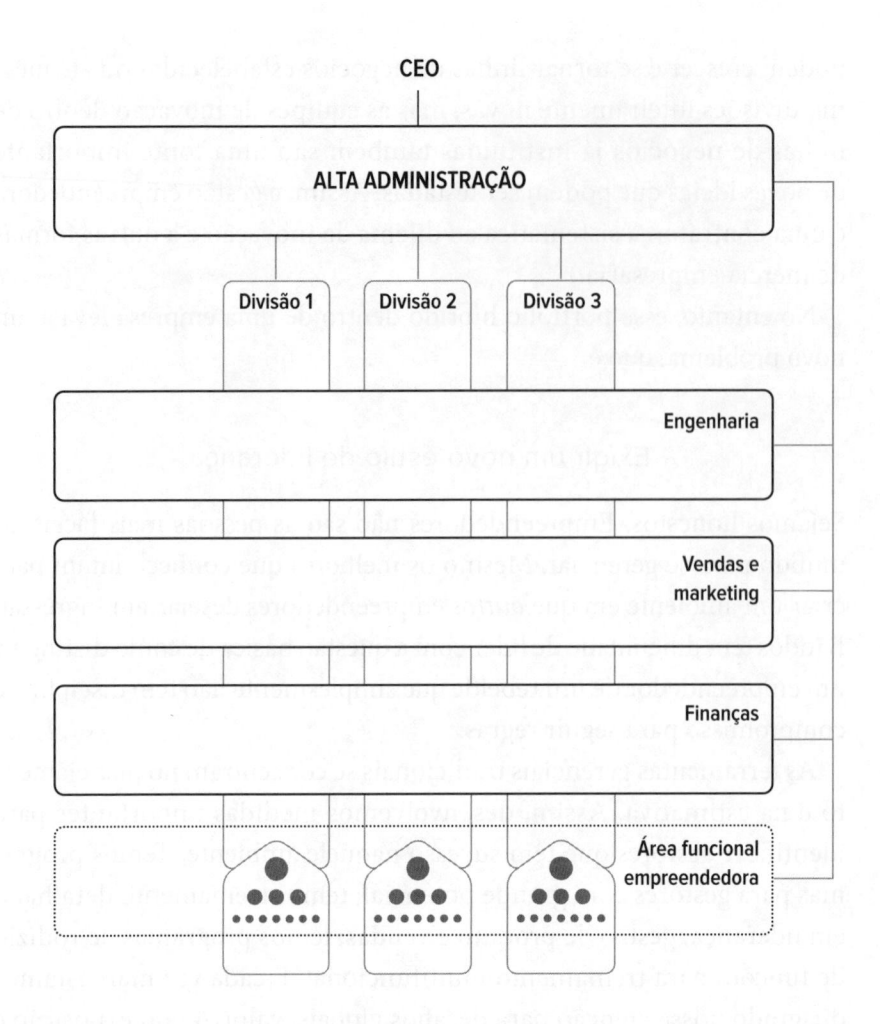

```
                        CEO
                         |
            ┌────────────────────────┐
            │   ALTA ADMINISTRAÇÃO   │
            └────────────────────────┘
              │        │        │
          Divisão 1  Divisão 2  Divisão 3
              │        │        │
    ┌─────────────────────────────────────┐
    │                          Engenharia │
    └─────────────────────────────────────┘
    ┌─────────────────────────────────────┐
    │                             Vendas e│
    │                            marketing│
    └─────────────────────────────────────┘
    ┌─────────────────────────────────────┐
    │                             Finanças│
    └─────────────────────────────────────┘
      ┌────┐    ┌────┐    ┌────┐
      │ ●  │    │ ●  │    │ ●  │   Área funcional
      │●●● │    │●●● │    │●●● │   empreendedora
      │●●●●│    │●●●●│    │●●●●│
      └────┘    └────┘    └────┘
```

Esse é um bom ponto de partida, mas não conta a história completa. Como veremos ao longo deste livro, há um número surpreendente de startups ocultas dentro da maioria das organizações. (Vamos rever o esquema anterior mais algumas vezes, no Capítulo 5 e no Capítulo 10.) Esses organogramas supõem uma organização que é gerenciada como uma matriz, com áreas funcionais e divisões distintas operando de forma simultânea, mas essa é apenas uma versão resumida e conveniente.

Vi essa abordagem funcionar em organizações com uma grande variedade de estruturas formais, incluindo a gestão funcional direta (sem divisões distintas ou responsabilidade por lucros e perdas), e também com verdadeiros conglomerados de portfólio, em que a alta administração é relativamente pequena e cada divisão possui as próprias estruturas funcionais. O que importa não é ter estrutura formal, mas que as responsabilidades descritas neste capítulo estejam localizadas em algum lugar.

Isso aponta para mais uma dificuldade. A área funcional empreendedora não é "apenas outra área funcional", pois também impacta e apoia as demais áreas funcionais na execução mais eficaz de suas tarefas. Ela requer um nível de integração com a empresa e sua cultura que é singularmente desafiador, mesmo em comparação com outras transformações corporativas difíceis. E esse comportamento que embaralha as fronteiras é apenas o começo da história, porque…

O empreendedorismo não é só para empreendedores

Sou formado em engenharia, então é claro que acredito fortemente na importância de termos bem definidos e de sua rigorosa aplicação. No entanto, lutei durante muitos anos para aceitar esse último ponto como algo que é parte fundamental da gestão empreendedora. Todas as empresas que observei fazendo esse trabalho começam enxergando o empreendedorismo como algo especial, com que apenas certas pessoas da organização precisam se preocupar. Às vezes são só algumas equipes de produto-piloto, como a do FastWorks, ou algumas iniciativas de mudança interna, como o programa Presidential Innovation Fellows, criado pelo governo Obama para trazer tecnólogos e inovadores do setor privado para o governo por curtos períodos de tempo, o que descreverei em breve. No entanto, ao longo do tempo a definição começa a se expandir. Projetos dos mais variados tipos são adicionados, mais áreas funcionais se envolvem e, com o tempo, todos acabam percebendo que parte do benefício dessa nova forma de trabalho é o impacto que ela pode exercer sobre os não empreendedores da organização.

Apesar de minhas objeções explícitas (mas que se revelaram incorretas), muitas empresas com as quais trabalhei insistiram em usar a mesma terminologia para se referir a duas coisas bem diferentes: primeiro, o tipo de projeto que incorpora a ideia da startup como "unidade atômica de trabalho" (como nos projetos do programa FastWorks ou outros tipos de startup interna) e, segundo, a ideia de que todos da empresa podem atuar como empreendedores e utilizar as ferramentas do empreendedorismo para realizar seus trabalhos de maneira mais eficaz (por meio de iniciativas como o programa FastWorks Everyday, da GE, que você conhecerá melhor no Capítulo 8). Em *A startup enxuta*, até relatei a história de Brad Smith, CEO da Intuit, que disse para toda a empresa: "Essa forma de trabalho aplica-se a todos nós." Eu precisei de algum tempo para perceber as implicações dessa afirmação.

Apesar de minha resistência inicial, fiquei convencido em relação a essa maneira de pensar, porque a vi funcionar diversas vezes. Em última análise, os não empreendedores são clientes tão importantes da área funcional empreendedora quanto os próprios empreendedores, por três motivos:

1. As ferramentas ao estilo startup enxuta são bastante úteis para uma grande variedade de aplicações que não possuem a incerteza *extrema* de um novo produto, mas que ainda têm alguma indefinição. Ouvi dezenas de histórias de pessoas envolvidas de maneira tangencial no treinamento em startup enxuta e que, depois, utilizaram com grande eficácia algumas das técnicas em projetos aparentemente menores – às vezes tão modestos quanto criar uma apresentação em PowerPoint para os chefes. De modo geral, a experimentação é simplesmente uma ferramenta útil.
2. Os gestores não ligados às startups precisam saber o que está acontecendo. Isso é muito importante, porque não há como contornar o fato de que empreendedores provocam problemas. Eles fomentam conflitos. Diversas startups internas são intencionalmente projetadas para desafiar vieses e ideias intocáveis. Esse conflito sempre acabará escalando a cadeia de comando. Mesmo que o gestor imediato da startup tenha recebido treinamento do estilo startup, o que dizer de todos os outros gestores acima dele?
3. Ninguém sabe quem vão ser os empreendedores. Retomaremos essa ideia no próximo capítulo, mas a meritocracia em startups é um pouco diferente daquela à qual a maioria das pessoas está acostumada. Mesmo se você quisesse desenvolver um programa voltado apenas para empreendedores, seria impossível. O que torna alguém um empreendedor não é o fato de ter sido designado para

esse papel por alguém da alta administração. Boas ideias chegam de lugares inesperados.

De fato, uma das lições do crescimento de aceleradoras de startups como a Y Combinator (YC) e a Techstars é que elas alcançaram seu impacto desproporcional no mundo também por terem trazido novas pessoas ao ecossistema empreendedor. Essa é uma das coisas mais impressionantes na leitura das primeiras candidaturas à YC. Muitos dos fundadores de startups multibilionárias não sabiam se estavam preparados para o empreendedorismo. Ao reduzir as barreiras para o início da atividade, fornecendo uma via de baixo risco para a tentativa e exemplos a serem seguidos, a YC conseguiu trazer talentos inesperados ao ecossistema.[4]

Para tirar proveito do talento empreendedor latente dentro de uma organização, é preciso investir na conscientização de sua ampla base de funcionários sobre as possibilidades do empreendedorismo como plano de carreira. É preciso aceitar a noção de que meritocracia significa que boas ideias podem realmente surgir em qualquer nível da organização, não só entre funcionários administrativos ou pessoas com determinadas experiências profissionais. Comprovei isso em chãos de fábrica e também em salas de executivos. A organização deve erradicar os diversos preconceitos que impedem as pessoas de apresentarem suas ideias ou de terem suas ideias levadas a sério. Deve investir em sistemas e processos, de modo que os funcionários saibam o que fazer no momento em que ocorre uma ideia súbita. E, como a maioria das ideias de fato é ruim, deve oferecer aos funcionários as plataformas para experimentação, para que descubram isso por conta própria.

Uma das principais responsabilidades da área funcional empreendedora é tecer o pensamento startup na trama cultural da organização, inclusive em novos recrutas de todos os níveis e experiências profissionais. É por causa desse mandato abrangente que a transformação do estilo startup acaba inevitavelmente enfocando maneiras de tornar a empresa mais meritocrática: eliminando vieses, estimulando a tomada de decisão mais científica e inspirando melhor alocação de recursos e políticas de RH.

Voltaremos a essas ideias abrangentes sobre quem é um empreendedor, principalmente no Capítulo 10. Por enquanto, quero me concentrar na realidade enfrentada pela maioria das empresas dos dias atuais. Paradoxalmente, no momento em que mais precisam de um talento empreendedor, as organizações não fazem ideia de onde encontrá-lo. A maioria delas já está repleta de empreendedores, só não consegue identificá-los, e ainda por cima, sem perceber, os força a se esconderem. E grande parte delas tende mais a demitir do que a promover aqueles que mostram uma iniciativa empreendedora.

A REDE SUBTERRÂNEA

Em todas as empresas há pessoas dispostas a assumir riscos para atender melhor o cliente, sem levar em conta a própria popularidade. Longe de quebrar regras ou de não agir conforme o esperado, são simplesmente funcionários preparados para entender quais políticas da empresa de fato ajudam a atender o cliente e para contornar aquelas que não fazem diferença.

Na GE, uma dessas pessoas, Cory Nelson, foi a responsável pelo primeiro projeto do programa FastWorks que realizamos: o motor Series X. Na época, Nelson era gerente geral do programa Series X para a GE Distributed Power e mergulhou no desafio com entusiasmo. Não se importava que ninguém antes dele tivesse se empolgado. Nelson só queria se concentrar nas coisas positivas que poderiam vir dali. Ou, como ele disse: "Eu me sinto atraído por objetos reluzentes. Gosto de coisas novas. Do contrário, não teria feito isso."

Por anos, Beth Comstock soube que pessoas como Nelson existiam. Ela só não tinha uma maneira formal de ajudá-las a florescer. "Acho que sempre existem funcionários que captam as coisas intuitivamente", ela afirmou. "Estão só esperando para serem acionados. Você não sabe onde estão, mas, assim que ganham uma oportunidade e as ferramentas para se concentrarem, eles ficam empolgados." Outra pessoa nessa categoria era Michael Mahan, gerente de produto na divisão de eletrodomésticos da GE.[5] Ele se referia à sua equipe, que estava testando impressão em 3D e abrindo exceções aos protocolos-padrão para testar novas geladeiras, como os "maluquinhos ali dos fundos". Na opinião de Comstock, no entanto, Mahan era muito mais valioso do que parecia: "Tivemos o programa Imagination Breakthrough durante quase uma década, e ele estava por trás de todas as boas ideias que surgiam." O desafio era tornar os talentos de Mahan parte regular do trabalho que ele realizava na GE em vez do ocasional lampejo de genialidade que logo se extinguia.

Até mesmo o governo federal descobriu que tinha pessoas igualmente criativas, e elas foram a base da transformação tecnológica que começou quando o presidente Obama tomou posse. Incluiu não só a recuperação do HealthCare.gov, site lançado para promover a Lei de Proteção e Cuidado ao Paciente (Affordable Care Act), em 2013, e que não demorou a entrar em colapso, como também a criação de novas organizações dentro do governo, como o United States Digital Service e o Technology Transformation Service (sobre os quais você lerá mais nos próximos capítulos).

Essas pessoas existem em todas as organizações, inclusive na sua. São pessoas que vão dizer: "Meus colegas acham que sou louco por querer tomar parte nesse projeto, mas eu acredito nele." São os funcionários que os gerentes convocam quando parece que as coisas podem sair dos trilhos ou já saíram. Superficialmente, são como todo mundo, avançando ao longo da cadeia de promoções e executando bem o próprio trabalho. No entanto, também integram um tipo de rede subterrânea, que pode ser utilizada para projetos incomuns e ocasionais. Com frequência, quando conseguem sinal verde para um projeto, eles se lançam com pouco ou nenhum apoio dos colegas ou da própria empresa.

Todos os gerentes que encontro sabem quem chamar quando são encarregados de um projeto de alto risco e alta recompensa. Sabem quem está disposto a arriscar a carreira para fazer uma tentativa. Então, a pergunta que lhes faço é a seguinte: e se déssemos a essas pessoas criativas e dinâmicas uma estrutura para trabalhar de modo inteligente nos tipos de projeto em que querem atuar e, depois, as recompensássemos e reconhecêssemos essa habilidade? Quando se implementa o empreendedorismo como uma área funcional, ganha-se a chance de criar um ambiente em que a experimentação é estimulada, em que as ideias podem ser testadas e depois assimiladas pela cultura, em que a paixão por perseguir o inesperado não é marginalizada, mas sistematizada, não é frustrada, mas apoiada.

Gestores com a mente mais aberta sempre enxergam o potencial dessa ideia. Eles só precisam saber como colocá-la em prática.

AS CAPACIDADES ORGANIZACIONAIS AUSENTES

Para apoiar essa forma de trabalho, devemos solucionar uma série de desafios intrigantes, que exigem um novo conjunto de capacidades organizacionais.

1. Como criar espaços para experimentos com limitações de responsabilidade apropriadas?

Essas limitações predeterminadas criam uma *sandbox* ou "zona protegida", em que se fazem experimentações sem deixar que as equipes autônomas acumulem responsabilidade ilimitada. Em *A startup enxuta*, chamamos esses experimentos de responsabilidade limitada de *produtos mínimos viáveis* (MVPs, na sigla em inglês). Discutiremos os detalhes do que produz um bom MVP nos capítulos 4 e 6. Por enquanto, quero focar no desafio, para a liderança, de conceder às equipes a liberdade para experimentar, ao mesmo tempo que as avalia de acordo com rigorosos padrões de responsabilidade.

Quando converso com líderes (sobretudo fundadores) sobre ilhas de liberdade, peço-lhes que se lembrem de quão empoderador é para eles controlar um orçamento e tomar decisões importantes em suas empresas sem precisar pedir permissão. Então, estimulo todos a se fazerem a seguinte pergunta: "Como transmito essa experiência? Como posso me tornar o curador da experiência empreendedora para outras pessoas?"

Os empreendedores, ao contrário do que se costuma pensar, não são todos imprudentes. Os melhores empreendedores possuem a capacidade de trabalhar dentro de limitações. Num estágio inicial da empresa, quando os recursos são escassos, as limitações emergem naturalmente: um número limitado de pessoas, uma quantia limitada de dinheiro ou uma quantidade limitada de meses para fazer alguma coisa. Numa empresa maior, essas limitações precisam ser mais conscientes. Consideremos a reunião típica de gestão de produto. De fato, não há melhor alternativa do que dizer: "Escutem, só temos dinheiro para permanecer no negócio por mais seis semanas. Sei que há muitas coisas que gostaríamos de fazer, mas se nenhuma delas funcionar antes desse prazo, estamos ferrados."[6] Parece estressante, mas também é libertador. É a forma de trabalho mais produtiva que já vi. É um dos únicos cenários em que há uma força equivalente trabalhando constantemente contra desvios no escopo do projeto.

2. Como financiar projetos sem saber o retorno sobre investimento (ROI) com antecedência?

Como veremos repetidas vezes ao longo deste livro, a princípio os projetos revolucionários quase sempre parecem ideias ruins. Mas assim que a ideia surge não tem como saber se vai dar certo ou não. Aprender a fazer investimentos com base em evidências, experimentação e visão – sem gastar dinheiro em projetos de vaidade – é bastante difícil, mas muito importante.

3. Como criar marcos apropriados para equipes que estão atuando de modo autônomo?

Como definir sucesso e marcos se formos modestos em relação à nossa capacidade de prever o futuro? Sem estimativas exatas, muitas de nossas ferramentas gerenciais tradicionais deixam de funcionar. Como veremos no próximo capítulo, os investidores em startups lutam contra essa maldição há muito tempo. Num cenário ideal, os investidores gostariam de saber, com antecedência, o que lucrariam em cada rodada de financiamento. Por exemplo, após um tradicional investimento "série A" apoiado em capital de risco, gostaríamos de saber que a startup terá seu novo produto lançado, 1 milhão de clientes e 10 milhões de dólares em receita recorrente.

No entanto, na vida real isso raramente acontece. Em geral, alguns marcos são atingidos, mas não todos. Talvez a startup de fato lance seu produto, mas os clientes que achava que seriam atraídos para a primeira versão não se interessem. Talvez consiga adotantes iniciais motivados, mas de um segmento de mercado diferente. Talvez as receitas brutas sejam muito inferiores às previstas, mas a receita por cliente seja bem superior à esperada. Nessa situação ambígua, o que fazer?

De modo geral, os profissionais de finanças corporativas foram treinados para retirar o financiamento de equipes que não alcançam suas metas por poucos pontos percentuais. Ser um investidor em startups muitas vezes requer dobrar a aposta em equipes que não alcançam suas metas em *ordens de magnitude*. Isso exige a criação de um tipo de marco que possa funcionar mesmo em situações em que somos incapazes de fazer estimativas exatas.

4. Como fornecer desenvolvimento profissional e coaching para aprimorar as habilidades empreendedoras das pessoas?

Para muitos líderes, isso requer orientar as pessoas com um estilo de liderança bastante diferente. Você consegue imaginar alguém tentando ser coach do Steve Jobs quando jovem? Ainda assim, a maioria dos líderes afirma que, se "o próximo Steve Jobs" estivesse trabalhando para eles neste exato momento, desejaria que essa pessoa empregasse sua visão e seu talento em benefício da empresa, e não que pedisse demissão e começasse algo novo. Na realidade, pessoas com uma personalidade como a de Jobs costumam ser demitidas, e aquelas que encontram uma maneira de sobreviver num ambiente corporativo sabem que é muito difícil sustentar uma carreira com um histórico de fracassos frequentes no currículo. Contudo, aqueles de nós que foram bem-sucedidos como empreendedores podem afirmar, quase sem exceção, que os fracassos foram seus melhores professores. E a maioria de nós teve a sorte de ter mentores e investidores que nos orientaram e nos ajudaram a desenvolver nossos talentos empreendedores. Como veremos no próximo capítulo, o Vale do Silício possui uma ampla rede para aqueles que se dedicam ao empreendedorismo como carreira. As organizações que quiserem reter esse tipo de funcionário precisarão reproduzir esses apoios internamente.

5. Como proporcionar a criação de redes e parcerias dentro e fora da empresa de modo que as pessoas entendam sua nova identidade: "Sou um empreendedor corporativo"?

Não há publicações especializadas nem associações profissionais, e na maioria das organizações inexiste apoio do RH para essa categoria emergente de trabalho. Juntos, como embaixadores do estilo startup, devemos criar esses apoios se quisermos que essa nova área funcional prospere. A maioria das pessoas que lê este livro já tem algum tipo de identidade profissional, como engenheiro, profissional de marketing, programador, vendedor. Pense em quantos tipos de apoio você pode conseguir nessas funções: de seus colegas funcionais de outras divisões, de seus gerentes funcionais diretos ou indiretos, de colegas de organizações semelhantes, de feiras comerciais e conferências. Na maioria das áreas funcionais, você pode até conquistar prêmios por realizações profissionais e liderança em ideias inovadoras. Alguns desses prêmios estão disponíveis para fundadores apoiados por capital de risco, mas para os funcionários empreendedores nas organizações quase não há apoio disponível em lugar algum.

6. Como colocar a pessoa certa na equipe certa?

"Ninguém é designado para trabalhar numa startup", um empreendedor corporativo me disse, desdenhoso. E muitas startups internas têm equipes que são indiferentes ao sucesso da empresa. Alguns gerentes encontraram maneiras de contornar isso, mas identificar o empreendedor perfeito para encabeçar um projeto ou uma iniciativa não deveria ser feito às escondidas, e sim por meio do RH. Hoje, a maioria dos gerentes é especialista em conseguir ser designados para projetos que acham que ajudarão sua carreira. Muitas vezes brinco com gestores de alto escalão dizendo que, por mais que achem que a escolha é deles, seus subordinados não são bobos a ponto de se deixarem ser designados para o projeto errado, e eles empregam várias ferramentas para impedir isso. Todas essas politicagens e manobras são um desperdício monumental de energia. Os projetos desprezados, de alto risco e incertos precisam de um modo distinto e mais racional de atração de pessoal empreendedor.

7. Como criar novos sistemas de incentivo e promoção?

É preciso habilidade para distinguir entre um indivíduo com manchas em seu currículo por incompetência e alguém que burlou as regras por um bom motivo. Também é preciso ter habilidade para não cair na enganação magistralmente executada por "falsos empreendedores", que inclui até "vestir a gola rulê preta" na esperança de serem associados a Steve Jobs. Numa conhecida empresa de capital de risco do Vale do Silício, uma piada recorrente é: "Aquele cara [quase sempre é um homem] deixou mesmo o fracasso subir à cabeça!" Refere-se a um tipo de pessoa capaz de levantar dinheiro repetidas vezes para o mesmo tipo de startup, apesar de nunca dar certo. É fácil rir, até lembrarmos que muitos dos mais bem-sucedidos empreendedores da história tiveram uma ou mais startups fracassadas em seu currículo antes de alcançar o sucesso.

>>

Se parece que desenvolver essas novas habilidades dará um trabalho assustador ou é algo que nunca acontecerá em sua empresa, não perca a esperança. Como nossos sistemas de gestão mais antigos envolvem um alto grau de desperdício, há uma incrível energia latente disponível.

Mesmo as startups apoiadas por capital de risco existem dentro de uma rede de relacionamentos e regras que limitam a atuação dos fundadores. Consideramos essa rede um fato tão consumado que muitas vezes não a notamos, mas isso pode provocar grandes problemas quando as startups "amadurecem" e esquecem essas primeiras lições.

Por esse motivo, precisamos dar uma boa olhada nas estruturas e nos sistemas do Vale do Silício, assunto do próximo capítulo.

CAPÍTULO 3

Um estado de espírito de startup

"PENSE GRANDE. COMECE PEQUENO. CRESÇA RÁPIDO."

O pessoal das startups é rebelde. Discordamos em muitas coisas. No entanto, nossas facções e disputas escondem uma verdade mais profunda: todos da comunidade de startups seguem uma série de convicções bem arraigadas. Essas convicções constituem a verdadeira base que permite que as startups ao estilo Vale do Silício alcancem sua mistura única de tomada de riscos e crescimento rápido.

O que vem a seguir não tem a intenção de ser um apanhado abrangente de como o Vale do Silício funciona. Muitos outros livros abordaram esse assunto, e não quero repetir os pontos óbvios.[1] Em vez disso, quero falar das estruturas de gestão únicas criadas pelo movimento de startups e que – embora raramente reconhecidas de modo explícito – são a chave para seu sucesso.

Ao longo de muitos anos de tentativas e erros, elaboramos um sistema original para gerenciar o risco, aumentar a produtividade e encontrar novas fontes de hipercrescimento. Por sua vez, esse sistema produziu uma cultura que apoia uma visão de longo prazo em vez de resultados imediatos.

Muitos se surpreendem com as nossas soluções para problemas comuns. Ao estudarmos essas estruturas, podemos encontrar novas ferramentas, que se mostram valiosas num contexto corporativo.

E, embora eu me refira ao longo deste capítulo ao "Vale do Silício" e "às startups ao estilo Vale do Silício", não estou me referindo literalmente à área de cerca de 130 quilômetros quadrados ao redor da minha casa. Cada vez mais o Vale do Silício é um estado de espírito, um conjunto compartilhado de crenças e práticas que se estabeleceram em dezenas de polos de startups em todo o mundo. Utilizo o termo "Vale do Silício" apenas como uma conveniente forma abreviada para me referir a essas crenças. (Para um exemplo, veja organizações como a Rise of the Rest, fundada por Steve Case, que trabalha com empreendedores em cidades-polo de startups emergentes.)[2]

Então, vamos mergulhar de cabeça. Como o movimento de startups funciona? Quais são nossas crenças universais? Como seus sistemas e suas estruturas podem ser recriados em outras organizações?

"TUDO É UMA QUESTÃO DE EQUIPE"

No Vale do Silício, a crença arraigada mais comum é de que "tudo é uma questão de equipe".[3] Sob esse bordão existe uma consideração profunda a respeito de como os investidores decidem quais startups merecem financiamento e a chance de concretizar a visão de seus fundadores.

A maioria dos gestores corporativos procura boas ideias, estratégias bem fundamentadas e planos de negócios sólidos. Depois que determinam o que deve ser feito, tentam encontrar uma ou mais pessoas certas dentro da organização para realizá-lo. Esses recursos humanos são avaliados por meio de critérios tradicionais: desempenho anterior, currículo e linhagem. (E, se formos francos, certa dose de politicagem.)

Já os investidores do Vale do Silício tomam as decisões de investimento com base principalmente na qualidade da equipe: em primeiro lugar, levam em consideração as pessoas, e só *depois* a ideia. Claro que eles acreditam que, se uma equipe forte tem uma ideia sólida e uma estratégia que parece bem fundamentada, tem mais probabilidade de ter sucesso, mas não necessariamente os investidores concordam com a ideia ou com a estratégia. Na verdade, os mais experientes acreditam que uma equipe tende a mudar sua ideia e sua estratégia ao longo do caminho. Eles enxergam a capacidade de formular um bom plano como um sinal de sucesso futuro, mesmo se o plano mudar.

Da mesma forma, uma equipe que apresenta uma aceitação promissora em termos de receitas, reações dos primeiros grupos de clientes-referência e *aprendizagem validada* (insights baseados em dados reais) tem mais probabilidade de se provar um bom investimento. Mas, novamente, não por causa da aceitação em si, mas pelo que a aceitação revela sobre sua habilidade de execução.

Em *A startup enxuta*, contei a história da captação de capital para a IMVU, empresa que fundei em 2004, e de uma apresentação que fizemos quando nossas receitas eram muito pequenas, ainda que tivéssemos o clássico padrão de crescimento em forma de taco de hóquei. Ficamos constrangidos, mas à toa. O investidor viu nossa apresentação como uma janela para nosso jeito de pensar – e de agir. Demonstramos tempo de ciclo curto, tomada de decisão científica rigorosa, inteligência de produto/design e bom uso dos recursos limitados. Ele apostou que, se havia uma oportunidade naquele espaço, éramos a equipe certa para encontrá-la, e ele tinha razão. Este é o atributo mais valioso entre os investidores profissionais em startups: convicção – a habilidade de fazer julgamentos independentes com base em informações iniciais limitadas mas reveladoras.

AS EQUIPES PEQUENAS SUPERAM AS GRANDES

Essa é uma das crenças mais estimadas e universais do movimento de startups. Acreditamos no poder das equipes pequenas, ao contrário das estruturas corporativas tradicionais, nas quais o tamanho da equipe equivale à importância do projeto. Ou, como Mikey Dickerson, ex-chefe do United States Digital Service, afirmou: "Se o governo está montando um sistema grande e importante, por definição, não será tão importante se não tiver de centenas a milhares de pessoas designadas para o projeto." Por outro lado, ele assinala: "A Google se esforça muito para ter algo do tamanho do Google Web Search e gerenciá-lo com o menor número de pessoas. Se for possível que de 10 a 15 pessoas detenham todo o conhecimento necessário para depurar o Google Web Search, então essa será a quantidade de pessoas na equipe. A Google pressiona o máximo possível (...) E tem a menor quantidade de pessoas com o maior grau de responsabilidade que elas podem suportar."

Há algo singularmente poderoso numa equipe pequena, dedicada, que tenta mudar o mundo. Falo por experiência própria, é claro, pois tive o privilégio de integrar várias startups. Há um motivo para todos no ecossistema das startups venerarem esse tipo especial de estrutura de equipe: muitas vezes a vimos realizar o impossível.

Então, o que dá a uma pequena equipe de startup esses poderes aparentemente mágicos? Em primeiro lugar, há a ligação intensa e a comunicação poderosa resultantes da proximidade com verdadeiros aliados. Todos que estão ali querem estar ali, sobretudo nos primeiros anos – muitos funcionários assumiram consideráveis riscos financeiros e profissionais para integrar a equipe –, e todos simplesmente fazem o que precisa ser feito. A equipe também é bastante adaptável; é quase impossível que a burocracia se estabeleça quando cada pessoa se reporta diretamente a (e se comunica com) todas as outras. Diversos problemas gerenciais que, numa grande organização, dificultam a responsabilização são solucionados pela proximidade física e emocional, e é por isso que as equipes startup estão preparadas para executar o conceito de pivô da startup enxuta: uma mudança de estratégia sem uma mudança de visão (o que investigaremos com mais detalhes no Capítulo 4).

Contudo, há outro fator importante: a escassez. Se você acredita intensamente numa missão mas faltam recursos para realizá-la, acaba se obrigando a se concentrar. Simplesmente não há tempo nem dinheiro extra, e a morte empresarial é uma ameaça iminente.[4]

É por isso que, sobretudo no setor de tecnologia, as equipes pequenas valorizam muito a reutilização de tecnologia existente e a montagem de produtos com componentes preexistentes. Mais do que em qualquer outro momento da história, esses componentes podem ser combinados sem a exigência de permissão explícita ou de um relacionamento de desenvolvimento de negócios. Como Alexis Ohanian, cofundador do Reddit e do Hipmunk, escreveu em *Without their Permission* (Sem sua permissão): "A internet é um sistema aberto: funciona porque você não precisa pedir permissão a ninguém para ser criativo e porque todo endereço é igualmente acessível."[5] Imagine como o Facebook seria se Mark Zuckerberg tivesse precisado firmar 20 acordos de participação antes de testar sua ideia no campus de Harvard.

Há um paradoxo importante imbuído na veneração do Vale do Silício pelo poder das pequenas equipes. As startups são distintas das pequenas empresas. Sem dúvida, a maioria das startups não quer permanecer pequena. Essas equipes são como grupos de caçadores, procurando desesperadamente a adequação do produto ao mercado (product/market fit). Depois que a encontram, precisam se reconfigurar depressa num exército completo. Essa metamorfose traz novos problemas.

TODAS AS EQUIPES POSSUEM UMA ESTRUTURA MULTIFUNCIONAL EM SEU CERNE

As startups são essencialmente multifuncionais. Mesmo se começam com, por exemplo, uma equipe só de engenheiros trabalhando num produto incrível, acabam enfrentando problemas além da engenharia: financiamento, aquisição de clientes, marketing, atendimento ao cliente. Algumas startups conquistam sucesso e financiamento suficientes para poder contratar especialistas nesses setores; em outras, porém, os fundadores e a equipe inicial precisam mergulhar de cabeça e solucionar esses problemas sozinhos. (Pode acontecer de esse treinamento multifuncional produzir resultados inesperados. Muitas das minhas experiências iniciais com técnicas que depois se tornaram importantes para a startup enxuta aconteceram porque fui forçado a atuar, na prática, como diretor de marketing da minha startup. Como eu sabia muito pouco do assunto, naturalmente acabei trazendo uma mentalidade de engenharia para a função.)

É por isso que o Vale do Silício prioriza as equipes multifuncionais. A composição pode variar, dependendo do projeto, dos recursos e das pessoas disponíveis, mas o princípio organizador continua o mesmo. Para um projeto industrial, a equipe pode agregar um designer de produto e alguém da área de manufatura, para determinar o que o cliente realmente valoriza, junto com um vendedor experiente. Para um projeto de TI, pode consistir de um engenheiro, uma pessoa de produto, uma de marketing e uma de contabilidade. São inúmeras as variações, dependendo do que precisa ser feito.

TODO PROJETO COMEÇA COM O CLIENTE EM MENTE

Não sei dizer quantas vezes trabalhei com equipes de empresas tradicionais que não sabiam o problema que estavam tentando solucionar do ponto de vista do cliente. Certa vez, trabalhei com um grupo que planejava introduzir uma imitação de um produto no mercado de *commodities*, que já era dominado por diversos concorrentes. Quando pedi que me dissessem o que estava acontecendo, responderam: "O problema é que nossa empresa não possui participação suficiente nesse mercado." Isso é ridículo: os clientes não estão preocupados com nossa participação de mercado; eles só querem saber se tornamos sua vida melhor.

Em diversos projetos internos – em TI, RH e finanças –, e também em produtos vendidos por distribuidores terceirizados, as pessoas muitas vezes não sabem o que a palavra *cliente* significa. Numa grande empresa com que trabalhei, uma equipe de TI se recusou a ver como clientes os funcionários que usavam seu produto. Insistiram que os funcionários não tinham escolha e que a área de TI podia ordenar a utilização de qualquer produto. No entanto, a palavra *cliente* sempre implica a possibilidade de escolha. Então, em vez de discutir, decidimos ver por nós mesmos.

Pedi que entrevistassem diversos usuários do sistema de TI dentro da empresa para ver qual era a taxa de adesão. A equipe ficou chocada ao descobrir que os funcionários odiavam tanto o software que estavam recorrendo a várias alternativas para não usá-lo. Alguns funcionários estavam até reproduzindo os cálculos do sistema à mão, no papel. Os clientes, mesmo os internos, sempre precisam ter o poder de escolha. Nenhum decreto corporativo pode esperar alcançar 100% de adesão, a menos que os funcionários apoiem a ideia.

A Amazon emprega um método denominado "trabalhando de trás para a frente" para garantir que a descoberta de um verdadeiro problema do cliente seja o primeiro item abordado pela equipe. Começa com um dos comunicados internos à imprensa que mencionei na história do celular Fire, no Capítulo 1. O público para esse documento são os clientes do produto novo ou atualizado, internos ou externos, e ele detalha não só o próprio problema, mas as soluções atuais e por que são melhores do que as anteriores.[6] Até a equipe conseguir articular o problema do ponto de vista do cliente, nada é desenvolvido. Essa hipótese é decisiva para manter o foco na aprendizagem.

Nesse processo, a palavra-chave é *melhor*. Não basta solucionar o problema do cliente. As empresas ao estilo Vale do Silício aspiram a *deleitar* os clientes fornecendo uma solução que é muito melhor do que qualquer coisa que já tenham visto.

AS STARTUPS DO VALE DO SILÍCIO POSSUEM UMA ESTRUTURA FINANCEIRA ESPECÍFICA

Apesar de toda a conversa sobre alinhar a missão e mudar o mundo, muitas startups são organizações com fins lucrativos. No entanto, isso não é um pré-requisito. Ao longo dos anos, trabalhei com organizações às quais me refiro com carinho como "sem fins lucrativos intencionais". No Capítulo 9, investigaremos por que o *impacto* é a melhor maneira de avaliar startups, pois os primeiros anos de quase todas requerem o trabalho sem lucros. No Vale do Silício, parte essencial da forma de trabalho é assegurar que cada funcionário possua uma *participação no resultado*,[7] o que, em startups com fins lucrativos e apoiadas por capital de risco, significa que é oferecida participação acionária.

A participação acionária em startups é um derivativo financeiro complexo que movimenta todo o ecossistema de capital de risco/startup. Não é participação nos lucros. Não é uma associação. Mas é a maior ferramenta de empoderamento de funcionários que já vi. Quanto vale a participação acionária numa startup? Essa pergunta atormenta pessoas tanto dentro quanto fora das startups. Toda vez que uma startup levanta capital, os investidores e os fundadores negociam uma avaliação. Embora isso seja expresso como um número único, na realidade é o produto de dois componentes. Um é o valor patrimonial do que foi criado até aquele momento: produto, relacionamentos entre equipe e fornecedores, e receita. É fácil avaliar isso. A parte mais difícil é a distribuição ponderada da probabilidade dos resultados futuros: o experimento. Uma chance de 1% de se tornar uma empresa de 100 bilhões de dólares vale 1 bilhão... neste momento![8] Essa é a parte que a maioria das pessoas acha mais difícil de compreender.

Então, o que pode tornar uma startup mais valiosa?

1. Aquisição de ativos valiosos, tais como desenvolvimento de novos produtos, contratação de mais funcionários e obtenção de mais receita.
2. Mudança da probabilidade de sucesso futuro (o 1% mencionado que alcança os 100 bilhões de dólares).
3. Mudança de magnitude do sucesso futuro (os 100 bilhões de dólares mencionados acima).

Isso ajuda a explicar por que as startups às vezes passam por mudanças drásticas de avaliação muito desproporcionais aos seus sinais de progresso visíveis. Quando fazem testes, revelam quão grande o impacto pode ser e também aumentam a probabilidade de ele acontecer; muitas vezes, também aumentam seu valor patrimonial, adquirindo e atendendo a clientes reais.[9] Às vezes – raramente, na verdade – esses fatores se combinam de forma exponencial.

Só de fora você consegue perceber o valor patrimonial. No entanto, uma startup em rápido crescimento é uma dupla vitória do ponto de vista dos investidores: o valor patrimonial cresce à medida que a aprendizagem da startup revela a probabilidade e a magnitude do sucesso futuro. O valor de uma inovação reside no potencial de impacto futuro.

Ao dar aos funcionários acesso à participação acionária, as startups incentivam diretamente a aprendizagem da maneira mais radical. A participação acionária não é um bônus em dinheiro. É uma medição do que a startup aprendeu sobre os próprios lucros futuros. É uma maneira de monetizar a aprendizagem.

A participação acionária leva em conta a remuneração, a tomada de riscos e o investimento no que for necessário. Isso significa que, no início, a gestão da startup parece a de uma organização sem fins lucrativos: é tudo uma questão de impacto atual e impacto futuro.[10]

Uma outra diferença entre participação acionária numa startup e numa pequena empresa tradicional tem a ver com o incentivo em investir no negócio. Um proprietário único tem dificuldade em decidir o que fazer com os ganhos num ano lucrativo. Cada dólar investido no crescimento é um dólar tirado do bolso do proprietário. É uma escolha difícil, que deve ser feita repetidas vezes. Os investimentos de risco são especialmente penosos, por causa do fenômeno psicológico de aversão à perda.

Como a participação acionária no estágio inicial gratifica cada funcionário com base no crescimento e no sucesso da empresa no longo prazo, ela cria um alinhamento muito mais próximo entre os incentivos financeiros de funcionários e gestores e a saúde da organização no longo prazo. Mas não digo que esse vínculo seja perfeito em todos os casos, e, claro, a maioria das startups paga salários e também oferece outros tipos de remuneração com bônus.

Incentivos financeiros não são tudo; pesquisas revelam que frequentemente isso inibe o aumento da produtividade. A maioria das pessoas não ingressa numa startup por dinheiro, e sim por causa do comprometimento com a missão e do desejo de causar um impacto ao consumar a visão da startup. Em comparação com outras formas de remuneração (proprietário único, organização sem fins lucrativos, bônus corporativos, etc.), a participação acionária é o conjunto de incentivos com menos distorções. Permite que floresçam a criatividade, o compromisso e a motivação intrínsecos dos funcionários.

ENFOCAMOS INDICADORES DE TENDÊNCIAS

As startups se tornam mais valiosas quando aprendem coisas importantes sobre seu impacto futuro. Embora diferentes em cada empresa, essas métricas são específicas e servem como proteções em cada estágio, para reduzir o risco.

Implícito nesse foco nas métricas está o entendimento claro da diferença entre indicadores delimitadores (como receita bruta, lucro, ROI e participação de mercado) e *indicadores de tendências*, que podem prever o sucesso futuro (como engajamento do cliente, satisfação, economia unitária, uso repetido e taxas de conversão). Os planos de negócios tendem a ser constituídos de estimativas e prognósticos, sempre denominados em métricas brutas (que chamamos de *métricas de vaidade* no modelo startup enxuta). Ao longo das últimas décadas, o Vale do Silício aprendeu, da maneira mais difícil, que "nenhum plano de negócios sobrevive ao primeiro contato com os clientes",[11] como Steve Blank afirmou (parafraseando Helmuth von Moltke, estrategista militar prussiano). Ou, se você preferir o general Eisenhower: "Planos são inúteis, mas planejamento é indispensável."[12]

Então, que tipo de métrica podemos considerar durante a inevitável "parte horizontal do taco de hóquei", antes que os números brutos subam? Em *A startup enxuta*, dei muitos exemplos do setor de software, incluindo um dos meus fracassos. Eu estava comemorando o aumento, ao longo de um período de muitos meses, do número total de clientes de nossa startup, ainda que a taxa de conversão de clientes de um estágio do funil de vendas para o seguinte continuasse igual. E mesmo assim, no mesmo período, fizemos inúmeras "melhorias" no produto. Apenas o monitoramento das atividades da empresa no nível da diretoria nos salvou da ruína certa, pois nos forçou a reconhecer que, embora achássemos que o produto estava "melhorando", o comportamento dos clientes não estava. (Veremos outros exemplos desse tipo de desafio das métricas no Capítulo 9.)

Todas as startups modernas têm um monitor de métricas ao qual a equipe e a diretoria retornam com uma *cadência* regular (cronograma). A tendência ainda mais recente é reproduzir versões em tempo real desse monitor por todo o escritório, em grandes monitores de tela plana visíveis para todos. Isso é parte da transparência que as startups tendem a defender e que diversas grandes empresas acham assustadora. Contudo, como dispositivo de coordenação, é bastante útil. Não pode haver dúvidas sobre o desempenho da empresa se todos compartilham o mesmo conjunto de fatos.

O FINANCIAMENTO MENSURADO ORGANIZA O RISCO

Certa vez, promovi uma excursão pelo Vale do Silício com uma equipe de executivos de uma grande empresa. Visitamos startups bem-sucedidas em estágio avançado, instaladas em grandes e reluzentes complexos de escritórios – espaços descolados com tijolos aparentes e decoração sofisticada –, e também startups em fase de constituição. Uma dessas ficava nos fundos de um armazém reformado no então inóspito bairro de South Park, em São Francisco, cujo escritório acessamos por meio da escada dos fundos e da porta corta-fogo.

No interior havia a dualidade típica que se espera de uma startup de tecnologia: móveis baratos de segunda mão e pilhas altíssimas de pacotes de salgadinhos ao lado de computadores de última geração. Foi um choque cultural para os executivos de terno e gravata.

Enquanto eu mediava um diálogo entre os dois grupos, uma pergunta específica foi feita repetidas vezes pelos executivos: como vocês prestam contas aos investidores? Com que frequência vocês relatam os progressos a eles? E como eles se certificam de que vocês não saiam dos trilhos e não façam algo idiota com o dinheiro deles?

O fundador e CEO da startup ficou desconcertado com essas perguntas. Por acaso, eu era um investidor da empresa. Os executivos se espantaram por eu ter permitido que o fundador gastasse meu dinheiro sem explicações ou supervisão.

Foi minha chance de explicar como reduzimos o risco no Vale do Silício utilizando algo denominado *financiamento mensurado*. (É o oposto da típica abordagem orçamentária empresarial, que denomino *financiamento por direito* e que discuto no Capítulo 7.)

O financiamento na fase de constituição dessa empresa foi de apenas algumas centenas de milhares de dólares. Captar esse dinheiro inicial levou algum tempo e exigiu certa energia da equipe de fundação. Provavelmente, tentaram promover o negócio junto a 20 ou 30 investidores ao longo de diversos meses. No entanto, quando a arrecadação de fundos terminou, o dinheiro era deles, já que foi transferido para a conta bancária da própria equipe.

No Vale do Silício, o dinheiro que você arrecada é seu. Você pode gastá-lo no que quiser, com um mínimo de supervisão (sobretudo nos estágios iniciais). Mas Deus o ajude se você tentar levantar mais dinheiro e não tiver feito nenhum progresso. (No Capítulo 4, falaremos sobre como esse progresso é medido como *aprendizagem validada*.)

O financiamento na fase de constituição propicia um excelente equilíbrio entre mitigação de riscos e liberdade para inovar. A estrutura da startup limita a responsabilidade total da equipe ao dinheiro total arrecadado e limita rigidamente o tempo e a energia disponíveis para investir na aquisição e na defesa de seu orçamento, porém, ao mesmo tempo, cria um forte incentivo para manter os investidores informados quando há algo interessante a compartilhar, de modo que eles vão querer continuar investindo e apresentarão referências positivas para o próximo grupo de investidores.

Nem toda startup possui uma política tão informal para atualização dos investidores. À medida que as startups crescem e os riscos ficam maiores, a frequência das reuniões dos diretores tende a aumentar. Essa é uma norma seguida universalmente, raramente sendo imposta por meio de regras. A empresa é que programa essas reuniões e direciona a discussão. É uma inversão completa de papéis em comparação com a equipe corporativa típica, cujo comportamento é supervisionado de perto pelos gestores.

A DINÂMICA DIRETORIA/INVESTIDOR É FUNDAMENTAL

Todas as startups possuem uma diretoria, à qual a empresa se reporta não segundo um cronograma fixo, mas quando os fundadores acham que é hora. A avaliação se baseia no progresso real, e não numa linha de tempo artificial. As diretorias são projetadas para ajudar a empresa a examinar questões estratégicas e a saber se deve pivotar (mudar de estratégia). O processo funciona porque está vinculado ao *financiamento mensurado*.

Os investidores não têm o controle diário da empresa e, na maioria das situações, nem mesmo conseguem a maioria dos votos na diretoria. Sua influência surge da necessidade de levantar financiamento adicional no futuro. Os novos investidores sempre vão querer um relato positivo dos existentes. E, em geral, os existentes são incentivados a ser sinceros, pois as startups existem numa economia da reputação (e os novos investidores são naturalmente céticos). Todo investidor bem-sucedido deve saber lidar com o fato de que muitas vezes estará em ambos os lados dessa negociação.[13]

A diretoria também atua como mecanismo de atualização para muitas outras pessoas que têm interesse econômico na startup. A maioria das empresas de capital de risco é organizada como sociedade e, em geral, apenas um sócio é membro da diretoria de cada investimento realizado pela empresa. Os outros sócios (sem falar dos não raros outros funcionários e dezenas de associados) não têm liberdade para incomodar os fundadores e pedir atualizações. Se quiserem uma atualização, falam com o sócio que é membro da diretoria. Tradicionalmente, essas sociedades têm reuniões semanais (nos velhos tempos, sempre numa segunda-feira) para compartilhar informações a respeito das diversas empresas de seu portfólio. Pode haver longas discussões e análises, mas, qualquer que seja o trabalho demandado, ele é gerado pela empresa de capital de risco, e não pela startup.

É importante lembrar que a maioria das empresas de capital de risco não está investindo o próprio dinheiro. Os sócios representam os interesses de, algumas vezes, centenas de "sócios comanditários" (*limited partners*, ou LPs, na sigla em inglês) – indivíduos e instituições ricos, tais como fundações familiares, fundos de pensão e de doações para universidades. Cada um desses LPs quer saber o desempenho de seus investimentos, mas não tem liberdade para incomodar as startups do portfólio. Deve buscar informações com o sócio na diretoria. É comum que as empresas de capital de risco organizem uma reunião anual com seus LPs, em que fornecem atualizações detalhadas do desempenho das startups do portfólio.

Compare isso com a vida de um típico gerente de produto corporativo. A maioria das organizações sujeita suas equipes internas a um fluxo interminável de reuniões: avaliações formais, atualizações orçamentárias e um bombardeio constante de checagens dos gerentes de nível médio. Conversei com muitos gestores que relataram que, somente para dar conta de todas essas interferências (e das politicagens relacionadas), gastam 50% de seu tempo, dia sim, outro também. É um fardo espantoso sobre a produtividade deles. O movimento de startups prefere um sistema que estimula o fluxo de informações de uma maneira que não bloqueie o progresso, de modo que os funcionários e os gestores possam se concentrar na produção de resultados, e não apenas em prestar contas.

ACREDITAMOS NA MERITOCRACIA

Essa é uma das crenças mais amplamente arraigadas no movimento de startups: as boas ideias vêm de qualquer lugar, e as pessoas devem receber recursos e atenção com base em seus talentos, não em sua linhagem.

   Utilizo a palavra *meritocracia* com cautela, e seria negligente se não explicitasse até que grau esse conceito está envolto em controvérsias. Escrevi repetidas vezes sobre os defeitos da visão de meritocracia do Vale do Silício. Como resultado desses defeitos, diversos grupos merecedores são injustamente menos favorecidos em nossas práticas de financiamento e contratação.[14] E, para piorar as coisas, diversas pesquisas acadêmicas revelam que as empresas que se julgam meritocráticas costumam ter mais preconceitos implícitos do que aquelas que acreditam não sê-lo.[15]

   No entanto, não há como entender o Vale do Silício sem esse conceito, porque todos que vivem e trabalham lá querem que ele seja aplicado. Embora muitas vezes fiquemos aquém desse objetivo, vi diversas ocasiões em que a meritocracia permitiu que a pressão externa de ativistas, sócios comanditários e outros resultasse numa mudança real. Também vi como é difícil realizar essas modificações em setores que não valorizam esse conceito.

   Na realidade, o que a meritocracia significa para o Vale do Silício é que as credenciais ou qualificações da pessoa não necessariamente predizem se ela será um bom fundador ou não. Essa ideia está ligada à importância das equipes. Você talvez se pergunte como, por um lado, o Vale do Silício pode focar em fundadores e equipes de alta qualidade e, por outro, também pensar em si como uma meritocracia, que está aberta a desajustados e pessoas com experiências profissionais não tradicionais. A resposta é que, em vez de linhagem, inferimos a qualidade dos fundadores a partir dos resultados que são capazes de entregar com recursos limitados, apostando na possibilidade de que o sucesso inicial seja um indicativo de grandeza futura. Inúmeros investidores acreditam que a maneira como uma equipe conduz o levantamento de capitais prediz como ela vai administrar a empresa, e usam isso como indicador de tendências.

   Há uma famosa entrevista com Mark Zuckerberg, na época em que ele estava desenvolvendo o que denominou "TheFacebook.com", na qual ele se mostra bastante entusiasmado com a própria ideia, mas também não tem muita clareza a respeito. Num cenário empresarial tradicional, ninguém teria investido na ideia dele após ouvir sua descrição. Ele disse: "Eu só quero mesmo criar um diretório universitário bem bacana, que seja relevante para os estudantes. Não sei muito bem como vai ser."[16] No entanto, a cultura startup possibilitou que os investidores o levassem a sério, dando-lhe a oportunidade de testar sua ideia. O fato de ele não se expressar bem mas ter obtido resultados iniciais muito bons também é importante. Frequentemente, um indicador de tendências forte é suficiente para ganhar a confiança do investidor. Ao contrário do cenário corporativo, em que tudo tem de estar certo para que se possa seguir adiante, uma startup não precisa ter tudo resolvido. Da mesma forma, não há um indicador de tendências "correto". Mesmo os melhores investidores têm opiniões diferentes sobre que indicadores são mais importantes. Contudo, todos os investidores profissionais do estágio inicial têm uma opinião sobre quais indicadores de tendências têm mais importância e estão capacitados a avaliar as oportunidades com informação insuficiente.

Com as estruturas certas funcionando, isso também pode acontecer quando as empresas se expandem. Há alguns anos, na Intuit, uma assistente administrativa executiva da divisão TurboTax participou de um workshop como parte do programa Lean StartIN da empresa e apresentou a ideia de um programa no estilo "TurboTax Training Wheels" para ensinar as pessoas a declarar seus impostos usando o TurboTax. Ela acreditava que isso não só empoderaria os clientes como também os levaria a recomendar o software a outras pessoas. Após alguns dias no workshop, por meio de uma série de experimentos, ela provou que a hipótese estava correta. Sua equipe executou diversos experimentos em escala maior e, pouco tempo depois, lançou o TurboTax Parties. O programa começou com 500 eventos, cresceu para 13 mil em poucos anos e continua se fortalecendo.

A meritocracia não é um conceito do tipo ou/ou. As meritocracias existem num espectro. Todos nós podemos melhorar e ficar mais meritocráticos, mas quantas organizações colocam esse ideal em prática de verdade?[17]

NOSSA CULTURA É EXPERIMENTAL E ITERATIVA

Ao estabelecer as estruturas descritas neste capítulo, as startups criam experimentos sem risco de prejuízo financeiro. Isso é fundamental para inspirar uma cultura de confiança. Quando uma startup é configurada de maneira adequada, não há incentivos para encobrir os fracassos: a ideia é buscar a verdade. Esse sistema está longe da perfeição. Os últimos anos revelaram que persistem brechas pelas quais um fundador carismático pode cometer fraudes com muita facilidade. E, como veremos nos próximos capítulos, não é difícil que as empresas percam a intensidade, a responsabilização e a cultura experimental iniciais enquanto crescem.

No entanto, é importante não desvalorizar quanto de experimentação esse sistema permite. A combinação entre atrair boas ideias de todos os lugares, ter limites rígidos de financiamento (e, portanto, de responsabilização) e criar uma cultura que tolera o fracasso permite que o ecossistema resultante siga diversas ideias de negócios, sendo que a maioria é terrível, mas algumas podem ser verdadeiramente disruptivas.

Para aqueles que trabalham no Vale do Silício, é recorrente ouvir que todos têm histórias de startups nas quais não investiram ou cujas ofertas de trabalho não aceitaram e que se tornaram megassucessos. Eu mesmo recusei oportunidades de trabalhar ou investir em vários sucessos gigantes da era da internet, entre eles o Google e o Facebook.

E não estou sozinho. Uma das minhas empresas de capital de risco preferidas tem um "antiportfólio" com as empresas nas quais se recusou a investir quando teve a oportunidade, para continuar acompanhando e divulgando seu desempenho fora de série.[18]

A moral dessas histórias – e o motivo pelo qual se tornaram um clichê – é que simplesmente não tem como antever com precisão quais experimentos serão bem-sucedidos. Mesmo os melhores investidores, aqueles que enaltecemos por sua intuição brilhante, erram mais do que acertam.

A única maneira de ganhar nesse mundo é acertando mais tiros no alvo. Tentando coisas mais radicais. Prestando muita atenção no que funciona e no que não funciona. E dobrando a aposta nos vencedores.

UMA STARTUP É ORIENTADA PELA MISSÃO E TAMBÉM PELA VISÃO

Fora do Vale do Silício, a declaração de Mark Zuckerberg de que "Não queremos construir serviços para ganhar dinheiro; ganhamos dinheiro para construir serviços melhores"[19] foi vista com descrença, mas realmente acreditamos nisso.

O Vale do Silício é obcecado pela visão e pelo fundador visionário que pode executá-la de maneira única. Esse foco foi fonte de certa controvérsia quando a startup enxuta ficou mais popular. Devido à nossa ênfase em ciência, métricas e experimentação, é comum (mas equivocada) a crítica de que a startup enxuta procura substituir a visão ou, de certa forma, reduzir sua importância. (Fiz o melhor possível para esclarecer esse mal-entendido em *A startup enxuta*! Há um motivo para que a Parte 1 do livro seja "Visão".) Nenhuma metodologia ou processo pode substituir esse elemento essencial de uma startup.

Mas por que a visão é tão importante? Alguns motivos são óbvios: a visão elucida o que a startup espera conquistar. É o instrumento de coordenação principal quando a equipe atua de forma descentralizada. Como o general Stanley McChrystal escreveu em *Team of Teams* (Equipe de equipes): "O motivo principal para o sucesso da execução empoderada está no que veio *antes* dela: a base de consciência compartilhada."[20] A visão fornece um profundo senso de motivação e energia, e uma vantagem de recrutamento inigualável. Lembre-se de que as startups costumam contratar pessoas a quem não conseguem, nem de longe, pagar salários de mercado. Em minha carreira, muitas vezes trabalhei com pessoas muito mais talentosas e mais velhas do que eu que aceitaram uma grande redução salarial em troca do privilégio de executar uma missão promissora. Isso só é possível diante de uma visão inspiradora.

Há outro motivo igualmente importante para a primazia da visão e de seu papel numa startup. É por isso que a *startup como unidade atômica de trabalho* é diferente dos conceitos gerenciais mais antigos, como "célula de trabalho multifuncional" em estruturas enxutas ou em quaisquer estruturas de equipe ou comitê funcional estilo "força-tarefa", que são comuns em cenários corporativos.

Sem uma visão, é impossível pivotar.

A exatidão dessa afirmação está presente na própria definição de *pivô*: *mudança de estratégia sem mudança de visão*. A visão é a parte inegociável da missão da equipe – é aquilo que faz você preferir fechar as portas a ter que ceder. É a resistência essencial que serve de impulso para que as equipes encontrem estratégias incomuns para avançar. (Vamos examinar isso com mais detalhes no Capítulo 4.)

Como Jeff Lawson, CEO da Twilio, empresa de comunicações em nuvem, afirmou: "Mesmo tendo uma grande visão, você não chegará a lugar algum se não solucionar o problema do cliente. Se não solucionar problemas, você nunca terá a capacidade de implantar essa grande visão." E a maneira de solucionar problemas é descobri-los ao longo do percurso e, por fim, pivotar para resolvê-los.

Com frequência descobrimos a visão durante o processo de construção de uma startup. Conforme o processo se desdobra e o visionário é forçado a encarar escolhas difíceis a respeito do que mudar e do que manter, ele percebe quais aspectos da visão original são dispensáveis e quais são essenciais.

Muitas vezes a visão é o que permite às equipes de startups pivotar de uma maneira que as equipes de produto tradicionais dificilmente conseguem. A estrutura de uma equipe de startup força os integrantes a encarar a realidade com todas as suas particularidades desagradáveis, mas a visão sempre permanece como um norte.

ACREDITAMOS NO EMPREENDEDORISMO COMO PLANO DE CARREIRA

É importante entender que a maneira empreendedora de pensar a respeito da visão se aplica, de forma generalizada, a mais pessoas do que apenas o CEO e os fundadores de uma empresa. O Vale do Silício tem grande apreço pela "mentalidade de fundador" que os funcionários empreendedores desenvolvem em suas carreiras nas startups. Os primeiros funcionários de uma startup bem-sucedida têm muitas oportunidades para ganhar novas responsabilidades mais rápido do que costuma ser em outros tipos de organização. Nem todos se adaptam a esse ritmo, mas aqueles que têm sucesso nesse ambiente logo desenvolvem uma reputação que vai além de serem bons engenheiros, profissionais de marketing ou gestores. Eles ficam conhecidos como vice-capitães estratégicos, que podem fazer as coisas acontecerem no ambiente altamente incerto das startups. E, é claro, são vistos como futuros fundadores com alto potencial.

A capacidade de trabalhar e de liderar esses tipos de equipes de alto desempenho exige habilidades específicas, que não existem naturalmente em todas as pessoas e são absolutamente diferentes da maioria das outras habilidades empresariais que levam ao sucesso num ambiente corporativo. (Há uma discussão intensa sobre se essas habilidades são inatas ou se podem ser aprendidas. A startup enxuta demonstrou que podem ser aprendidas num grau até então desconhecido.)

O percurso do plano de carreira do empreendedorismo não é linear. Trabalhei para pessoas que depois trabalharam para mim. Contratei ex-fundadores para cargos executivos estratégicos e estimulei ex-funcionários meus a se tornarem fundadores. E, é claro, no Vale do Silício a maioria das pessoas bem-sucedidas se torna investidor-anjo, mesmo que numa escala pequena. Assim, os papéis ficam bastante entrelaçados. É uma rede recíproca de confiança, expertise e reputação que explica em grande parte por que os polos de startups promovem tanto sucesso empreendedor.

Esse plano de carreira só se tornou algo amplamente disponível nas economias contemporâneas há pouco tempo. No entanto, acho que essa é apenas a ponta do iceberg de como essa identidade profissional evoluirá nos próximos anos e décadas. O talento é amplamente distribuído, mas até agora a oportunidade, não. À medida que mais e mais pessoas tiverem a oportunidade de tentar o empreendedorismo, o mundo jamais será o mesmo.

>>

Essa incursão pelas práticas das startups não pretende retratar nosso setor como infalível, nem tem a intenção de sugerir que a imitação ingênua dessas práticas tornará outros setores mais inovadores. Na verdade, ela pretende servir como uma linguagem comum para falarmos sobre essas práticas e sobre como elas moldam e influenciam o sistema de gestão apresentado neste livro.

Uma das principais lições que aprendi ao escrever *A startup enxuta* é que formalizar práticas num sistema racional, provido com um vocabulário comum, permite – mais do que o antigo método de aprendizagem – que mais pessoas utilizem esse sistema. Isso traz benefícios, como a disseminação das ideias e também a melhoria das práticas do próprio Vale do Silício.

É necessário um entendimento claro a respeito das ferramentas da startup enxuta antes de nos aprofundarmos mais no estilo startup. O próximo capítulo examina os métodos que constituem a forma de trabalho da startup enxuta, acrescido de ferramentas e exemplos. Para os recém-chegados, esse capítulo será uma introdução aos conceitos básicos do modelo. Para aqueles já familiarizados com o assunto, tentei focar em enxergar os conceitos através de uma nova lente: como, enquanto líderes, podemos ajudar nossas equipes a viver esses princípios diariamente?

CAPÍTULO 4
Lições da startup enxuta

Não foi à toa que o estilo startup emergiu como resultado do movimento startup enxuta. Sempre existiram líderes procurando trabalhar de maneira mais inovadora. O que faltava era um arcabouço abrangente que ajudasse as startups – internas ou externas – a entender o que fazer e como fazer todos os dias. Como medir o progresso para ter certeza de que estão se aproximando de seus objetivos? Como maximizar os talentos que já possuem? Como descobrir a verdade por meio da experimentação? A startup enxuta tem todas as respostas.

Assim, antes de avançarmos, vejamos seus princípios básicos.

COMO A STARTUP ENXUTA FUNCIONA

Eis uma visão geral dos fundamentos do método. Apresentaremos cada um deles, e cada termo específico, com mais detalhes.

1. Identificar as crenças do que deve ser feito para a startup ter sucesso. Chamamos essas crenças de *suposições do tipo salto de fé*.
2. Criar um experimento para testar essas suposições do modo mais rápido e barato possível. Chamamos esse esforço inicial de *produto mínimo viável*.
3. Pensar como cientista. Tratar cada experimento como uma oportunidade para aprender o que está funcionando e o que não está. Chamamos essa "unidade de progresso" para startups de *aprendizagem validada*.

4. Considerar a aprendizagem de cada experimento e recomeçar o ciclo. Esse ciclo de iteração é denominado *ciclo de feedback construir-medir-aprender*.

5. Num cronograma regular (*cadência*), tomar uma decisão entre mudar de estratégia (*pivotar*) ou manter o rumo (*perseverar*).

Como discutimos no Capítulo 3, cada startup é, acima de tudo, uma questão de visão. O objetivo da startup enxuta é encontrar o caminho mais rápido para concretizar essa visão. Naturalmente, os pormenores de como chegar às respostas serão diferentes para cada projeto, mas seguirão os mesmos passos básicos, empregando o método científico para decompor o plano em suas partes constituintes por meio de rápida experimentação.

A STARTUP ENXUTA NO DEPARTAMENTO DE EDUCAÇÃO

Em agosto de 2013, o presidente Obama anunciou que estava em busca de uma maneira melhor de cobrar responsabilidade das universidades pelo seu desempenho no atendimento aos estudantes. Se você é pai ou mãe de alguém com idade para ingressar no ensino superior, provavelmente consultou algumas listas: as melhores faculdades de seu estado ou as melhores para a área de especialização em que seu filho tem interesse. Em muitos desses guias de classificação, porém, os critérios utilizados não se correlacionam com quão bem as instituições de ensino estão de fato educando os estudantes e os preparando para o mercado de trabalho. Lisa Gelobter, diretora do serviço digital do Departamento de Educação, que liderou o projeto, recorda: "Utilizando métricas relacionadas com acesso, viabilidade financeira e resultados, o presidente queria mudar a conversa sobre o que define o valor de uma instituição."

Todos no departamento de Gelobter tinham ideias a respeito de como descobrir quais critérios incluir na ferramenta de busca que queriam desenvolver. As pessoas deveriam poder verificar não só o "preço anunciado" de uma faculdade, mas também quanto um estudante de baixa renda pagaria com auxílio financeiro. Como a equipe poderia explicar a uma pessoa não familiarizada com a análise de dados que uma faculdade de baixo custo provavelmente não era uma boa aposta? O número de fatores a considerar e as possíveis maneiras de abordar o projeto foram impressionantes.

A equipe então decidiu fazer uma pausa. "Demos um passo para trás e perguntamos: 'Espere aí. Qual é o problema que estamos tentando resolver?'", lembrou Gelobter. "O que queríamos fazer era mudar os critérios para avaliar se uma faculdade era boa. Em seguida, capacitar os consumidores a tomar decisões embasadas e exercer seu poder de escolha." Ao pensar no projeto de um modo centrado no cliente, a equipe de Gelobter se deu conta de que precisava entrar em campo e começar a experimentar.

Para entender o que de fato precisavam testar, começaram a focar em clientes reais. "Identificamos com quem queríamos conversar: estudantes, pais e orientadores de carreira. Se queríamos ajudar os estudantes a descobrir qual faculdade queriam cursar, precisávamos conversar com alguns deles." Isso era quase inédito para o governo. Ou, como Gelobter afirmou: "Foi um pouco incomum."

Diversos projetos como esse ficam estagnados por meses ou anos em pesquisas de mercado e em "paralisia por análise". Essa equipe fez questão de manter o projeto bem simples. Eles foram ao parque National Mall, em Washington, e começaram a procurar alunos do penúltimo e último anos do ensino médio a fim de lhes perguntar sobre a experiência deles no processo de admissão das faculdades. Visitavam o local ao menos uma vez por semana, fazendo seis perguntas simples aos estudantes e utilizando as respostas para refinar suas hipóteses a respeito dos recursos que achavam que os clientes queriam.

Não demorou muito e estavam transformando essas ideias em experimentos tangíveis. Em vez de procurar softwares caros, fizeram celulares de papelão com painéis deslizantes para reproduzir a experiência de usar o aplicativo que planejavam projetar e levaram os falsos celulares ao Mall. "Foi incrível", afirmou Gelobter. "As pessoas usaram o polegar para deslizar pelas telas."

A equipe testou tudo, descobrindo quais informações as pessoas de fato procuravam e quais atributos ignoravam. "No começo, tínhamos um recurso em que, a partir dos resultados da busca, você podia criar uma lista para comparar faculdades", lembrou Gelobter. "Então você podia compará-las lado a lado. Nenhuma pessoa se interessou em fazer isso. Ninguém perguntou sobre o assunto. Ninguém clicou."

Cada protótipo de papelão funcionava um pouco melhor do que o anterior. Depois que a equipe se sentiu segura com o novo projeto, começou a desenvolver a ferramenta para o consumidor, assim como uma versão de interface de programação de aplicações (API, na sigla em inglês) para que os dados pudessem ser acessados fora do site do Departamento de Educação.

AS FERRAMENTAS E OS PROCESSOS DA STARTUP ENXUTA

Estes são os métodos que permitiram que a equipe responsável pelo College Scorecard (tabela de desempenho das faculdades) criasse um produto excelente em tão pouco tempo:

1. Suposições do tipo salto de fé

Devemos lembrar que a startup enxuta é projetada para operar em situações de incerteza tão extrema que não conseguimos prever o que pode acontecer. Nessa circunstância, o melhor que podemos fazer é formular hipóteses – no sentido científico – do que gostaríamos de ver acontecer. Essas hipóteses são denominadas *suposições do tipo salto de fé*. Num plano de negócios tradicional, elas incorporam a atual noção da empresa de como sua estratégia levará à concretização de sua visão. A startup enxuta requer a explicitação dessas suposições de modo que possamos descobrir o mais rápido possível quais são verdadeiras e quais não são. Por exemplo: a equipe responsável pelo College Scorecard tinha certeza de que as pessoas queriam comparar faculdades. Somente ao testar o recurso (antes mesmo que ele fosse programado) foi que ela tomou conhecimento de que não havia nenhum interesse naquilo.

Ao testar suposições salto de fé, é tentador perguntar diretamente aos clientes o que eles querem, por meio de entrevistas individuais, grupos focais ou questionários. Muitos de nós fomos ensinados a fazer esse tipo de pesquisa de mercado. No entanto, há um problema com essa abordagem: muitas vezes as pessoas acham que sabem o que querem, mas estão equivocadas.[1]

É por isso que a equipe responsável pelo College Scorecard se dirigiu ao Mall não com um questionário, mas com um protótipo do produto. Assim eles puderam observar o que os clientes realmente fariam. O motivo para realizar experimentos é descobrir as preferências dos clientes por meio do seu comportamento. Em outras palavras, não pergunte aos clientes o que eles querem. Crie experimentos que permitam a observação.[2]

"Espere aí!"

Alguns anos atrás, promovi um workshop de um dia com um grupo de equipes de software de uma megacorporação. Embora atuassem num setor de alta tecnologia, elas ainda trabalhavam no clássico estilo em cascata, marcado por resultados e marcos em *stage-gate*.

Quando começamos a discutir suas suposições a respeito dos projetos em que estavam trabalhando, alguém interrompeu: "Espere aí! Acabei de me dar conta de que estamos trabalhando nesse projeto há dois anos e, na realidade, não temos certeza se existem clientes para ele." Eles tinham acreditado cegamente que as projeções de seu plano de negócios se concretizariam assim que o produto estivesse pronto.

Quando perguntei a eles quem deveria ter analisado a pertinência das projeções e por que isso ainda não havia sido feito depois de dois anos, cada membro da equipe deu uma desculpa diferente. Um deles afirmou: "Sou o gerente de projeto. Meu trabalho é garantir que o projeto seja realizado dentro do prazo." Outro disse: "Sou o gerente de engenharia. Meu trabalho é garantir que o software e o hardware funcionem do jeito correto, de acordo com o documento de especificação." O gerente de projeto acreditava que seu trabalho era garantir que o produto satisfizesse os pré-requisitos determinados no plano de negócios. E assim por diante.

No fim, após o gerente de projeto afirmar "Recebi ordens para desenvolver esse projeto. Logo, meu trabalho é garantir que ele seja desenvolvido", os membros da equipe perceberam que ninguém havia sido encarregado de garantir que existiam clientes reais para o produto. Eles atuaram com base numa suposição salto de fé bastante ampla – a de que as pessoas queriam aquele produto – e nunca a reconheceram como tal ou a testaram.

Articulando suposições

Claro que fazer suposições é um hábito natural. Cada visão de um negócio se baseia em suposições a respeito do que é possível desenvolver, do que os clientes querem, dos tipos de cliente que querem aquilo, de que canais de distribuição estão disponíveis e assim por diante. Cada parte de um plano de negócios contém suposições.

No entanto, é fundamental que as equipes, os gestores e os líderes considerem criticamente os planos da empresa e aceitem que eles estão repletos tanto de suposições técnicas a respeito das características e das especificações do produto quanto de suposições comerciais a respeito do marketing e de estratégias de venda. Precisamos testar essas suposições por meio da experimentação, mensurar o que foi aprendido e então avançar para o próximo passo de ação: manter o rumo com quaisquer modificações necessárias ou mudar toda a estratégia.

As suposições devem ser articuladas antes de avançarmos demais no desenvolvimento. Felizmente, isso não precisa ser complicado. Uma maneira simples de fazer isso é se habituar a anotar as expectativas a respeito de interações com um cliente ou com seus colegas de profissão. "Acredito que o cliente vai estar disposto a receber uma ligação de prospecção", "Acredito que esse recurso do software será importante e atraente para o departamento financeiro da minha empresa" ou "Acredito que o hospital vai se interessar em comprar o equipamento médico que estou desenvolvendo".

Então, formule estes tipos de pergunta:

- Quais suposições teriam de ser verdadeiras para o projeto ter êxito? São suposições a respeito dos clientes? Dos sócios? Dos concorrentes?
- Quanto sabemos de fato a respeito dos hábitos e das preferências dos clientes e sobre sua necessidade de soluções como as nossas?
- Que evidência existe de que os clientes *de fato* têm o problema que está sendo solucionado para eles e de que eles desejam intensamente uma solução (e estão dispostos a pagar por ela)?

- O que *de fato* se sabe a respeito do que os clientes querem nessa solução?

Ao anotar com antecedência o que acham que acontecerá, os membros da equipe se lembrarão de que nem sempre vão estar certos – o que é bom. O objetivo é aprender.

Mantenha as coisas simples

Veja o que um empreendedor chamado Pedro Miguel, membro da comunidade on-line ligada ao meu livro *The Leader's Guide* (O guia do líder),[3] que está na plataforma de financiamento coletivo Kickstarter, tem a dizer sobre o procedimento de fazer perguntas como primeiro passo na criação de um novo produto ou processo:

Validar ideias a partir de conversas com as pessoas é difícil, mas fundamental para entender se elas de fato enfrentam o problema que você está tentando solucionar. Algo que funciona para mim é construir um questionário simples, com três perguntas que validam as suposições centrais:

1. As pessoas têm mesmo o problema que você acha que elas têm?
2. Como elas abordam o problema atualmente?
3. O seu conceito é uma alternativa ótima para elas?

Só depois do teste com os clientes é que começo o desenvolvimento.

Não exagere. Por mais tentador que seja listar todas as suposições que possam surgir em reuniões de equipe, tente limitar a análise àquelas que se ajustam à verdadeira definição do termo: as suposições salto de fé são as afirmações num plano de negócios que terão o *maior impacto* em determinar seu sucesso ou fracasso.

Evite a paralisia por análise a qualquer custo; em geral, é preciso se concentrar em menos – e não em mais – suposições (uma equipe com que trabalhei identificou mais de 100 suposições para um único projeto). Um bom método para enxugar a lista é identificar as partes mais arriscadas do plano e se concentrar primeiro nelas. Algumas equipes tendem a se concentrar demais em suposições acerca do futuro distante: tendências do setor, preços do petróleo ou como será a estratégia comercial daqui a alguns anos. Não há nada de errado em documentar essas suposições, mas é muito mais importante se concentrar naquelas que estão um pouco mais próximas do momento atual.

Por quê? Porque todos nós tendemos a ir em direção ao que é confortável, ou seja, as áreas que conhecemos melhor e que parecem as mais seguras. A área em que nos sentimos menos confortáveis costuma ser aquela em que não sabemos o necessário para encontrar o sucesso, e por isso a aprendizagem adquirida ao testar essas suposições é ainda mais importante.

PRIORIZANDO AS SUPOSIÇÕES DO TIPO SALTO DE FÉ
Barraca de limonada em hipercrescimento (BLH)

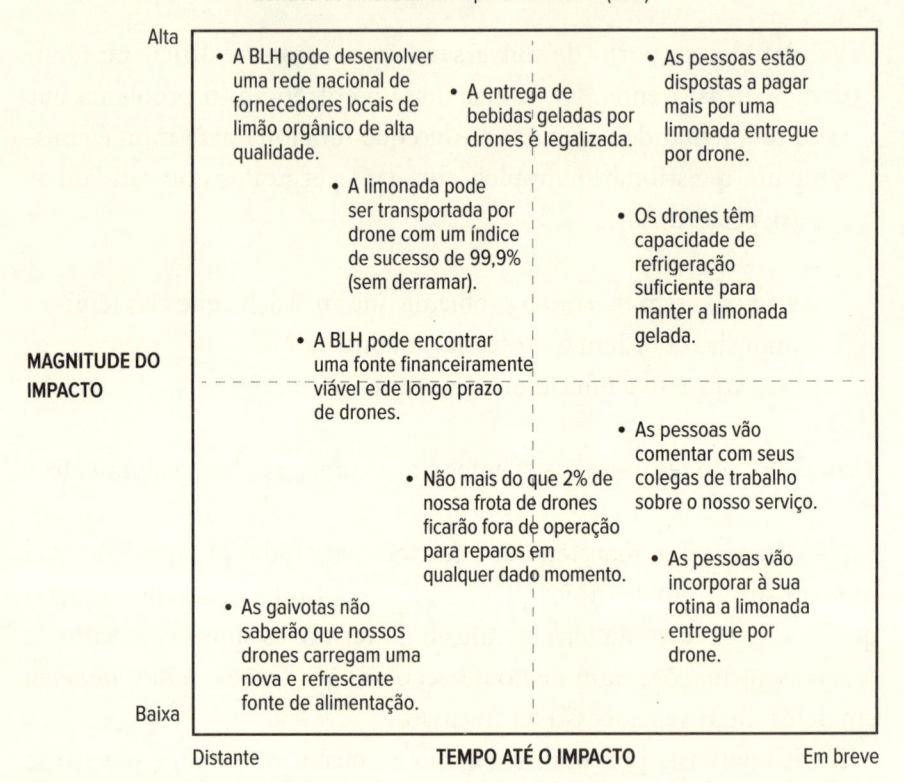

MAGNITUDE DO IMPACTO — Alta / Baixa
TEMPO ATÉ O IMPACTO — Distante / Em breve

- A BLH pode desenvolver uma rede nacional de fornecedores locais de limão orgânico de alta qualidade.
- A entrega de bebidas geladas por drones é legalizada.
- As pessoas estão dispostas a pagar mais por uma limonada entregue por drone.
- A limonada pode ser transportada por drone com um índice de sucesso de 99,9% (sem derramar).
- Os drones têm capacidade de refrigeração suficiente para manter a limonada gelada.
- A BLH pode encontrar uma fonte financeiramente viável e de longo prazo de drones.
- Não mais do que 2% de nossa frota de drones ficarão fora de operação para reparos em qualquer dado momento.
- As pessoas vão comentar com seus colegas de trabalho sobre o nosso serviço.
- As pessoas vão incorporar à sua rotina a limonada entregue por drone.
- As gaivotas não saberão que nossos drones carregam uma nova e refrescante fonte de alimentação.

Esta é uma forma simples de redução de riscos: concentrar-se em ações que apresentam as maiores oportunidades de aprendizagem. Para a equipe responsável pelo College Scorecard, as suposições mais arriscadas eram aquelas relacionadas aos recursos que os clientes queriam. Com isso, eles decidiram concentrar seus primeiros testes nesses recursos.

Determine a hipótese de valor e a hipótese de crescimento

Entre suas suposições salto de fé, uma startup possui duas que são fundamentais: a *hipótese de valor*,[4] que testa se os clientes realmente se deleitam com um produto ou serviço assim que começam a usá-lo; e a *hipótese de crescimento*, que testa como, obtidos alguns clientes, é possível conseguir mais. (Ver quadro da página 92.)

Em geral, recomendo que as equipes comecem determinando a hipótese de valor antes de seguir para a de crescimento. Faz sentido assegurar que um pequeno número de clientes queira o que está disponível antes de pensar em como ampliar os esforços.

Para o College Scorecard, por exemplo, a hipótese de valor era que a equipe poderia criar uma ferramenta que forneceria aos estudantes boas métricas para ajudá-los a entender o valor propiciado por uma faculdade e também para ajudá-los a tomar uma decisão embasada sobre a faculdade a ser cursada. A hipótese de crescimento era que, assim que a equipe tivesse os dados necessários, seria capaz de compartilhá-los por meio de um API que qualquer pessoa poderia acessar, a fim de alcançar comunidades e clientes que talvez não os acessassem por meio do aplicativo.

Mas e se minha análise das suposições estiver errada?

Uma coisa que noto que preocupa as equipes é a possibilidade de que sua priorização das suposições salto de fé esteja equivocada e isso as leve ao erro. Na verdade, sabemos com certeza que ela *vai* estar errada, como discutimos no Capítulo 1. Por isso chamamos de *produtos mínimos viáveis* os experimentos que fazemos nas startups enxutas. Não são apenas exercícios acadêmicos, como veremos a seguir. São produtos da vida real – não importando quão limitados – que criam oportunidade máxima para sermos surpreendidos pelo comportamento do cliente. Muitas vezes, essas surpresas viram todo o nosso arcabouço referente às suposições de cabeça para baixo. Esse é mais um motivo pelo qual o processo de análise das suposições deve ser o mais simples possível. Como Mark Zuckerberg afirma em seu conhecido manifesto (na seção de arquivos S-1 do Facebook): "Tente desenvolver os melhores serviços no longo prazo, lançando-os quanto antes e aprendendo com as menores iterações em vez de tentar acertar tudo de uma vez (...) Temos a frase *Feito é melhor que perfeito* pintada em nossas paredes, para nos lembrar de sempre continuarmos lançando [novos serviços]."[5]

DETERMINANDO AS HIPÓTESES DE VALOR E DE CRESCIMENTO

	Definição	Exemplos	Perguntas a fazer
Hipótese de valor	Testa se o novo produto ou serviço criará valor para o cliente	**Exemplo 1** Os clientes desejam limonada artesanal de alta qualidade. **Exemplo 2** Os clientes pagarão mais caro pela experiência de entrega por drone.	1. Essa é uma proposta valiosa para meus clientes-alvo? 2. Os clientes estarão dispostos a pagar por isso? 3. Os clientes farão a compra novamente?
Hipótese de crescimento	Testa como os novos clientes adotarão o produto ou processo	**Exemplo 1** Acreditamos que os clientes se tornarão divulgadores da BLH, fazendo propaganda boca a boca. **Exemplo 2** Acreditamos que os clientes comprarão pelo menos duas limonadas por pedido, para dividir com colegas ou servir em reuniões.	1. Depois que o projeto-piloto for lançado e mostrar valor, que mecanismo utilizaremos para fazê-lo crescer? 2. Como saberemos se as aprendizagens da região-piloto são aplicáveis em outras regiões? 3. Como podemos estimular e recompensar a divulgação boca a boca?

2. Produto mínimo viável (MVP)

Depois de reunirmos as estimativas, as suposições e as hipóteses articuladas de valor e crescimento, o próximo passo é criar um experimento denominado *produto mínimo viável* ou *MVP*.

Um MVP é uma versão inicial de um novo produto que permite que uma equipe colete a máxima quantidade de *aprendizagem validada* (aprendizagem baseada em coleta de dados reais em vez de em conjeturas a respeito do futuro) sobre os clientes. De modo ideal, essa aprendizagem maximizará o número das suposições testadas e, ao mesmo tempo, minimizará custos, tempo e esforço.

No atual mercado de incertezas, ganha quem aprende mais rápido. O conceito da manufatura enxuta de "tempo de ciclo fundamental" é definido pelo tempo transcorrido entre o recebimento de um pedido do cliente e a entrega de um produto de alta qualidade e com bom preço. Para uma startup "fábrica de inovação", o tempo de ciclo fundamental é definido pela quantidade de tempo transcorrida entre ter uma ideia e a validação da mesma como brilhante ou absurda. As equipes que reduzem o tempo de ciclo de validação tendem muito mais a encontrar adequação do produto ao mercado,[6] porque isso aumenta (mas não garante, é claro) a probabilidade de sucesso.

Um produto mínimo viável logo converte uma ideia em algo real – mesmo que imperfeito –, a fim de começar o processo de iteração e repetição de testes. Embora os MVPs individuais possam ser imperfeitos, o objetivo é, em última análise, criar o processo ou produto mais bem-sucedido possível com o menor desperdício.

Você leu sobre o MVP inicial do College Scorecard. Em vez de lançar seu software para o público, a equipe utilizou modelos de papelão e observou as interações dos clientes. Dessa maneira, eles puderam experimentar o produto de imediato, mudá-lo depressa e testá-lo de novo.

A maioria das pessoas não gosta de trabalhar assim. É incômodo apresentar um produto imperfeito e desordenado, sobretudo quando estamos encantados com a visão global de nosso projeto, como a maioria dos empreendedores fica.

"A questão dos produtos mínimos viáveis é que, enquanto você decide o que é mínimo, o cliente decide se é viável", escreveu David Bland, consultor e divulgador inicial da startup enxuta. "Você precisará liderar sua equipe e tirá-la da tristeza que sente depois de experimentar esse desespero pela primeira vez. Os produtos mínimos viáveis são otimizados para aprendizagem, e não para escalonamento. Essa é uma das coisas mais difíceis de transmitir a pessoas que passaram a vida construindo para construir, e não para aprender".[7]

Tipos de MVP

Os MVPs surgem nos mais diversos tamanhos e sabores. Tudo depende do que você está tentando aprender. As empresas precisam desenvolver as próprias diretrizes a respeito de como falar sobre experimentação rápida, como treinar os funcionários para utilizar essas técnicas e como cobrar deles responsabilidade pelo que aprenderam.

Na Intuit, eles descrevem o processo desta maneira: "O objetivo dos experimentos rápidos é aprender o mais rápido possível com clientes reais, com base em comportamentos reais, antes de investir recursos adicionais em determinada ideia ou linha de ação." Para ver uma série de exemplos de MVPs, consulte o Anexo 2, em que tenho o prazer de compartilhar o catálogo e as diretrizes internas da Intuit referentes a MVP – com a permissão da empresa, é claro.

O MVP é um estado de espírito

Uma equipe de startup interna que compareceu a um dos meus workshops tinha uma história de MVP "escondido à vista de todos". Eles estavam desenvolvendo um bem de consumo que, tradicionalmente, precisaria de três a cinco anos para ser projetado e lançado. Ao longo do workshop, começamos a investigar formas de utilizar novas tecnologias, como impressão em 3D, para reduzir esse tempo de ciclo. No entanto, a equipe teimou em se concentrar apenas no aspecto produtivo do tempo de ciclo. Continuei em minha tentativa de fazê-los se concentrar para aprenderem mais depressa.

Sendo o produto um equipamento, imaginei que a parte mais difícil seria encontrar uma maneira de construir um protótipo funcional que os clientes pudessem ver. No entanto, segundo explicaram, eles já tinham feito isso para obter as certificações de segurança. Esse protótipo já estava no escritório da equipe.

Então, supus que o problema fosse que a equipe não tinha acesso fácil aos clientes. Talvez eles precisassem encontrar um varejista local e elaborar um acordo especial para conseguir entrar em contato com os consumidores. Eu estava errado de novo. "Já temos uma loja-modelo em nossas instalações, aonde os clientes podem ir para ver nossos incríveis produtos mais recentes." Então, imaginei, devia ser um problema de política corporativa. A equipe conhecia o gerente da loja? "Com certeza, ele está sempre nos pedindo coisas novas para expor."

Então qual era o problema? A loja era muito longe do escritório da equipe? Não, era no mesmo prédio. O protótipo era muito pesado? Precisava de um carrinho especial para ser levado até lá?

Na verdade, não havia absolutamente nenhum obstáculo físico, organizacional, político ou regulatório para que um experimento fosse feito naquele mesmo dia. O único impedimento era a força arraigada do hábito, que levou essa equipe a ignorar essa solução simples. Como você verá nos próximos capítulos, isso é bastante comum. O problema não era que os engenheiros não soubessem construir um MVP; é que eles nunca consideraram que valesse a pena construí-lo. Quando o modelo mental é moldado por hábitos gerenciais, é difícil inovar. A startup enxuta é projetada para remover esse obstáculo psicológico.

Tabela de pontuação do MVP

Desde que seja algo que maximize a aprendizagem, não há instruções rígidas quanto ao que construir como MVP.

O mais importante, porém, é sempre fazer *múltiplos brainstormings* de MVPs para qualquer projeto. Na Intuit, um dos pilares básicos do programa Design for Delight (sua versão de um programa do tipo startup enxuta, similar ao FastWorks) é "Expanda para poder estreitar".[8]

É da natureza humana se ancorar de forma prematura numa única solução. Não sei dizer a quantidade de equipes nas quais trabalhei ao longo dos anos que estavam convencidas de que seu plano original era o único MVP que podiam construir.

É importante ajudar equipes a considerarem alternativas radicalmente diferentes. Em meus workshops mais básicos, muitas vezes peço às equipes que selecionem uma única suposição dos seus planos e, em seguida, façam um brainstorming de três MVPs distintos. Começamos com o fácil: o MVP que as equipes já querem fazer. Depois fazemos um divertido: um que seja *muito mais caro*. Finalmente, peço às equipes que tentem criar uma terceira possibilidade, uma que seja tão distante em complexidade e custo do projeto original quanto o MVP caríssimo, *mas* na direção da simplicidade. Ou seja, algo tão estúpido e simples que as equipes ficassem quase constrangidas de admitir que pensaram nisso.

TESTANDO UMA HIPÓTESE COM MVPS

Suposição do tipo salto de fé mais decisiva

Os clientes desejam limonada artesanal.

Enunciado da hipótese

Se a limonada artesanal de alta qualidade estiver disponível para entrega sob demanda, o consumo de limonada aumentará.

Faça uma sessão de brainstorming de uma série de MVPs potenciais.

PERGUNTE-SE:

- Para quem esse novo produto/processo está sendo desenvolvido?
- Qual é o produto/processo mais simples que pode ser desenvolvido para o início da aprendizagem?

MVP 1	Barraca de limonada instalada numa esquina, com mesas, cadeiras e sinalização básica.
MVP 2	Página de destino de site com link para realização de pedidos sob demanda e entrega por pessoas.
MVP 3	Site e aplicativo com link para realização de pedidos sob demanda e entrega por drone no bairro de SoMA, em São Francisco.
MVP 4	Site e aplicativo com link para realização de pedidos sob demanda e entrega por uma frota de drones em qualquer lugar no estado da Califórnia.

Esse tipo de brainstorming não é apenas para workshops. Certa ocasião, Scott Cook, da Intuit, me explicou a técnica que usou numa reunião de funcionários. No total, levou apenas 15 minutos. Ele pediu que cada pessoa considerasse o projeto em que estava trabalhando naquele momento e dedicasse cinco minutos para anotar as suposições do tipo salto de fé.

Em seguida, pediu que cada pessoa selecionasse *apenas uma* das suposições e passasse cinco minutos fazendo um brainstorming de diferentes métricas que poderia utilizar para medir se tal suposição era verdadeira. Finalmente, pediu que cada pessoa selecionasse *uma única métrica* e fizesse um brainstorming de diferentes MVPs que poderiam gerar aqueles dados. Mesmo após apenas 15 minutos, ele descobriu que sua equipe era capaz de considerar propostas muito mais variadas e interessantes.

Para as equipes que estão prontas para uma técnica mais avançada, apresento uma tabela (ver página 98) que utilizei com diversos clientes para ajudá-los a decidir qual MVP valia a pena. Essa tabela apresenta um conjunto de indicadores comuns para avaliação das perspectivas dos MVPs gerados a partir do brainstorming.

Em primeiro lugar, a tabela ajuda a reconhecer que nem todos os MVPs se relacionarão diretamente com todas as suposições salto de fé. Não faz mal. Às vezes, a resposta correta é simplesmente selecionar um que seja bom o suficiente para começar. Outras vezes, faz sentido trabalhar com MVPs distintos de modo paralelo, para colocar em andamento um conjunto mais abrangente de testes.[9]

Contudo, o que sempre me surpreende quando realizo esse exercício com as equipes é a frequência com que as startups estão considerando, ao mesmo tempo, diversos MVPs que testam exatamente as mesmas suposições e, ainda assim, custam valores bem diferentes. Nesses casos, quase sempre podemos eliminar da avaliação os MVPs mais caros, mesmo que pareça desconfortável.

3. Aprendizagem validada

Em *A startup enxuta*, contei uma história embaraçosa sobre quando passei seis meses desenvolvendo um software que, como depois descobri, os clientes não queriam nem baixar. Uma única página da web oferecendo esse produto revelaria a mesma informação num único dia em vez de após seis meses de trabalho extenuante. Esse é um dos tipos de eficiência substancial possibilitada pela startup enxuta: não é descobrir como alcançar a especificação com um pouco menos de esforço, mas descobrir como alcançar o mesmo valor de aprendizagem com uma especificação muito mais simples.

TABELA DE PONTUAÇÃO DO MVP

Determine quais experiências realizar e em que ordem. Assinale qual MVP testa quais suposições e avalie o custo e o tempo de execução de cada experimento. Alguns podem ser desnecessários porque suas suposições podem ser testadas com um MVP mais barato e/ou mais rápido.

	MVP 1 Barraca de limonada na esquina / mesa e cadeiras	**MVP 2** Página de destino do site simples com botão de compra	**MVP 3** Protótipo de drone com serviço de entrega	**MVP 4** Serviço de entrega por drone
SUPOSIÇÃO DO TIPO SALTO DE FÉ				
Os clientes desejam limonada artesanal.	✓	✓	✓	✓
Os clientes pagarão mais caro por limões orgânicos e de origem local.	✓	✓		
A realização de vendas por demanda aumenta o consumo de limonada pelos clientes.		✓	✓	✓
Os clientes estão dispostos a pagar mais caro pela entrega por drone.			✓	✓
Os clientes estão em locais acessíveis por drone.				✓
Os clientes preferem pagar com bitcoin.		✓	✓	✓

Estimativa de custo de cada experimento e quanto tempo cada uma vai levar.

CUSTO	$250	$2.500	$25.000	$1,5 milhão
TEMPO	1 semana	1 mês	6 meses	18 meses

A informação que eu poderia ter obtido com aquela simples página da web é o que chamamos de *aprendizagem validada*. É o que qualquer MVP fornece: entendimento a respeito do que as pessoas de fato querem, e não o que achamos que elas querem. O objetivo de uma sequência de MVPs é aceitação: mostrar que cada experimento está impulsionando um comportamento superior do cliente, em comparação com o anterior.

Ao longo do tempo, não necessariamente passamos a ter mais clientes, mas cada grupo de clientes foi gostando mais do que estávamos oferecendo. Esse era o nosso indicador de tendências, mas cada empresa e cada equipe tem de determinar o que avaliar para aprender o que deseja.

A maioria das startups acha que a métrica correta para elas é óbvia. Uma empresa de comércio eletrônico insistirá que o que importa são as compras dos clientes e as taxas de conversão resultantes. Os bens de consumo, desde aplicativos até brinquedos, devem ser produtos que os clientes adorem e utilizam com regularidade. Não há um comportamento universalmente correto que seja mais importante avaliar.

No entanto, o que todos esses comportamentos têm em comum é uma *troca de valor*. Valor pode ser qualquer coisa escassa da qual um possível cliente esteja disposto a abrir mão em troca do acesso ao produto: às vezes é dinheiro, mas também pode ser tempo, energia, reputação ou feedback detalhado. A equipe responsável pelo College Scorecard soube que havia encontrado algo importante quando descobriu que ninguém queria comparar as faculdades, tanto quanto soube que estava progredindo quando as pessoas que puseram à prova seus celulares de papelão passaram cada vez mais tempo com eles.

A aprendizagem validada é a inferência científica que podemos fazer a partir das melhorias nessa troca de valor de um experimento para o seguinte. (Nos Capítulos 6 e 9 falaremos mais sobre métricas.) Para darem suporte a uma inferência válida, as métricas devem seguir os três As: *acionável*, *acessível* e *auditável*.

ACIONÁVEL. Para que um relatório seja considerado acionável, os dados devem demonstrar causa e efeito claros e estar relacionados com mudanças do produto. Caso contrário, é apenas uma métrica de vaidade. O fato de que um site apresentou um pequeno aumento no número de visitantes não necessariamente significa que o produto está melhorando. O que isso significa? Por que estão acessando o site? O que os visitantes estão fazendo? Que mudanças do produto motivaram esse resultado?

ACESSÍVEL. Todos os envolvidos no projeto devem poder ver esses relatórios e entendê-los; caso contrário, eles não poderão ser usados. Diversas organizações utilizam telas públicas para acompanhar os dados. O *The Washington Post* é um exemplo recente: sob o controle acionário de Jeff Bezos, a empresa criou uma plataforma de tecnologia denominada Arc, que visa transpor o entendimento da Amazon sobre experiência do cliente para o setor de jornais. A Arc rastreia a interação do leitor com o site e os aplicativos e incorpora marketing direcionado com base na experiência do usuário. Atualmente, a empresa oferece a Arc como um serviço para outros jornais em todo o mundo.[10]

AUDITÁVEL. Os dados precisam ser confiáveis. Quando um projeto é liquidado por causa de métricas deficientes, é provável que uma equipe ou um indivíduo conteste essa decisão: Com base em quê? Os números e a análise devem ser claros e sólidos, e não complicados e insípidos.

Dan Smith, gerente de produto que compartilhou suas ideias na comunidade Leader's Guide, afirmou:

> Todo o resto sendo igual (o que nunca é), gosto de levar em conta o que é minha "única métrica que importa", isto é, conversões pagas, compras, ações, uploads, etc., e perceber se estou alcançando certa velocidade. De modo ideal, e isso depende de quais são, num modelo, a taxa de evasão e a unidade de tempo, desejo ver crescimento exponencial, prolongado, semanal ou mensal. Tomando emprestada uma analogia do varejo, se não consigo manter uma quantidade suficiente de produtos em estoque, sei que tenho um problema. Acredito bastante em observar tudo por meio da função do tempo e dos grupos. Descobri que isso evidencia as falhas potenciais do modelo e também as oportunidades para acelerar o crescimento. É claro que isso pressupõe que já validei meu cliente.

A parte mais difícil de administrar uma startup costuma ser simplesmente fazer com que todos os integrantes da equipe concordem quanto a um mesmo conjunto de fatos. Só então podemos descobrir se estamos progredindo.

4. Construir-medir-aprender

A construção de um MVP não se destina a ser um evento único. Após medi-lo e analisá-lo, é possível perceber onde a ideia pode ter aceitação e onde não tem. Em seguida, construa outro MVP e lance-o para continuar aprendendo.

CICLO CONSTRUIR-MEDIR-APRENDER

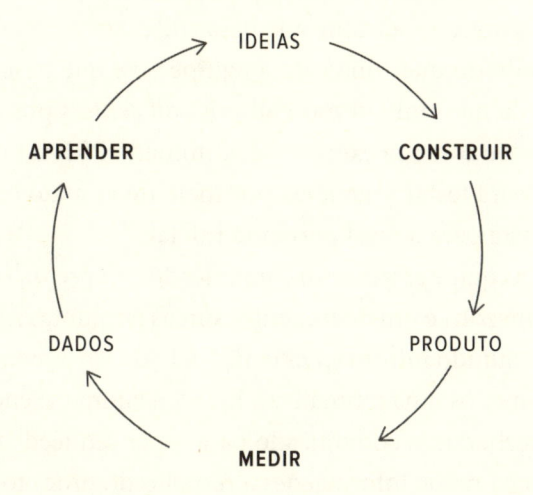

IDEIAS → CONSTRUIR → PRODUTO → MEDIR → DADOS → APRENDER

Por exemplo: quando testou seu MVP com possíveis clientes, a equipe responsável pelo College Scorecard descobriu quais sites as pessoas consultavam quando procuravam por faculdades e por quê. Eles perceberam que as pessoas supunham automaticamente que as faculdades públicas americanas custariam menos e que a maioria começava sua procura por uma faculdade já sabendo qual graduação queria cursar. Eles então incorporaram recursos considerando as preocupações reais das pessoas e realizaram outros testes. Continuaram esse ciclo de feedback construir-medir-aprender até criarem um MVP que os clientes adoraram e com o qual se empolgaram.

Paradoxalmente, quando a busca por perfeição é substituída pela disposição a fazer testes e adaptar a ideia original, o resultado é um produto melhor. O importante é sempre reduzir o tempo total por meio desse ciclo.

Ciclo construir-medir-aprender da Twilio

Quando a Twilio – plataforma de comunicações em nuvem que em 2017 possuía um valor de mercado de 2,56 bilhões de dólares e há um tempo fez uma bem-sucedida oferta inicial de ações (IPO, na sigla em inglês) – foi criada, em 2008, tinha pequenas equipes de engenheiros. Os métodos que utilizaram para identificar oportunidades permaneceram em vigor ao longo do rápido crescimento da empresa. Os gestores começaram pedindo que cada equipe testasse uma oportunidade – por exemplo, a teoria de que a Twilio poderia ser utilizada para *call centers*. Em vez de receber ordens a respeito do que construir, a equipe teve que descobrir por que os clientes ainda não tinham montado os *call centers* por si mesmos. O processo começou com um exercício denominado PRFAQ, que é uma técnica utilizada para testar uma ideia por meio do contato com os clientes e obter a resposta para aquela pergunta inicial.

No PRFAQ, a equipe escreve um comunicado à imprensa (semelhante ao processo da Amazon) e um documento com as perguntas mais frequentes dos clientes, incluindo informações como data de lançamento do produto e preço (ou ao menos uma estimativa). Então, a equipe se encontra com os clientes que receberam o comunicado para obter seu feedback. "Procuramos obter o máximo de informações a respeito do produto final antes de dedicarmos tempo à sua construção", afirmou Patrick Malatack, vice-presidente de gestão de produto. Às vezes os clientes – tanto internos quanto externos – dizem que não estão nada interessados numa determinada ideia; outras vezes, dizem que mal podem esperar para começar a usar o produto – nesse caso, a equipe investigará mais a fundo. E de vez em quando a resposta inclui pedidos por recursos que a equipe nem tinha considerado.

Depois que todas essas informações são reunidas, a equipe decide se vai ou não seguir em frente. Se a resposta for sim, construirá um produto "muito, muito, muito básico", por meio do qual pode começar a iterar imediatamente (entre as iniciativas recentes, estão incluídas a adição de videoconferência ou serviços de mensagens multimídia, ou MMS, além dos serviços regulares de voz ou texto). Não há uma cronologia fixa para a execução desses passos. É diferente para cada equipe. No entanto, cobra-se responsabilidade de cada equipe pelos mesmos indicadores de aprendizagem. "Cada equipe independente está construindo uma noção de propriedade", afirmou Roy Ng, ex-diretor de operações. "A única regra que queremos aplicar envolve obter o feedback do cliente, e precisamos tentar obtê-lo o mais cedo possível", disse Malatack. "Então temos que experimentar e iterar propondo uma hipótese e a testando em cada iteração. É a única coisa que impomos às equipes de teste, mas, tirando isso, não há uma abordagem padrão."

5. Pivotar ou perseverar

O objetivo de toda essa experimentação é aprender o suficiente para realizar uma reunião de pivotar ou perseverar e avaliar se a estratégia atual está funcionando. Se cada experimento parecer mais produtivo que o anterior – há muita aprendizagem *e* dados que apoiam ao menos algumas suposições do tipo salto de fé –, o passo seguinte é *perseverar*, fazer outro MVP que seja um refinamento do anterior e prosseguir no ciclo construir-medir-aprender.

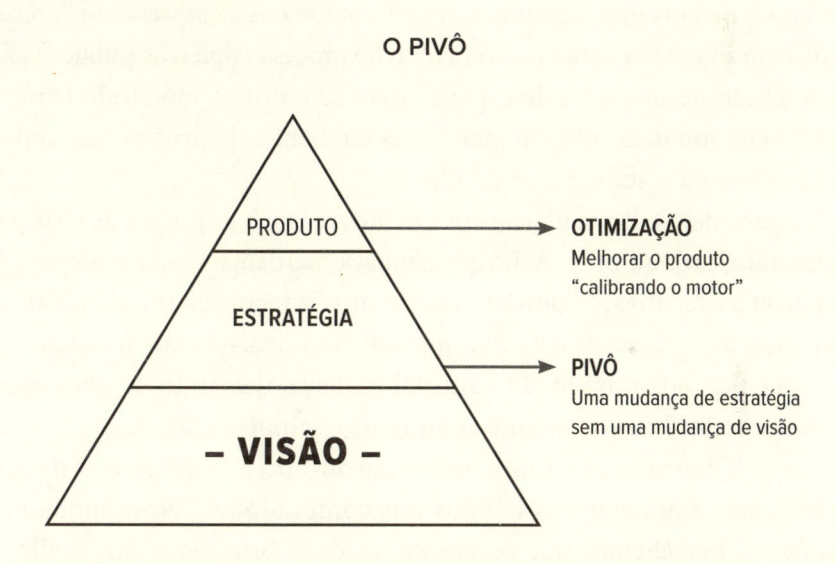

O PIVÔ

PRODUTO → **OTIMIZAÇÃO**
Melhorar o produto
"calibrando o motor"

ESTRATÉGIA

→ **PIVÔ**
Uma mudança de estratégia
sem uma mudança de visão

– VISÃO –

Caso contrário, se o mesmo feedback negativo (ou indiferença) estiver vindo repetidas vezes dos clientes apesar de o produto estar "melhor", ou se os dados invalidarem de modo convincente uma suposição essencial, é hora de *pivotar*. Talvez esse seja o jargão mais conhecido da startup enxuta (ou o mais infame, dependendo do ponto de vista): o pivô, *uma mudança de estratégia sem uma mudança de visão*.

Os fundadores sempre têm uma visão. Para realizar seus objetivos e alcançá-la, precisam definir uma estratégia. Não há motivo para que essa estratégia permaneça a mesma para sempre, mas a visão pode permanecer, e é o que acontece na maioria das vezes. Num pivô, o mercado-alvo para o produto, ou o seu conjunto de características, pode mudar sem que a visão geral do problema mude. Cada pivô cria uma nova série de hipóteses, e o processo recomeça.

A história das startups está cheia de pivôs lendários. Entre eles estão o da PayPal, que passou de um mecanismo de transferência de dinheiro para PalmPilots para apenas a versão web que temos agora; o da Netflix, que passou do envio de DVDs pelo correio para o *streaming*; e os de algumas das empresas que descrevi em *A startup enxuta*, como a Wealthfront (que começou com o negócio de jogos de azar on-line kaChing) e a Groupon.

No entanto, os pivôs não são apenas para startups. Recentemente, uma executiva de uma importante editora me contou que a empresa tem "rompido com a maneira como tudo era feito no processo típico de publicação".

A editora testou artes de capa, conteúdos e títulos sobretudo com o público de um determinado autor, mas também com grupos não familiarizados com o autor e o conteúdo.

No passado, a editora não buscava muito feedback de grupos de teste ou comunidades de autores. "Acho que confiávamos demais em nós mesmos", explicou a executiva. "Confiávamos em nossas inclinações individuais e em nossa arrogância de acreditar que sabíamos mais do que o cliente."

À medida que o mercado editorial mudava, deixando de depender sobretudo do fluxo de clientes entrando e saindo de livrarias para se tornar um mercado predominantemente on-line, a empresa teve de pivotar para se adaptar aos hábitos dos compradores. "Nós, enquanto indústria, percebemos que precisávamos descobrir como chegar diretamente aos consumidores."

Num caso, a editora testou um original completo. O livro já estava em produção, mas a executiva e sua equipe estavam interessados em descobrir mais sobre como os possíveis leitores reagiriam ao livro, ainda que não previssem fazer grandes mudanças no original.

Depois que começaram a receber feedback e compilar os dados, eles ficaram bastante surpresos ao descobrir que o grupo demográfico dos 35 aos 60 anos que a executiva havia previsto como alvo não era o público leitor principal. Em vez disso, o livro estava repercutindo entre os *millennials* (ou geração Y). Foi quando pivotaram para maximizar o sucesso. "Jogamos fora toda a nossa campanha de marketing e de publicidade direcionada ao público mais velho e a dirigimos para os *millennials*", contou a executiva. A visão da editora em relação ao livro não mudou, apenas o seu público leitor.

Quando pivotar

Se você já esteve numa situação de pivô na vida real, sabe como pode ser estressante. Muitas vezes, esperamos até ser tarde demais para considerar o pivô. O telhado está pegando fogo. As paredes estão desmoronando. Há uma reunião de diretoria amanhã de manhã. Estamos prestes a ficar sem dinheiro. De fato, esse não é um ambiente propício para uma tomada racional de decisões.

Sem dúvida, há bons motivos para adiarmos o ato de pivotar. Suscitar a questão "Nossa estratégia está funcionando?" pode parecer uma crítica à direção atual da equipe. Põe em risco o moral. É raro que todos da equipe concordem a respeito de quão bem uma estratégia está funcionando, e, assim, pivotar pode ser uma fonte de conflito. Além disso, há o eterno otimismo da mente startup: talvez, se fizermos apenas mais uma tentativa, o crescimento se materialize.

Então, uma última sugestão a respeito do tópico relativo às reuniões pivotar-ou-perseverar: quase todas as startups mais bem-sucedidas tiveram de pivotar em algum ponto do caminho. É uma consequência universal da condição de extrema incerteza vivida pelas startups. Portanto, se sabemos que vamos ter de pivotar, por que esperar até o último minuto para pensar nisso? Minha sugestão é: *programe a reunião pivotar-ou-perseverar com antecedência*. Inclua essa reunião na agenda. Torne-a parte da rotina.

Descubra a frequência correta para a startup em questão. Em geral, recomendo uma reunião a cada seis semanas ou algo em torno disso. Com certeza não mais do que uma por mês ou menos do que uma por trimestre. Realize a reunião, e não faça disso um grande problema. Não é uma crise existencial. Não é uma confissão de que não sabemos o que estamos fazendo. É apenas uma oportunidade para nos perguntarmos: que evidência temos de que nossa estratégia atual está nos levando para mais perto de nossa visão?

Esse ambiente é mais calmo do que o de uma crise para se tomar essas decisões, e ainda há outro benefício: uma reunião pivotar-ou-perseverar previamente agendada também funciona como um mecanismo de concentração para toda a equipe. Principalmente nos primeiros dias, todos os membros podem se perguntar entre uma reunião e outra: isso em que estou trabalhando *agora* vai nos ajudar daqui a seis semanas, em nossa próxima reunião? Pode eliminar grandes fontes de desperdício, como a elaboração de planos detalhados do que fazer após o lançamento do produto, a adição de componentes dos quais os clientes ainda não precisam, a tentativa de atender a clientes convencionais quando o produto ainda nem tem adotantes iniciais, o recrutamento de pessoal para o serviço de atendimento ao cliente na expectativa de demanda futura e (a minha favorita) o investimento prematuro em infraestrutura expansível?

O pivô para o esquecimento

Às vezes, um pivô leva a outro pivô, e depois a outro, até que a equipe fica desprovida de pivôs e percebe que sua visão, por mais incrível que já tenha parecido, não consegue se estabelecer com sucesso. Foi exatamente o que aconteceu com uma das equipes da Turbomachinery Solutions, da GE, que, não obstante, considerou o cancelamento de seu projeto um bom resultado.

O plano era desenvolver um novo componente para aumentar a eficiência e a produção de grandes usinas de gás natural. O turbo-expansor Flash Liquid Expander (FLE) aumentaria a capacidade de liquefação do gás das usinas e geraria fluxos de receita adicionais. O novo processo também teria um benefício colateral: recuperação de energia, que poderia ser utilizada para outras finalidades na mesma usina, aumentando a eficiência geral.

Como afirmou Silvio Sferruzza, líder de excelência na Introdução de Novos Produtos (NPI, na sigla em inglês) e gerente do programa FastWorks da GE Oil & Gas, a equipe sabia que "do ponto de vista tecnológico, o projeto era perfeitamente realizável. Se entendêssemos como ingressar no mercado, sem dúvida o turbo-expansor FLE poderia ser construído". A equipe criou um estudo de caso empresarial (*business case*) impressionante para o projeto, com base na grande quantidade de usinas existentes nas quais o novo equipamento poderia ser instalado e na suposição de que, dado o benefício previsto para os possíveis clientes (até 100 milhões de dólares por ano), os operadores da maioria das usinas existentes iriam querer realizar a atualização dos equipamentos antigos. A equipe também acreditou que o novo equipamento se tornaria uma opção popular para as novas usinas a serem construídas.

"No papel, o estudo de caso era incrível", recordou Sferruzza. O estudo abordava diretamente a formulação do problema do cliente: "O cliente vai querer aumentar a eficiência da usina sem impactar a disponibilidade. A produção maior geraria receitas adicionais." No entanto, o estudo de caso também foi desenvolvido inteiramente com base em suposições. Como Sferruzza afirmou: "Somos uma empresa de tecnologia. Nossa abordagem foi nos concentrarmos em como fazer coisas, considerar os desafios técnicos. Todos ficam contentes em trabalhar dessa maneira."

Para a equipe – que incluía as áreas de vendas e engenharia, operações comerciais e um coach do programa FastWorks –, a questão não era saber se *conseguiriam* construir o turbo-expansor FLE, mas se *deveriam* construí-lo. Os clientes gostariam desse novo produto o suficiente para pagar por ele? "No passado, antes de adotarmos a abordagem do FastWorks, teríamos trabalhado nesse projeto do começo ao fim sem questionar muito as suposições relativas ao cliente", afirmou Sferruzza. "Teríamos seguido no processo de desenvolvimento considerando principalmente os riscos técnicos."

Estas eram as suposições comerciais do tipo salto de fé:

- Nenhum concorrente chegou antes ao mercado com essa ideia.
- A licenciadora do processo de gás natural liquefeito (a empresa com a patente do processo de liquefação do gás natural, que analisa e aprova novas tecnologias para garantir que atendam aos padrões)

estava disposta a iniciar uma discussão com a GE a respeito do novo processo (isto é, não havia barreiras preexistentes, como, por exemplo, relacionamento exclusivo com outra empresa).
- A licenciadora do processo de gás natural liquefeito estaria disposta a adotar a nova solução da GE, tornando-a o novo padrão do setor.
- A tecnologia seria expansível para outras aplicações em outros mercados.
- Os clientes seriam parceiros engajados no processo de iteração e prototipação rápida do novo produto.

Trabalhando com o setor comercial, a equipe da Turbomachinery Solutions entrou em contato com clientes com quem tinha bom relacionamento. Nesse estágio inicial, seu MVP era apenas uma apresentação de como o novo componente funcionava. Como Giulio Canegallo, coach do programa FastWorks, explicou, a "troca de valor era principalmente de informação: compartilhar e coletar informações a respeito do processo com diferentes clientes".

Esse MVP permitiu que a equipe testasse muitas de suas suposições salto de fé. Logo descobriram que algumas de suas principais ideias a respeito de como ingressar no mercado estavam erradas.

Com esse feedback em mãos, a equipe voltou ao estágio de desenvolvimento para procurar outro mercado que pudessem explorar com o turbo-expansor FLE, para então pivotar. Por meio de um dos clientes, eles souberam que também poderiam fornecer o novo componente para o mercado criogênico (aplicações em refrigeração industrial), aumentando o potencial do produto.

Depois de dois meses e meio e alguns milhares de dólares gastos para testar o mercado criogênico, chegou-se à conclusão de que ele não era grande o suficiente para justificar o investimento necessário para desenvolver e construir o FLE, mesmo como MVP. Àquela altura, na última reunião pivotar-ou-perseverar, eles decidiram liquidar o projeto.

A reunião em que foram apresentadas as conclusões foi desconfortável para muitos membros da equipe, que, compreensivelmente, ficaram decepcionados com o fracasso do projeto. No entanto, também houve um lado positivo importante. Como Canegallo resumiu:

Houve uma mistura de sentimentos. Por um lado, a equipe ficou triste porque um produto animador e com grande potencial acabou se revelando não tão incrível quanto parecia ser inicialmente. Por outro, ficou feliz e orgulhosa de ter descoberto isso muito antes e de modo muito mais barato do que teria sido depois de desenvolvê-lo. Eles reconheceram que economizaram dinheiro da empresa e tempo das pessoas, que, desde então, foram investidos em atividades mais lucrativas.

Além disso, é claro que eles também ficaram aliviados por não terem investido tempo e energia num produto que, no fim, não teria criado valor para os clientes e teria sido um fracasso para a empresa. No final das contas, a equipe gastou 30 mil dólares e sete meses testando suas suposições em vez de milhões de dólares e anos de tempo e esforço só para ver o projeto fracassar. E a diretoria interna que estava supervisionando o financiamento – denominada *diretoria de crescimento*[11] – não só percebeu isso, como também os elogiou. "A diretoria reconheceu o esforço investido no teste das suposições, valorizou a aprendizagem alcançada e parabenizou a equipe pela coragem de reconhecer e admitir que estava errada. Todos foram recompensados", acrescentou Canegallo. Nesse caso, o incentivo à aprendizagem poupou a empresa de desperdiçar tempo e dinheiro. "Celebramos a atitude da equipe como uma melhor prática dentro da Turbomachinery Solutions."

STARTUP ENXUTA PARA LÍDERES

Na metodologia startup enxuta, uma das ações mais importantes de um líder é fazer perguntas às pessoas que realizam o trabalho de construir-medir-aprender. As perguntas mais importantes que os líderes devem fazer são as seguintes:

1. O que você aprendeu?
2. Como você sabe que aprendeu isso?

Como veremos repetidas vezes ao longo deste livro, muito dessa mudança na abordagem gerencial se resume a cultura, mentalidade e hábitos. Uma das suposições mais difíceis de eliminar é a ideia de que o líder é o especialista supremo: ele cria o plano e os subordinados o executam. Quando há incerteza, o líder fornece respostas definitivas. E, se algum subordinado fracassa na entrega, o líder dá a punição apropriada, pois não executar o plano é sinal de incompetência.

A esta altura, espero que você perceba quantas situações no mundo moderno desafiam esse paradigma antigo. Muitos fracassos são causados não por execução incompetente, mas porque a realidade não corresponde às suposições incorporadas no plano.

Portanto, parte do novo paradigma de liderança inclui mudar esse paradigma antigo para uma orientação de aprendizagem. Scott Cook chama isso de "definir o grande desafio" e criar as plataformas para experimentação de que as equipes precisam para obter respostas por si mesmas. Ao perguntar a respeito da aprendizagem – em vez de enfatizar o fracasso –, os líderes criam mais e melhores oportunidades para serem testadas.

Isso é sem dúvida benéfico para as pessoas que lideram equipes de startup. No entanto, a mudança de mentalidade também pode ser transferida para todos os tipos de contexto que não envolvem startups. Um executivo com quem trabalhei me contou uma história que me marcou. Ele tinha passado por um treinamento de startup enxuta e estava atuando como patrocinador executivo de uma startup interna corporativa, com a qual se reunia regularmente.

Certo dia, ele encerrou uma reunião com sua equipe de inovação após terem concordado com um novo pivô. Como é o caso para a maioria dos executivos, aquela era apenas uma reunião entre muitas naquele dia. Cumprindo seu dever, partiu para a seguinte: uma conversa telefônica com um diretor comercial regional que informaria os resultados trimestrais em seu território de vendas na Europa Central. O diretor comercial trouxe uma má notícia: a estratégia de entrada de um novo produto no mercado tinha ficado bem aquém das expectativas.

O executivo sabia exatamente o que fazer. Tinha anos de experiência em como "comer vivo" aquele sujeito. Estava prestes a repreendê-lo quando teve uma ideia. O que aconteceria se ele tratasse aquela conversa como a reunião pivotar-ou-perseverar que tivera alguns momentos antes? Em vez de recriminar o subordinado, começou a fazer perguntas: O que você aprendeu? Como sabe que aprendeu isso?

O diretor comercial ficou tão surpreso que quase deixou o telefone cair. No fim das contas, a estratégia de entrada no mercado tinha revelado alguns fatos inesperados. Aquela região tinha demandas especiais, distintas das dos Estados Unidos. Os concorrentes nativos já tinham produtos satisfatórios no mercado e a marca da matriz não era muito forte naquela região. Assim, a distribuição foi mais difícil do que o esperado. Em outras palavras, embora nenhum dos dois se desse conta, aquela estratégia de mercado tinha sido um experimento desde o princípio. Parecia uma iniciativa de baixo risco e grande certeza, e, portanto, solucionável pelas técnicas da administração tradicional. No entanto, a vida real havia interferido.

Após sondar um pouco para se certificar de que aquilo que estava ouvindo era verdade e não apenas um monte de desculpas, o executivo criou uma estratégia muito melhor para entrar no mercado daquela região com grande sucesso. Percebeu que simplesmente fazendo um conjunto diferente de perguntas tinha alcançado um resultado comercial que seu treinamento antigo teria desconsiderado.

Essa é apenas uma história de um líder que encontrou novos resultados mudando seu próprio comportamento e sua mentalidade. Há muito mais histórias desse tipo nos próximos capítulos. O que todas têm em comum é a síntese das ferramentas da startup enxuta com as práticas gerenciais que possibilitam a inovação contínua. No próximo capítulo, descreverei como é na prática a nova abordagem sistêmica.

CAPÍTULO 5

Um sistema de gestão para a inovação em grande escala

Meu trabalho com empresas me levou a muitos lugares exóticos, mas uma das viagens que mais me impressionaram foi decididamente a menos glamourosa: fui ao cinturão da ferrugem dos Estados Unidos para visitar uma instalação fabril da velha guarda, que estava em operação havia décadas, produzindo milhares de aparelhos eletrodomésticos comuns. A empresa estava no meio de uma transformação enxuta e caminhava a passos largos para eliminar o desperdício no estoque ao mesmo tempo que melhorava a qualidade dos produtos e a segurança da fábrica.

Um dos gerentes de produto da empresa me acompanhou durante a visita e, assim, pude ver de perto o progresso obtido. Em todos os meus anos de estudo e de conversas a respeito de manufatura enxuta, raramente consegui seguir o conselho mais importante do método: *genchi genbutsu*, ou vá e veja por si mesmo.[1] Nessa visita, apreciei profundamente quanto de arte e habilidade existe até mesmo na produção do eletrodoméstico mais simples. Cada pequeno botão é instalado à mão nos circuitos milhares de vezes por dia. Mesmo nessa era de automação, há uma quantidade impressionante de trabalho humano especializado em quase todos os produtos que compramos.

Enquanto discutia isso com a liderança da empresa, não conseguia parar de pensar em minha própria cozinha, onde tenho um micro-ondas barato. Ele tem 29 botões no painel frontal. Acho que só pressionei no máximo cinco deles alguma vez. Os outros 24 não têm nenhuma utilidade para mim. Perguntei aos líderes da empresa: em média, quantos botões montados à mão de modo amoroso e hábil em seus eletrodomésticos nunca são pressionados por nem mesmo um único cliente? Qual é a porcentagem dos que são completamente inúteis?

Eles não sabiam. E, em outra época, acho que isso não teria sido anormal. A coleta desse tipo de dado de campo é desafiadora; ou, ao menos, costumava ser.

No entanto, estamos no século XXI. É comum que técnicos de assistência façam o download dos dados de uso dos eletrodomésticos. Diversos deles estão conectados à internet. E é mais fácil do que nunca fazer perguntas diretamente aos clientes ou pedir que registrem o próprio uso. Quando questionei os líderes a esse respeito, eles admitiram que, sim, os dados existiam. Só não os tinham examinado.

Por que você acha que eles taparam os olhos mesmo sabendo que essa informação estava disponível? Acho que, lá no fundo, os líderes sabiam que os dados seriam deprimentes. Pense na quantidade incrível de horas de trabalho especializado despendidas para instalar cuidadosamente milhares de botões que *nunca são usados por ninguém*. Um desperdício terrível de energia e potencial humanos.

Por que isso está acontecendo? É culpa dos operários da fábrica? Com certeza não. Cada um deles está executando sua missão de forma admirável.

E do supervisor da fábrica? É claro que não. Com habilidade e dedicação, ele está supervisionando a implementação de um sistema projetado em favor da qualidade e da eficiência.

E dos diversos especialistas em manufatura enxuta que se dedicam a eliminar o desperdício dessa fábrica? Não é problema deles. Os botões não fazem parte do "estoque de trabalho em andamento" que estão eliminando naquele momento.[2] E, como os botões são parte das especificações do produto existente, eles não têm autonomia nem poder de decisão para removê-los.

Então a culpa recai sobre os gerentes de produto? Quando perguntados, eles também são enfáticos ao negar a responsabilidade: "Estamos apenas respondendo ao que o cliente quer!"

Como os consumidores podem querer botões que nunca usam? Não consigo lembrar a última vez que escutei alguém reclamar de a interface do usuário ser "muito simples; se ao menos tivesse mais botões!".

No fim das contas, quando os gerentes de produto me disseram que os clientes queriam mais botões, na realidade não estavam falando do consumidor final, porque o consumidor final não é o cliente *deles*. "Nosso cliente é o comprador profissional das megalojas para quem vendemos a maioria dos nossos eletrodomésticos", explicaram. "Nossa equipe de vendas passa um bom tempo com os clientes para descobrir o que eles querem que a empresa produza."

Então... é falha da equipe de vendas? Na verdade, não. Se você conversar com os vendedores, descobrirá que eles descrevem de modo franco e claro o que os clientes estão pedindo. Afinal de contas, esse é o trabalho deles.

Deve ser falha do comprador profissional? Não, suas necessidades também são completamente racionais. Os micro-ondas são um produto comum. De algum modo, o comprador tem de organizar prateleiras gigantes cheias deles. A maneira mais fácil? Assegurar que os mais caros tenham mais penduricalhos (ou, nesse caso, botões) e, então, organizá-los pela quantidade de botões para facilitar a tomada de decisão dos consumidores.

Em toda essa "cadeia de valor", ninguém se responsabilizou por responder a uma simples pergunta: qual é a prova de que mais botões tornam os clientes mais propensos a comprar esse eletrodoméstico e, depois, comprar dessa empresa repetidas vezes no longo prazo?

Cada área funcional está fazendo o próprio trabalho. Todos estão ganhando dinheiro. Os líderes estão sendo promovidos e recompensados. Assim, ninguém é culpado.

E mesmo assim esse tipo de coisa acontece todos os dias. Milhares de trabalhadores especializados instalam milhares de botões que nunca são usados por ninguém. Agora, multiplique esse desperdício por milhares de produtos similares sendo produzidos em todo o mundo.

Isso não é um romance futurista distópico. Está acontecendo agora. Tem que haver um caminho melhor.

O QUE DEVE SER FEITO?

Quando organizações tradicionais começaram a pedir minha colaboração como consultor, achei que minha missão principal seria levar a "forma de trabalho do Vale do Silício" para elas. De certa maneira, isso aconteceu, mas a maior surpresa foi o grau de interesse de meus colegas do Vale do Silício em aprender a partir de minhas histórias de trabalho implementando as técnicas da startup enxuta em cenários corporativos. Foi o que me levou a compreender que o estilo startup requer reformas e mudanças em ambos os lados da tradicional linha divisória entre "startup" e "empresa".

Uma empresa moderna não precisa de apenas uma de duas formas de trabalhar: o estilo do Vale do Silício ou o estilo de gestão empresarial tradicional. Se fosse isso, simplesmente recomendaríamos que toda grande empresa que precisa inovar comprasse algumas startups. Ou, se a forma como as corporações e organizações tradicionais estão trabalhando agora fosse a resposta, elas poderiam simplesmente ensinar seus princípios gerenciais para a próxima geração.

A verdade é que cada sistema apresenta o próprio conjunto de problemas específicos. Nas empresas tradicionais, uma quantidade incrível de talento e energia é desperdiçada porque a inovação é bloqueada por causa das estruturas e dos protocolos arcaicos e inflexíveis em vigor.

Do outro lado da linha divisória, as startups do Vale do Silício apresentam um problema que é provocado pelo próprio sucesso: a escala. Nenhuma startup quer se estruturar, à medida que cresce, dentro dos moldes de uma megaempresa, com áreas funcionais tão organizadas em silos que nem se falam. No entanto, muitas vezes é isso que acontece quando as startups ficam grandes demais para serem administradas por uma única equipe. Os sistemas que funcionam muito bem em dimensões reduzidas não funcionam no ecossistema maior exigido por uma empresa em crescimento. Por isso, lá na frente, a empresa acaba estagnando.

A RESPONSABILIZAÇÃO É A BASE DA GESTÃO

A gestão empreendedora é um arcabouço de liderança projetado especificamente para a incerteza do século XXI. Não é um substituto da gestão tradicional. É uma disciplina projetada para ajudar os líderes a se tornarem tão rigorosos na parte empreendedora de seu portfólio gerencial quanto o são na parte de administração geral. Só porque a inovação é descentralizada e imprevisível não significa que não possa ser administrada. Apenas requer ferramentas diferentes e garantias distintas daquelas que estamos acostumados a ver nos cenários de administração tradicional. O poder do estilo startup reside no fato de que ele combina os pontos fortes de duas formas diferentes de trabalho.

Em *A startup enxuta*, incluí minha primeira tentativa de articular "o estilo startup" de trabalho por meio deste diagrama simples (inspirado no conhecido diagrama do livro *O modelo Toyota*):[3]

O ESTILO STARTUP

- PESSOAS
- CULTURA
- PROCESSO
- RESPONSABILIZAÇÃO

A base do estilo startup é composta desses mesmos elementos, começando com a RESPONSABILIZAÇÃO: os sistemas, as gratificações e os incentivos que motivam o comportamento dos funcionários e concentram sua atenção. Por que as pessoas são recompensadas, promovidas, celebradas ou demitidas numa organização? Que objetivos de desempenho realmente importam para a carreira dos funcionários? Os sistemas de responsabilização devem estar alinhados com os objetivos da empresa – tanto de longo como de curto prazo.

O PROCESSO são as ferramentas e as táticas que os funcionários utilizam todos os dias para realizar o trabalho, como, por exemplo, planejamento de projeto, gestão, coordenação de equipe e colaboração. O processo segue em função da responsabilização, que limita as escolhas da empresa. A maioria das equipes, com os incentivos corretos (ou, de modo mais específico, sem incentivos prejudiciais), pode se auto-organizar em torno de novas ferramentas e táticas. Se, por exemplo, um sistema de responsabilização punir qualquer tipo de falha, será impossível implementar processos para experimentação rápida e iteração (que sempre envolvem muitas falhas).

Ao longo do tempo, esses hábitos e formas de trabalho se cristalizam na CULTURA: as crenças compartilhadas e muitas vezes implícitas que determinam o que os funcionários acreditam ser possível, porque "é assim que as coisas são aqui". A cultura é memória muscular institucional, que se baseia não em como a organização aspira a atuar, mas em como atuou. Você não consegue mudar a cultura simplesmente pendurando cartazes com palavras como "Seja mais inovador!" ou "Pense fora da caixa!". Nem mesmo o famoso lema do Facebook "*Move fast and break things!*" ("Aja depressa e cometa erros", em tradução livre) pintado nas paredes do seu escritório terá qualquer efeito. A cultura é formada ao longo do tempo, é o resíduo do processo e das escolhas de responsabilização do passado da empresa.

Toda cultura atrai certos tipos de pessoa. PESSOAS são o recurso corporativo supremo. Uma cultura tóxica e antiquada repele o talento inovador. Em última análise, o sucesso de qualquer organização depende da capacidade das pessoas que ela consegue atrair e reter. Recordemos a afirmação de Jeff Immelt exposta no Capítulo 1, de que nenhuma empresa quer ser taxada de "antiquada", já que esse rótulo torna mais difícil contratar pessoas excelentes; ou as histórias que conhecemos tão bem de pessoas empreendedoras que foram rejeitadas "como um órgão transplantado", apesar de seus talentos incríveis.

Incubar uma nova cultura exige a auto-organização de equipes individuais. As novas culturas resultam do êxito da *experiência de ver um novo caminho*. Essas equipes podem se tornar as sementes de uma nova cultura para toda a empresa se cultivadas com cuidado. Na verdade, em diversas transformações bem-sucedidas que testemunhei, os futuros líderes que se tornaram agentes decisivos de mudança começaram como funcionários comuns trabalhando em projetos-piloto. Assim que descobriram o que era possível, optaram por dedicar sua carreira a levar esses benefícios aos outros funcionários da empresa.

Como mencionei no Capítulo 1, essa nova forma se baseia em revoluções do passado: administração científica, produção em massa, manufatura enxuta, Seis Sigma, desenvolvimento ágil de software, desenvolvimento de clientes, guerra de manobra, *design thinking,* etc. Mesmo dentro de uma única organização, os princípios empreendedores e os princípios da administração geral têm bases em comum – sobretudo a importância do pensamento de longo prazo – e valores em comum – a necessidade de rigor e disciplina na execução. Procurei resumir esses pontos de convergência e as diferenças entre os dois conjuntos de princípios num diagrama em formato de casa, exposto na próxima página.

UMA NOVA FORMA ORGANIZACIONAL

Mesmo quando ferramentas de gestão empreendedora são utilizadas na organização em projetos que requerem inovação ou que operam em contextos de incerteza, o empreendedorismo também precisa da própria casa dedicada dentro da empresa. Quando reconhecemos que o empreendedorismo requer um conjunto específico de habilidades e melhores práticas próprias, podemos lhe dar sua casa no organograma, como uma área funcional no mesmo nível das áreas funcionais de engenharia, marketing, vendas, TI, RH, finanças, etc. (Ver o organograma na página 121.)

Como veremos com mais detalhes na Parte 2, a área funcional empreendedora faz as outras áreas funcionais atuarem de modo diferente ao introduzir técnicas empreendedoras em projetos e processos puramente internos. Ela até traz a possibilidade de incubar divisões e áreas funcionais completamente novas na empresa, como veremos na Parte 3.

GESTÃO EMPREENDEDORA

RESULTADOS

Crescimento sustentável · Moral da equipe
Inovação contínua · Transformação contínua

VALORES COMPARTILHADOS

Compromisso com a verdade

Disciplina

PESSOAS
Equipes multifuncionais · Equipes das duas pizzas · Empreendedores · Atitude de dono

CULTURA
"Eu tomo fracasso no café da manhã" · Fracassos produtivos · Criação de "cisnes negros" · Inovação como verbo

O ESTILO STARTUP

PROCESSO
Processo científico, altamente iterativo · Construir, medir, aprender · Economias de velocidade · Portfólio de experimentos rápidos

RESPONSABILIZAÇÃO
Contabilidade para inovação · Indicadores de tendências · Fluxo de caixa absoluto futuro · Financiamento mensurado

RESULTADOS

Excelência

Melhoria contínua

BASE

Visão · Propósito · Investimento em pessoas · Pensamento de longo prazo

---

RESULTADOS

PESSOAS
Especialistas · Otimizadores · Gestores consistentes · Peritos

CULTURA
"Fracassar não é uma opção" · Mitigação de riscos · Inovação como substantivo · Conformidade · Previsibilidade

PROCESSO
Transferências funcionais · Megaprogramas · Qualidade por meio da redução da variabilidade · Economias de escala · Controle estatístico de processos

RESPONSABILIZAÇÃO
ROI · Redução de custos · Participação de mercado · Margens · Crescimento incremental · Financiamento por direito

BASE

ADMINISTRAÇÃO GERAL

```
                    CEO
                     |
            ALTA ADMINISTRAÇÃO

        Divisão 1   Divisão 2   Divisão 3

                              Engenharia

                              Vendas e
                              marketing

                              Finanças

                              Área funcional
                              empreendedora
```

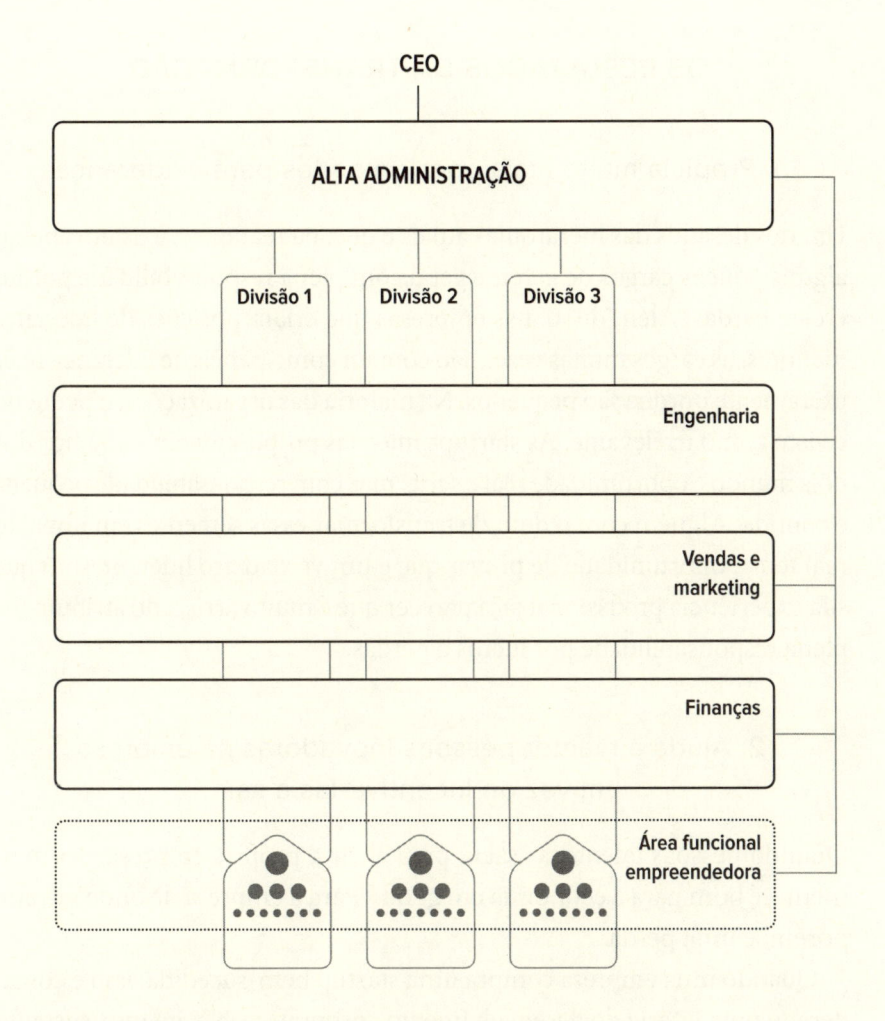

"Espere aí!", você pode dizer. "Se isso exige mudanças no organograma, nas outras áreas funcionais, na cultura da empresa, em quem contratamos e promovemos... isso parece bem difícil." Certo, porque é mesmo. Não vou dourar a pílula. É necessário construir um novo tipo de organização em resposta a um novo esquema, e fazer isso é bem difícil, porque todos os envolvidos possuem memória muscular e hábitos formados na antiga ordem.[4]

Contudo, acredito que o sacrifício vale a pena.

OS RESULTADOS DA TRANSFORMAÇÃO

1. Propicia muito mais oportunidades para a liderança

Um dos desafios das hierarquias atuais é que, na realidade, existem apenas alguns poucos cargos de gerente geral com plena responsabilidade por lucros e perdas. Além disso, nas empresas que criam posições de liderança menores, os cargos muitas vezes não contam como papéis de liderança reais exatamente porque são pequenos. Na maioria das organizações, o pequeno é visto como irrelevante. As startups internas proporcionam o melhor dos dois mundos: oportunidade real e séria, mas com responsabilidade pequena e contida. Alguém com o dom de transformar essas sementes em impacto real tem a oportunidade de provar que é um verdadeiro líder, mesmo que sua experiência profissional faça parecer que é muito arriscado atribuir-lhe plena responsabilidade por lucros e perdas.

2. Ajuda a manter pessoas inovadoras na empresa em vez de incentivá-las a sair

Quando pessoas talentosas saem para abrir a própria empresa, normalmente, é bom para a economia em geral.[5] Para a empresa de onde saíram, porém, é uma perda.

Quando uma empresa compra uma startup bem-sucedida, isso é considerado uma vitória do desenvolvimento corporativo. No entanto, sustento que, quando os fundadores da startup são ex-funcionários da empresa controladora, isso não é uma vitória do desenvolvimento corporativo, mas sim um fracasso do RH. Os fundadores nunca deveriam ter saído para criar sua startup. Eles se viram forçados a sair por causa da burocracia antiquada.

3. Reduz o gasto de tempo e energia

"Como você sabe se o trabalho que faz todo dia cria valor para os outros?" Uma grande porcentagem de pessoas não consegue responder a essa pergunta. Pense nos trabalhadores instalando à mão 29 botões em cada micro-ondas.

A teoria da manufatura enxuta identifica sete tipos de desperdício: transporte, estoque, movimento, espera, processamento excessivo, produção excessiva e defeitos. Nos últimos tempos, a comunidade do método enxuto tem pensado além das categorias tradicionais de desperdício. Precisamos reconhecer que fazer algo de maneira eficiente, mas que ninguém quer depois de pronto, é outra forma básica de desperdício. Esse problema atormenta empresas de todos os tamanhos, startups e organizações tradicionais: *Investimos tempo e energia no produto errado.*[6]

O estilo startup concentra o esforço gerencial em descobrir logo de início quais são as coisas certas a desenvolver.

4. É um jeito muito melhor de liquidar projetos

Nos Estados Unidos, a maioria das pessoas cujos projetos são liquidados acha que alguém está implicando com elas: "Tive uma boa ideia, mas fulano e beltrano a derrubaram." Esse pensamento, tendo um fundo de verdade ou não, é terrível para o moral e também provoca conflitos internos. Além disso, impede que as pessoas exponham suas discordâncias, para não deflagrar uma cadeia de eventos perigosos; é bem mais fácil deixar um projeto prosseguir aos trancos e barrancos. Muitas vezes, o cancelamento de um projeto traz consideráveis consequências políticas; por isso as empresas não o fazem com muita frequência. Uma vez que o projeto começa a ganhar força política, fica difícil, se for um processo *stage-gate*, interrompê-lo.[7] Os gerentes de nível médio são forçados a atuar como carrascos. Quando eles têm de liquidar um projeto, geralmente é bastante penoso.

Ao longo dos anos, assisti a muitas avaliações corporativas. Grande parte das empresas utiliza um sistema de avaliação "verde, amarelo, vermelho" para determinar quando uma equipe está em termos de atingir marcos necessários. De modo geral, se há dez critérios para realizar a avaliação, todas as equipes parecem sempre apresentar sete verdes, dois amarelos e um vermelho.

Por quê? Todo gestor sabe que, se você mostrar muitos verdes, não vai parecer confiável. Por outro lado, ter problemas demais pode causar o cancelamento de seu projeto. Os gestores estão adaptando perfeitamente suas atualizações de status àquilo que é necessário para serem aprovados. A quantidade de tempo e energia gasta nos bastidores na construção dessa narrativa – que muitas vezes tem pouca ligação com o progresso real do projeto – é enorme.[8]

Por outro lado, as startups falham o tempo todo. A causa mais imediata é sempre a mesma: elas ficam sem dinheiro antes de se tornarem lucrativas e não conseguem arrecadar mais. Embora alguns fundadores se queixem dos investidores que não os apoiaram, a cultura geral concorda que o fracasso do empreendimento é causado por seus líderes e suas decisões. Isso não significa que a carreira deles chegou ao fim – acredite, eu mesmo arruinei uma startup minha –, mas a expectativa é que eles assumam a responsabilidade. Se não conseguem arrecadar mais dinheiro, é porque os resultados não foram convincentes o suficiente para chegar ao próximo estágio.

A maioria dos projetos corporativos carece desse nível de responsabilização. Nosso objetivo como líderes deve ser: se o projeto falhar, fica por conta de seu fundador. O *empreendedor* não entregou os resultados. *Ele permitiu que o projeto morresse,* e não algum gerente do alto escalão. Assumir a responsabilidade por esse fracasso é mais difícil no curto prazo, mas fracassar com honra é um dom[9] e permite aproveitar a lição mais importante do método científico: se não se pode fracassar, não se pode aprender. Ao fazer testes com rapidez, as equipes aprendem sozinhas o que é importante, e as lições que aprendem – a respeito dos clientes, do mercado, de si mesmas – são muito mais profundas do que seriam se tivessem aprendido de outra forma. Além disso, diversos projetos fracassados – lembre-se do celular Fire, da Amazon – servem de base para sucessos futuros.

5. A capacidade de solucionar problemas heterogêneos com rapidez e agilidade

Há certos problemas que, quando aparecem, exigem que toda a organização se reinvente para solucioná-los – por exemplo, um grande *recall* de produto.

Mas e os problemas urgentes que, por qualquer motivo (real ou político), não chamam a atenção do CEO? E os problemas que requerem colaboração entre uma área funcional ou divisão que sente a dor aguda e outra que não sente? E os frustrantes problemas diários que afligem "apenas" os trabalhadores comuns? O sistema de gestão atual tem dificuldade de empenhar atenção e recursos nessas situações. Uma abordagem mais empreendedora oferece uma resposta melhor; crie uma startup para isso. Realize um experimento. Avalie os resultados. Expanda – talvez até apresente à alta direção – se e quando os resultados merecerem esse tratamento. Aproveite o fato de que a grande maioria dos experimentos dá errado e, assim, não vai precisar tomar o tempo da alta direção (nem necessariamente se beneficiar de sua intromissão). Quando a organização precisa ter uma conversa de estratégia para decidir se deve ou não dobrar o esforço em relação a uma nova ideia, é possível ter uma discussão racional – completada com dados de consumo reais.

Já que estamos falando de problemas, que tal um do tipo que pode ser solucionado de maneira mais eficiente e tem o potencial de mudar e até mesmo salvar vidas? É o que os fundadores do Emerald Cloud Lab (ECL), laboratório de ciências da vida com base na web, acreditam que o trabalho nessa nova forma pode fazer. "Nada é tão distante de 'enxuto' quanto a biotecnologia", afirmou o cofundador Brian Frezza.[10] A cura do câncer e doença de Alzheimer, um remédio mais eficaz contra a depressão: todos esses possíveis avanços médicos revolucionários se originam em laboratórios. E cada um desses laboratórios custa pelo menos 10 milhões de dólares – às vezes, o dobro disso – apenas para passar anos realizando testes e ensaios. Isso torna a biotecnologia um setor complicado e caro. Muitas vezes, a introdução de um novo remédio no mercado pode levar 11 anos.

Em geral, os laboratórios são estruturados da seguinte maneira: há um diretor a quem diversos cientistas se reportam, que, por sua vez, gerenciam diversos pesquisadores, enquanto toda a pesquisa é passada aos poucos de volta ao diretor. Parte da pesquisa nunca chega lá, e grande parte dela leva anos. "As pessoas que tomam decisões cruciais têm de estimar o que as pessoas na alta direção querem", explicou Frezza. "Grande parte [da pesquisa] é descartada porque você só quer apresentar ao seu chefe os melhores resultados."

Ao mesmo tempo, os gastos com saúde estão subindo. Tanto que as ciências da vida gastam mais do que qualquer outra atividade em pesquisa e desenvolvimento por pessoa.

Também podem ser necessários de 6 a 12 meses para a preparação dos experimentos, e outros 6 a 12 meses para a realização dos testes reais. E isso supondo que tudo esteja progredindo sem sobressaltos. Se houver um erro ou o laboratório se deparar com um problema, você pode contar mais 6 a 12 meses até que as pesquisas recomecem. "Imagine se você fosse um desenvolvedor de software e seu administrador de sistemas o procurasse e dissesse 'Esperamos estar on-line novamente no próximo ano'", disse Frezza.

O ECL faz as coisas de maneira muito diferente. Permite que os clientes especifiquem, eletronicamente, experimentos completos. Em seguida, utiliza sua plataforma de tecnologia para realizá-las.

Diariamente, há uma equipe de operadores com treinamento diversificado para lidar com o equipamento. Ninguém se especializa e, assim, cada pessoa pode trabalhar em vários experimentos, dependendo dos pedidos e dos clientes. Os pedidos chegam por meio de um sistema on-line, os dados são gerados e armazenados no servidor, e os pesquisadores podem estudá-los e avançar para a próxima fase. Esse sistema permite que o setor e, sobretudo, os dados cresçam exponencialmente. Toda vez que um problema é resolvido, é solucionado em código e fica para a próxima geração. Não precisa ser refeito toda vez que um novo laboratório é criado.

6. ... Lucro?[11]

Ao lidar com a incerteza e ajudar as empresas a desenvolver mais produtos novos, o estilo startup de trabalho permite que os gestores se tornem mais adaptáveis e ágeis no mercado.

Certa vez, convidei um grupo de executivos financeiros de empresas de capital aberto para visitar a Intuit e conhecer sua transformação do tipo startup enxuta. A cultura da Intuit é muito aberta e amigável, muito Vale do Silício, muito centrada no cliente e no projeto. Houve um grande choque cultural nesse encontro. Enquanto a equipe da Intuit apresentava sua abordagem Design for Delight, notei o crescente ceticismo na expressão dos visitantes. Mais à frente, eles começaram a perguntar: quais são as métricas usadas para avaliar o sucesso? Como vocês sabem que essas melhorias são causadas por essa mudança de cultura e processo? Para surpresa dos executivos financeiros, a equipe da Intuit pôs o monitor da empresa em tempo real bem na frente deles. Mostraram os objetivos de inovação de mais alto nível e também como eles se decompunham por divisão e equipe. Os visitantes ficaram espantados. Onde estavam as métricas financeiras? Quase tudo era centrado no cliente e no produto.

Àquela altura, acho que os executivos financeiros tinham certeza de que iriam cortar as asinhas da Intuit e de sua nova forma de atuar. Uma empresa que não cuida de suas finanças provavelmente está em apuros. Então eles começaram a fazer perguntas mais duras em relação às finanças: como estão as ações da Intuit? Como os múltiplos de lucros e os índices preço/lucro (P/L) estão mudando como resultado disso? A equipe da Intuit foi honesta e admitiu que não sabia. Eles estavam concentrados nos clientes, não nas finanças, e confiavam que bons produtos acabariam levando a bons resultados.

No fim, um dos executivos financeiros decidiu responder à própria pergunta. Pegou seu laptop e começou a analisar os documentos públicos da Intuit. Ele voltou a se surpreender: o preço da ação subira ao longo do período coberto pela transformação. Mas não subira só em termos brutos; o índice P/L também subira. Naquele momento, ganhamos a atenção deles.

Após o encontro, conversamos sobre as principais lições. Isto foi o que se destacou para os executivos financeiros: "O preço de nossa ação está empacado na extremidade inferior da variação porque não conseguimos que os mercados nos concedam crédito para crescimento futuro. Mesmo quando temos um bom ano, ou um produto revolucionário, é difícil convencer os analistas de que não foi apenas sorte. Eles acham que nossa história de inovação é papo-furado. O que a Intuit fez não só mudou sua trajetória de crescimento, como provou aos mercados que esse crescimento é causado por um processo abrangente. Isso significa que, ao longo do tempo, a Intuit conseguiu convencer os mercados de que seu crescimento não era obra do acaso."

Acredito que esse é o potencial de uma nova forma de trabalho: novas fontes de crescimento e um sistema para encontrá-las continuamente, que possa ser explicado aos investidores, aos funcionários e ao mundo exterior.

>>

Vimos como a atual estrutura em silos das áreas funcionais torna difícil solucionar um problema como a questão dos botões do micro-ondas. Esses pequenos desperdícios são tão importantes quanto os grandes avanços. Uma empresa moderna pode erradicá-los tendo um sistema experimental disponível em todos os níveis e a todo momento. Além disso, esse sistema traz não só melhor moral e redução do desperdício, como também a possibilidade de uma recompensa extra. Às vezes, ao reparar um pequeno problema, topamos com uma oportunidade incrível.

Como uma empresa mergulhada no estilo startup soluciona a questão de muitos botões inúteis no micro-ondas? A essa altura, espero que a resposta seja clara: ponha uma pequena "equipe das duas pizzas" para cuidar do problema e a trate como uma startup interna. Faça a startup construir alguns produtos mínimos viáveis e tente vendê-los. Um dos meus clientes do setor industrial fez isso, levando cada MVP para um varejista local diferente e mensurando as diferenças de interesse e de taxas de conversão em comparação com pedidos reais. Esse método determina bem rápido quantos botões são de fato essenciais para determinar o comportamento dos clientes. Talvez esses experimentos revelem uma estratégia muito diferente para toda a linha de produtos. Nesse caso, a equipe dobrará os esforços e expandirá essa nova solução. Ou talvez comprove que o atual método de projetar e estocar micro-ondas seja o correto.

De todo modo, esse conhecimento é muito importante, seja para seguir uma nova oportunidade de negócio ou para dar às pessoas que trabalham no produto a certeza de que o trabalho delas é importante para os clientes.

A questão é que, em termos gerais, esse é um problema pequeno demais para ser levado ao CEO ou à alta direção. Para solucioná-lo, a capacidade de fazer testes, pivotar e aprender tem que estar incorporada à trama de uma empresa. Precisa estar disponível para todos os funcionários.

E, mesmo assim, para a maioria dos gestores que encontro, essa nova forma de trabalho parece fora da realidade. Consideramos naturais os desperdícios de nosso atual paradigma. Se vamos mudar, como chegaremos de um ponto ao outro? Esse é o assunto da Parte 2.

PARTE 2

UM ROTEIRO PARA A TRANSFORMAÇÃO

"Quem está falando e do que estamos falando?"

Quando as pessoas me dizem que acham que esses métodos não funcionarão em suas organizações, gosto de contar a história do HealthCare. gov. Claro, sua empresa pode ser política e burocrática, mas e em comparação com o Departamento de Saúde e Serviços Humanos americano, com seus cerca de 80 mil funcionários (e crescendo)?[1] Com o turbilhão político do Obamacare, um enorme projeto de mudança no sistema de saúde dos Estados Unidos? Sua situação é muito mais desafiadora do que essa?

Em outubro de 2013, Mikey Dickerson, engenheiro de confiabilidade de sites na Google, fez um telefonema que mudou não só sua vida, mas a de milhões de americanos. Ele havia trabalhado na campanha de reeleição de Barack Obama em 2012 e lia, horrorizado, as recentes notícias a respeito do HealthCare.gov – o site vinha tendo muitos problemas técnicos e as pessoas não estavam conseguindo se cadastrar para ter acesso ao seguro-saúde –, a peça central da Lei de Proteção e Cuidado ao Paciente (Affordable Care Act), que o governo Obama tinha lançado em 1º de outubro. O marketplace, desenvolvido a um custo de 800 milhões de dólares, ao longo de três anos, por 55 fornecedores,[2] entrou em colapso imediatamente. No fim de seu primeiro dia de funcionamento, apenas seis pessoas tinham conseguido aderir ao seguro-saúde. No fim do segundo dia, o número cresceu para uma quantidade igualmente insignificante de 248 pessoas.[3] O HealthCare.gov, a realização suprema de décadas de árduo trabalho político, era não apenas um desastre, mas um desastre bastante noticiado. As falhas do site viraram manchete em todos os telejornais, sites e redes sociais, quase destruindo um marco fundamental do legado de Obama.

Quando um amigo de Dickerson dos tempos de campanha lhe passou um número de telefone pedindo que ele ligasse na manhã de uma sexta-feira específica, Dickerson achou que ficaria sabendo mais sobre os problemas que o site estava tendo. Discando os números na escuridão da madrugada – eram 5h30 na Califórnia –, ele se acomodou para o que achava que seria uma teleconferência de rotina.

O que Dickerson ouviu foi outra coisa. Ele se juntou a uma reunião que aparentemente já estava em andamento, em que "pessoas estavam discutindo a respeito do que fariam e como aquela equipe trabalharia no HealthCare.gov", recordou. "Por fim, tive de intervir e dizer: 'Quem está falando e do que estamos falando? Não estou entendendo nada.'"

Foi quando Todd Park, o então diretor de tecnologia dos Estados Unidos, de quem Dickerson nunca tinha ouvido falar, muito menos encontrado, apresentou a si mesmo e a todos os outros presentes, incluindo Dickerson, que estava ocupado pesquisando cada nome na Wikipedia e tentando verificar se a chamada era real. "Na verdade, não era uma reunião com um plano e um organograma para se falar de como iríamos resolver aquele problema, o que estávamos procurando e se você estava interessado", percebeu ele. Em vez disso, ele foi empurrado para uma conversa com algumas pessoas de dentro e de fora do governo, escolhidas a dedo para formar uma equipe para trabalhar no site. "Foi uma experiência muito desconcertante e estranha para se ter às 5h30 sentado num pufe em minha sala de estar", relatou Dickerson. Não obstante, três dias depois ele embarcou num avião com destino a Washington.

Dickerson, junto com a pequena equipe de tecnólogos reunida por Todd Park, mergulhou no problema, que, a princípio, tinha muito pouco a ver com tecnologia. Para começo de conversa, envolveu dezenas de fornecedores de diferentes empresas, trabalhando num projeto a partir de diversos locais, sem um mecanismo de coordenação. Dickerson logo descobriu que isso não era nada atípico no governo, mas era uma aberração se comparado a tudo que ele aprendera no setor privado. "Passamos três ou quatro semanas fazendo todos virem a um único lugar. Era a única coisa visível que estávamos fazendo", recordou ele. "Quando as coisas davam errado, era mais fácil descobrir o responsável."

Além disso, a estrutura do site era tão ruim que o menor problema tinha potencial para derrubar tudo. Não havia como rastrear problemas e não existia nenhuma tolerância ou resistência a falhas que um sistema tão grande deveria ter.

Diante desse atoleiro, a equipe fez uma única pergunta: "Por que o site não estava funcionando em 22 de outubro?" Eles investigaram em retrospecto, aplicando algumas práticas gerenciais e tecnológicas: equipes pequenas, iteração rápida, métricas de responsabilização e cultura de transparência sem medo de recriminações. Essa última questão era particularmente difícil. Dickerson conduzia diariamente duas reuniões rápidas do tipo "em pé", às dez da manhã e às 18h30, e emitiu três regras a respeito de como o processo de recuperação seria empreendido, que foram postas na porta do que passou a ser chamado de "centro de comando":

- **REGRA 1:** O centro de comando e as reuniões são para solução de problemas. Há muitos outros locais onde as pessoas podem dedicar sua energia criativa a jogar a culpa nos outros.
- **REGRA 2:** Quem deve falar são as pessoas que sabem mais a respeito do assunto, e não aquelas em posição hierárquica superior. Se alguém se vir sentado passivamente enquanto gerentes e executivos falam por cima uns dos outros e com informações menos exatas, perdemos o rumo, e eu gostaria de ficar sabendo disso.
- **REGRA 3:** Precisamos permanecer focados nas questões mais urgentes, como coisas que nos prejudicarão nas próximas 24-48 horas.[4]

Em outras palavras, com base em seu trabalho na Google, Dickerson ajudou a orientar as equipes da forma que ele sabia ser mais útil – métodos que devem soar familiares pela leitura dos capítulos anteriores. Ele reuniu as pessoas no mesmo espaço, fez com que trabalhassem juntas, priorizou, impôs uma cultura de meritocracia e pediu franqueza. Dois meses depois, quatro de cada cinco pessoas que queriam aderir ao seguro-saúde conseguiam fazê-lo, e o site melhorava diariamente. De acordo com o *The Washington Post*, "a reviravolta foi promovida sobretudo por uma mudança abrupta de cultura, em que funcionários do governo, fornecedores e pessoal trazido do setor de tecnologia trabalharam em conjunto".[5]

Graças, em parte, à liderança de Dickerson, em 1º de dezembro o sistema era capaz de receber 50 mil usuários por vez, mais de 400 bugs tinham sido corrigidos e o tempo em atividade tinha passado de 43% no início de novembro para 95%.[6]

O "COMO" POR TRÁS DO ESTILO STARTUP

Por mais estimulante que seja a história da recuperação do HealthCare.gov, essa é apenas uma pequena parte de uma história muito maior sobre uma mudança gigantesca e contínua na maneira pela qual o governo federal americano implementa e gerencia sua dimensão digital. As outras partes da história, que, como na GE, inclui iniciativas que revelaram agentes de mudança e, depois, um período de crescimento, são apenas um exemplo do que contém esta seção do livro. A Parte 2 lida com os detalhes reais e difíceis de como mover uma organização para uma forma de trabalho empreendedora e mais eficaz e responde a três perguntas fundamentais:

1. Quais são exatamente os sistemas e as estruturas que precisamos implementar?
2. Como exatamente convencer gestores e funcionários a tentar algo diferente do que fizeram ao longo de suas carreiras? (Lembre que, mesmo numa startup em hipercrescimento, a maioria dos funcionários não estava presente na fundação da empresa.)
3. Quando exatamente uma empresa está pronta para fazer essa transformação acontecer?

AS TRÊS FASES

A Parte 2 está estruturada em torno de três fases comuns de transformações que observei. A *Fase I* consiste em assentar a base por meio da experimentação, da adaptação e da transferência. Em se preparar para o momento em que a mudança decisiva se torna possível por meio da construção de uma massa crítica de histórias de sucesso e da demonstração de que a nova forma de trabalho não só é viável, mas também preferível. No governo, um grupo comprometido de tecnólogos já estava trabalhando, fazendo essa primeira fase funcionar, coletando dados e se preparando para um papel maior.

Assim que o momento chega, a organização passa para a *Fase II*, que envolve rápida expansão e implantação. Todos os adversários e opositores saem da obscuridade. Ou a transformação desenvolve sua própria influência política, ou morre. Quando participou da teleconferência, Mikey Dickerson na verdade entrou no meio da história de transformação do governo.

Se tiverem êxito, essas iniciativas vão criar as condições para enfrentar a *Fase III*: lidar com os sistemas profundos da corporação. Aqui, finalmente, torna-se possível enfrentar as estruturas que fazem com que as pessoas voltem aos antigos hábitos repetidas vezes. Para Dickerson e o governo, isso significou o estabelecimento do United States Digital Service e, posteriormente, do Technology Transformation Service. Se negligenciarmos esses sistemas, qualquer mudança será apenas temporária. Por outro lado, se tentarmos tocar nesses assuntos controversos muito cedo, acabaremos perdendo o poder de reformulá-los.

Do Capítulo 6 ao 8, falaremos sobre como conduzir uma organização por cada fase de transformação, e você lerá as histórias surpreendentes de pessoas que realizaram esse trabalho e as lições que elas aprenderam.

Embora eu mostre como vi essas transformações se desenrolarem, começando de forma simples e ficando cada vez mais complexas, não trate esses capítulos como um passo a passo de tudo o que você deve fazer. De preferência, utilize essas histórias e ferramentas para se preparar para os desafios específicos que inevitavelmente vão surgir. Toda organização é diferente, e, na verdade, muitas das técnicas que você verá tratam de como fazer testes para aprender o que funciona melhor em qualquer contexto específico. Para ter progressos, preste atenção na maneira como esses empreendedores pensam e em como criaram experimentos que revelaram o caminho certo para avançar, em vez de apenas tentar copiar suas histórias.

O quadro a seguir dá uma visão geral de como as três fases tendem a se desenrolar pelas diferentes escalas de uma organização. É um tipo de resumo ou mapa rudimentar dos terrenos em que estamos adentrando. Cada um dos tópicos deste quadro será abordado em detalhes conforme avançarmos. Então, no fim da Parte 2, faremos um mergulho profundo no funcionamento dos mecanismos e estruturas financeiras que dão suporte ao estilo startup.

FASES E ESCALAS

	FASE I: MASSA CRÍTICA	FASE II: EM EXPANSÃO	FASE III: SISTEMAS PROFUNDOS
NÍVEL DE EQUIPE	Comece pequeno; descubra o que funciona e o que não funciona para a empresa; entre em contato com várias divisões/ áreas funcionais/ regiões.	Expanda o número de equipes; desenvolva programas e aceleradoras, se necessário. Inclua todas as divisões/ áreas funcionais/ regiões.	Essa é "nossa forma de trabalhar"; ferramentas e treinamento amplamente disponíveis para todos os tipos de equipe. Não limitada a projetos com grande incerteza.
NÍVEL DE DIVISÃO	Convoque alguns membros da alta direção para agirem como "apoiadores" e abrir exceções em relação às políticas da empresa, se necessário.	Treine toda a alta direção, mesmo aqueles que não são diretamente responsáveis pela inovação, para que tenham domínio da nova forma.	Estabeleça diretorias de crescimento, contabilidade para inovação e responsabilização estrita para toda a alta direção, para alocar recursos para a mudança.
NÍVEL DE EMPREENDIMENTO	Chegue a um acordo com os executivos mais altos sobre o que é o sucesso (tempo de ciclo, moral, produtividade). Enfoque os indicadores de tendências. Estabeleça critérios para avançar para a Fase II. Quando as notícias do sucesso começarem a se espalhar pela organização, recrute adotantes iniciais em todos os níveis.	Construa uma organização em forte transformação. Desenvolva coaches, um manual de estratégia específico da empresa, novas ferramentas de finanças e responsabilização, como diretorias de crescimento.	Enfrente os sistemas profundos mais difíceis da empresa: remuneração e promoção, finanças, alocação de recursos, cadeia de suprimentos, jurídico.
OBJETIVO GERAL	▶ Construir massa crítica para envolver a alta direção na implementação por toda a empresa. Converter o estilo startup numa cultura específica da empresa.	▶ Construir respaldo organizacional para ter o capital político necessário para enfrentar as questões espinhosas da Fase III.	▶ Construir capacidade organizacional para transformação contínua.

CAPÍTULO 6
Fase I: massa crítica

Todos os anos, em agosto, a GE promove seu encontro de executivos em Crotonville, no estado de Nova York, nas instalações para treinamento da empresa. Foi nesse encontro, em 2012, a convite de Beth Comstock e Jeff Immelt, que falei para os altos executivos da empresa a respeito de *A startup enxuta*. Depois da palestra, na segunda metade do dia, realizei um workshop com a equipe do Series X, contando com a presença de algumas dezenas de executivos da GE no fundo da sala apenas como ouvintes. Foram encontros decisivos, em que reconheci minha ignorância total em relação a motores a diesel (e ainda assim eles foram amáveis o suficiente para me escutar), como descrevi na Introdução. Os encontros acabaram se revelando o início da jornada de transformação da GE.

Fiz minha apresentação no tablado de uma sala de conferência no estilo auditório. Acima de mim, sentados na arquibancada, estavam cerca de 200 executivos. Todos céticos. Como Beth Comstock, que dividiu o palco comigo naquele dia, os descreveu: "Muitos eram engenheiros e pessoal da área de finanças. Eles administram regiões. São líderes de áreas funcionais. Cruzaram os braços. Você conseguia ver o balãozinho de pensamento sobre a cabeça de todos, dizendo 'Tudo bem, sabichão dos softwares. Você pode mudar uma encomenda de software 50 vezes por dia, mas tente fazer isso num motor a jato.'"

Não foi por acaso que o Series X foi escolhido como primeiro projeto para teste. Não há nada mais diferente de um software do que um imenso motor multiplataforma. A ideia era que, se conseguíssemos que esse projeto funcionasse de uma maneira nova, não haveria limite para aplicações do modelo startup enxuta em toda a empresa, o que se alinhava perfeitamente com o desejo da GE de simplificar sua forma de trabalho em suas diversas unidades de negócios.

SERIES X: "LEVANTE A MÃO SE VOCÊ ACREDITA NESSA ESTIMATIVA."

Algumas horas depois de ministrar a palestra para os executivos, eu me vi numa espécie de sala de aula de escola de negócios, em outro lugar do prédio, junto com engenheiros representando as unidades de negócios envolvidas no desenvolvimento do motor Series X, os CEOs de cada uma delas e também um pequeno grupo multifuncional dos altos executivos que organizaram minha visita. E não esqueçamos os executivos da GE presentes apenas como ouvintes.

Nós nos reunimos para tentar responder a uma das perguntas mais persistentes de Jeff Immelt: "Por que precisamos de cinco anos para fabricar um motor Series X?"

Iniciei o workshop pedindo à equipe do projeto que apresentasse seu plano de negócios quinquenal. Cory Nelson, o gerente geral do projeto na época,[1] descreveu a cena muito melhor do que eu: "Digo às pessoas que parecia uma queda livre." Meu papel era formular perguntas a respeito do que a equipe realmente sabia, em contraste com o que tinha suposto. O que sabemos a respeito de como esse produto vai funcionar? Quem são os clientes, e como sabemos que vão querer o produto? Que aspectos do cronograma são determinados pelas leis da física, em contraste com os processos internos da GE? (Você identificará esses aspectos como as suposições do tipo salto de fé.)

Então, a equipe apresentou o plano de negócios aprovado para o projeto Series X, incluindo uma previsão de receita com as barras do gráfico crescendo para a direita com tal velocidade que indicava que esse motor, até então não construído, proporcionaria bilhões de dólares por ano para a GE por até 30 anos. Beth Comstock recordou: "Foi como todos os planos de negócios, com a curva do gráfico em forma de taco de hóquei crescendo até a lua em cinco anos, e tudo seria perfeito."

Eu me lembro de ter pensado: "Posso não saber muito a respeito de motores a diesel, mas esse plano de negócios me é muito familiar. É como todo plano fantasioso e absurdo de uma startup. 'Venha ao meu escritório agora, porque você está demitido!'" Assim, fiz um pedido simples à plateia: "Levante a mão quem acredita nessa estimativa."

Não estou inventando: todos na sala levantaram a mão! E pareceram um pouco irritados com o pedido, talvez por ter de explicar ao cara dos softwares, que não sabia nada a respeito de motores, que nunca teriam investido milhões de dólares naquele plano se não acreditassem nele. Afinal de contas, aquela equipe já tinha dedicado alguns meses coletando requisitos. As melhores e mais brilhantes mentes da empresa já tinham examinado cuidadosamente esse projeto e o aprovado. É compreensível que eles tenham considerado minha pergunta um insulto à inteligência deles.

No entanto, continuei, apontando para uma barra específica do gráfico: "Falando sério, quem *de fato* acredita que no ano de 2028 a empresa vai estar ganhando exatamente esses muitos bilhões de dólares com esse motor?"

Dessa vez, ninguém levantou a mão.

Todos sabem que não podemos prever o futuro com essa exatidão. Mas mesmo assim muitos dos executivos talentosos presentes na sala construíram carreiras bem-sucedidas fazendo exatamente isso.

Após um momento prolongado de desconforto, seguimos em frente. A equipe me disse que seu principal concorrente nessa área de atuação tinha uma longa história de domínio do mercado com um produto que era tecnicamente inferior ao que o motor Series X poderia ser. A GE planejava construir um equipamento que era de 20% a 30% mais eficiente em termos de energia e utilizar essa superioridade para convencer os clientes a trocar de fornecedor.

Quase oculto numa nota de rodapé, no anexo do plano de negócios, havia um pequeno detalhe: a chave para o sucesso do concorrente era sua rede de representantes locais, o que significava que ele tinha um imenso sistema de apoio em funcionamento que promovia o relacionamento com os clientes. Sem dúvida, era uma vantagem competitiva importante. Assim, perguntei à equipe qual era seu plano de distribuição. "Vamos construir nossa própria rede de distribuição", responderam. "Vocês sabem como fazer isso?", perguntei. "Já fizeram isso antes?" E, mais importante, "*Quando* vocês vão fazer isso?". A resposta a essa última pergunta foi a mais significativa de todas: "Depois que o produto estiver pronto."

Isso significava que a equipe passaria cinco anos desenvolvendo um produto e, em seguida, outro período grande de tempo montando uma rede de distribuição; tudo para um produto que, àquela altura, teria sido projetado quase uma década antes.

A pergunta ainda pairava na sala: por que era preciso tanto tempo para construir esse motor?

Não quero desvalorizar os desafios técnicos que levaram ao plano quinquenal original. As especificações exigiram um audacioso esforço de engenharia, que combinou um conjunto difícil de parâmetros de projeto com a necessidade de uma nova fábrica de produção em massa e uma cadeia global de suprimentos. Muitas pessoas brilhantes trabalharam duro para assegurar que o plano fosse realizável e tecnicamente viável.

Contudo, grande parte da dificuldade técnica desse projeto foi motivada pelas próprias especificações. Vale lembrar que esse produto tinha de suportar cinco usos distintos, em terrenos físicos muito diferentes (visualize como são diferentes as circunstâncias no mar, em perfuração fixa, num trem, em geração de energia e em fraturamento hidráulico móvel). Os usos do motor se baseavam numa série de suposições sobre o tamanho do mercado, as ofertas dos concorrentes e os ganhos financeiros a serem obtidos atendendo a tantos clientes de perfis diferentes ao mesmo tempo.

Esses "requisitos" foram reunidos por meio de técnicas tradicionais de pesquisa de mercado. No entanto, questionários e grupos focais não são experimentos. Os clientes nem sempre sabem o que querem, mas mesmo assim costumam ficar muito felizes em dizer. Os incentivos que regem a maioria das pesquisas com clientes promovem mais requisitos, e não menos (sobretudo quando usamos uma terceira entidade).

Além disso, só porque *podemos* atender a diversos segmentos de clientes com o mesmo produto não significa que *temos* que atendê-los. Na verdade, essa é uma típica fonte de desvios no projeto. Para criar um plano fantasioso mais sedutor, aumentamos o grau de dificuldade para os engenheiros. Se encontrarmos uma maneira de tornar mais fáceis os requisitos técnicos, talvez encontremos uma maneira de abreviar o tempo de ciclo.

Também havia muitas perguntas a respeito das suposições comerciais do plano. Um dos executivos presentes, Steve Liguori, então diretor executivo de inovação global e novos modelos da GE, recordou: "Tínhamos uma lista completa de suposições salto de fé a respeito do mercado e dos clientes. Que ganhos percentuais os clientes estão procurando? Vamos vender por venda direta ou indireta? Vamos vender, fazer arrendamento ou alugar? Vamos pagar pela distribuição? Tínhamos duas dúzias de perguntas e, quando perguntamos a todos da equipe quantas eles achavam que conseguiriam responder, eu vim a saber que eram apenas duas das 24." Liguori se lembra disso como o "momento da revelação". A empresa tinha se concentrado muito nos riscos técnicos – *Esse produto pode ser construído?* –, mas não tinha pensado nos riscos relacionados ao marketing e às vendas – *Esse produto deve ser construído?*.

Como a melhor maneira de testar as suposições relativas ao mercado é dar algo aos clientes, fiz o que, para os presentes, foi muito radical: um motor a diesel em forma de MVP. Aquela equipe estava tentando projetar um equipamento que funcionaria em múltiplos contextos. Como resultado dessa complexidade, a equipe não só não tinha um cliente-alvo específico, como também se envolvera com limitações orçamentárias e políticas que acompanham um projeto tão multifacetado. O que aconteceria se decidíssemos ter como objetivo apenas um único tipo de uso e tornar o problema de engenharia mais fácil?

A equipe ficou um pouco alvoroçada. Os engenheiros disseram que não era possível. Então um deles fez um comentário irônico: "Não é exatamente impossível. Aliás, posso fazer isso indo ao nosso concorrente, comprando um dos motores dele, apagando o logotipo e pintando o nosso por cima." Imagine as risadas nervosas na sala.

Claro que eles nunca teriam feito isso, mas o comentário levou a uma conversa a respeito de qual dos cinco usos do motor era mais fácil de ser desenvolvido. A aplicação naval tinha de ser à prova d'água. A aplicação do faturamento hidráulico precisava de rodas. No final das contas, a equipe chegou a um gerador de força estacionário como possibilidade técnica mais simples. Um dos engenheiros achou que isso poderia reduzir o tempo de ciclo de cinco anos para dois.

"De cinco para dois anos é uma melhoria muito boa", opinei. "Mas vamos continuar. Nesse novo cronograma, quanto tempo levaria para construir o primeiro motor?" Novamente, essa pergunta pareceu causar alguma irritação na sala. Os participantes começaram a me explicar cuidadosamente a economia por trás da produção em massa. O mesmo tempo é necessário para construir uma fábrica e criar uma cadeia de suprimentos, seja qual for a quantidade de motores produzidos.

Pedi desculpas: "Perdoem minha ignorância, mas não estou perguntando sobre uma *linha* de motores. Quanto tempo levaria para produzir uma única unidade? Vocês devem ter um processo de teste, certo?" Tinham, e isso exigia que o primeiro protótipo em funcionamento ficasse pronto e fosse testado ao longo do primeiro ano. Quando perguntei se alguém na sala tinha um cliente que talvez se interessasse em comprar o primeiro protótipo, um dos vice-presidentes respondeu de súbito: "Tenho alguém que vem ao meu escritório todos os meses e me pede isso. É quase certo que ele o compraria."

Naquele momento, a energia na sala começou a mudar. Tínhamos passado de cinco anos para um ano para colocar um produto real nas mãos de um cliente real. No entanto, a equipe foi em frente. "Sabe, se você só quiser vender um único motor para esse cliente específico, nem precisamos construir algo novo. Podemos modificar um dos nossos produtos existentes", afirmou um engenheiro. Todos na sala se entreolharam, incrédulos. Havia um motor denominado 616 que, com alguns ajustes, satisfaria as especificações para o uso em geração de energia. (Claro que o 616 não era tão lucrativo quanto o Series X proposto, pois tinha o peso e o perfil de custo errados, mas, como estávamos falando de um único motor, será que a empresa não poderia vender o 616 modificado pelo menor preço do Series X só para testar a demanda? O balanço patrimonial da GE aguentaria o baque.)

Esse novo MVP era exatamente uma ordem de magnitude mais rápido do que o plano original: de mais de cinco anos para menos de seis meses.

Ao longo de apenas algumas horas – fazendo algumas perguntas pretensamente simples – cortamos de modo drástico o tempo de ciclo do projeto e encontramos uma forma de fazer aquela equipe aprender rápido. Caso eles decidissem seguir aquele rumo, poderiam estar no caminho certo para economizar milhões de dólares para a empresa. E se aquele primeiro cliente não quisesse comprar o MVP? E se a falta de uma rede de serviços e suporte acabasse com o negócio? Você não gostaria de tomar conhecimento disso agora em vez de daqui a cinco anos?

Sendo bem sincero, eu estava ficando bastante empolgado. Parecia um final perfeito.

Ou não? Quando o workshop se encaminhava para o fim, um dos executivos no fundo da sala não conseguiu mais se conter. Ele tinha ficado em silêncio até então, mas finalmente decidiu se manifestar: "Qual é o sentido de vender apenas um único motor para um único cliente?" Do ponto de vista dele, tínhamos abandonado uma conversa a respeito de um projeto que valia potencialmente bilhões de dólares e passado a falar de um que não valia quase nada.

As objeções prosseguiram. Mesmo pondo de lado a inutilidade de vender apenas um único motor, pensar no uso para um único cliente reduzia em 80% o mercado-alvo para esse produto. O que aquilo causaria para o perfil do ROI daquele investimento?

Nunca esquecerei o que aconteceu em seguida. "Você tem razão", falei. "Se não precisamos aprender nada, se você acredita nesse plano e na estimativa que acabamos de analisar, então o que estou descrevendo é perda de tempo. O teste é uma distração se comparado ao trabalho real de executar o plano." Não estou brincando: aquele executivo pareceu satisfeito.

E seria o fim do meu período na GE, exceto pelo fato de que diversos colegas discordaram dele. Não havíamos admitido alguns minutos antes que não tínhamos certeza daquela estimativa? Os próprios executivos começaram a fazer um brainstorming de todas as coisas que poderiam dar errado e que poderiam ser reveladas por aquele MVP: e se os pré-requisitos do cliente forem diferentes? E se as necessidades de serviços e suporte forem mais complexas do que prevemos? E se o ambiente físico do cliente for mais exigente? E se o cliente não confiar em nossa marca nesse novo segmento de mercado?

Quando a conversa mudou de "O que esse forasteiro acha?" para "O que nós achamos?", o cenário também mudou.

Até mesmo Mark Little, o líder técnico mais experiente de toda a empresa na época, que era então vice-presidente sênior e diretor de tecnologia da GE Global Research, mudou de opinião. Na sala, ele era a pessoa que os engenheiros mais respeitavam, e cujo ceticismo – expresso de forma bastante clara mais cedo – era o que mais temiam. Ele terminou nosso workshop dizendo algo que atordoou todos na sala: "Entendi agora. Eu sou o problema." Mark compreendeu de verdade que, para a empresa se movimentar mais rápido, do jeito que Jeff Immelt queria, ele tinha de se adaptar, assim como todos os outros líderes. Os processos-padrão estavam impedindo o crescimento, e ele, como guardião desses processos, tinha de fazer uma mudança.

"O importante e interessante para mim foi que o workshop mudou a atitude da equipe, passando de muito temerosa de cometer um erro para engajada, reflexiva e disposta a assumir um risco e testar coisas. Isso fez a equipe gerencial pensar mais em testar suposições do que em gerar fracassos", recordou Little. "Foi muito libertador."

Esse não foi o fim da história, como você verá. A equipe do projeto Series X se converteu num dos muitos projetos-piloto para o programa que veio a ser chamado de FastWorks. A equipe lançou o motor de teste no mercado em pouquíssimo tempo e logo recebeu um pedido de cinco unidades. Durante o tempo em que teriam feito pesquisa e desenvolvimento supersecretos pelo processo convencional, esperando por aquilo que Mark Little denomina "o big bang", adquiriram insights do mercado e obtiveram receita com seu MVP.

No próximo capítulo, voltaremos ao papel dos coaches de ajudar as equipes a aprender esses métodos. Por enquanto, quero me estender num fato importante. Durante aquele workshop – e ao longo dos meses de coaching que se seguiram –, ninguém teve de dizer àqueles engenheiros o que fazer. Nem eu, nem Beth Comstock, nem Mark Little, nem mesmo Jeff Immelt. Uma vez apresentados à estrutura correta para repensarem suas suposições, os engenheiros chegaram ao novo plano por meio da própria análise e dos próprios insights. Ficou evidente para todos os presentes que aquele método havia funcionado e que a empresa não teria obtido aquele resultado de outra maneira.

"O método startup enxuta simplificou o processo", relatou Cory Nelson.

"Estávamos tentando seguir com muita complexidade e custos de operação altos. O método startup enxuta nos disse: 'Não dificulte tanto. Dê um passo de cada vez.' Vamos lançar um motor, aprender algumas coisas e, então, pivotar quando necessário. Podem existir algumas paradas pelo caminho. Não será uma linha reta para chegar lá, mas precisamos ter fé de que vamos descobrir um *jeito* de chegar lá."

FASE I: PADRÕES COMUNS

Na GE, a transformação começou com o projeto isolado sobre o qual acabei de comentar: o motor Series X. Claro que nem toda empresa possui um motor multiplataforma prestes a ser produzido. Assim, a maneira como a empresa começou seu esforço para mudar foi, nesse sentido, única. No entanto, sob vários aspectos, o projeto foi bastante típico em relação ao começo de um processo de transformação. Seja qual for o tamanho ou tipo de empresa, os primeiros estágios de implementação de uma nova forma de trabalho são locais, assistemáticos e caóticos. Os adotantes iniciais experimentam novas abordagens, e às vezes um coach externo ou interno pode ajudar algumas equipes individuais. O começo de uma transformação associada ao estilo startup é básico. Progride, um projeto por vez, a fim de provar uma tese maior, tanto para a administração (de cima para baixo) quanto para as equipes que realizam os testes (de baixo para cima). Dependendo da organização, será diferente, mas notei certos padrões comuns a diversos tipos de organização:

- Comece com um número limitado de projetos e construa a partir disso, criando um conjunto amplo de casos, histórias e resultados, para mostrar como o novo método funciona nessa organização específica.
- Monte equipes multifuncionais e dedicadas para realizar os projetos-piloto, para incorporar diversidade funcional desde o início.
- Crie um sistema do tipo diretoria de crescimento, permitindo que os executivos tomem decisões claras e rápidas a respeito dos projetos apresentados a eles.

- Ensine às equipes iniciais como projetar experimentos do tipo startup enxuta que as ajudem a traçar um rumo num terreno incerto.
- Utilize a métrica correta do estilo startup para avaliar os resultados desses experimentos.
- Construa na organização uma rede de líderes capaz de ajudar a solucionar problemas que surgem quando a nova forma de trabalho entra em conflito com métodos arraigados. Trabalhe por meio de exceções no início, a fim de avançar mais rápido, e deixe para fases posteriores as mudanças profundas nas estruturas organizacionais.
- Converta os novos conceitos em linguagem e ferramentas específicas da empresa.

A ENERGIA PARA A TRANSFORMAÇÃO

Sem dúvida, esses passos demandam grande quantidade de trabalho. De onde as organizações tiram a motivação para começar uma transformação no estilo startup? Observei três forças motoras distintas por trás desse tipo de mudança:

1. **CRISE:** Às vezes, uma crise impõe a mudança. Já relatei a história do desastre público do HealthCare.gov, uma crise de ordem superior que catalisou uma mudança real em diversas agências do governo federal, começando com uma lição épica do que pode acontecer se você confiar em métodos gerenciais tradicionais "seguros".
2. **ESTRATÉGIA:** Outras vezes, uma nova estratégia organizacional necessita claramente de uma nova forma de trabalho. Na GE e na Intuit, a mudança foi orientada pela alta administração, que reconheceu que novos imperativos estratégicos impunham uma reformulação geral. Isso só pode funcionar quando a maioria dos membros da alta direção da empresa aceita a nova abordagem e está determinada a ir até o fim. Também não é o tipo de decisão que pode ser tomada de forma leviana. Por isso se torna crucial, após os primeiros estágios, demonstrar como os novos métodos funcionam e assentar as bases para a plena mobilização em toda a organização.

3. **HIPERCRESCIMENTO:** O sucesso pode trazer sua própria forma de crise. Quando uma startup alcança o *market fit*, pode ser forçada a crescer de modo extremamente rápido. Marc Andreessen, lendário investidor do Vale do Silício (também fundador da Netscape e sócio solidário da Andreessen Horowitz, empresa de capital de risco), afirmou num dos textos mais conhecidos do movimento de startups:

> Um grande mercado – um mercado com muitos clientes potenciais –, extrai produtos da startup. E sempre é possível sentir o *market fit* quando ele está acontecendo. Os clientes estão comprando seu produto na mesma velocidade em que você consegue produzi-lo, ou o uso está crescendo na mesma velocidade em que você consegue incluir mais servidores. O dinheiro dos clientes está se amontoando na conta bancária da sua empresa. Você está contratando vendedores e pessoal para o serviço de atendimento ao cliente o mais rápido possível. Os jornalistas estão ligando porque tomaram conhecimento do seu novo e incrível produto e querem conversar com você. Você começa a ganhar prêmios de empreendedor do ano da Harvard Business School. Os banqueiros de investimento estão avaliando sua casa.[2]

O que todos esses três cenários têm em comum é que eles liberam uma imensa quantidade de energia. E, como a quebra das ligações nucleares de um átomo, essa descarga deve ser administrada com cuidado. O tipo de energia liberado em cada cenário é diferente, mas, uma vez liberado, o que acontece depois segue o mesmo padrão. Se as ligações são rompidas ao acaso, sem o aparato próprio para administrar a energia, o processo pode ser terrivelmente destrutivo. Aqueles que possuem uma maneira de converter essa energia em mudança produtiva têm vantagem considerável.

COMO O SUCESSO DO SERIES X INFLUENCIOU A GE

O workshop do Series X deu início a um processo de transformação. Após seu sucesso, continuamos a orientar novas equipes até alcançarmos uma massa crítica que atingia cada combinação de área funcional, região e unidade de negócios de toda a empresa. Os participantes iniciais não foram escolhidos ao acaso nem o trabalho que fizeram era um fim em si mesmo, embora fosse um trabalho real e importante. Na verdade, essas demonstrações iniciais do conceito foram projetadas para mostrar à alta direção que essa nova forma de trabalho seria viável em toda a organização.

A GE tomou uma decisão inicial crucial, que foi a grande força propulsora do sucesso do programa FastWorks: o CEO designou uma equipe multifuncional de executivos de alto escalão para supervisionar a iniciativa. Englobando os altos executivos de cada uma das áreas funcionais básicas de engenharia, marketing, RH, TI e finanças,[3] essa equipe serviu como um comitê de coordenação. (Posteriormente, esse comitê funcionou como uma diretoria de crescimento.) É decisivo designar as pessoas certas para serem responsáveis pela iniciativa.

Jeff Immelt reconheceu de imediato que a empresa estava lidando com algo importante, que servia não apenas para novos produtos. Beth Comstock relembrou o entusiasmo de Jeff após o relatório do Series X: "Jeff disse: 'Veja, podemos fazer algo aqui. Será que dá para ir além do escopo do produto? É possível usar isso para reduzir a burocracia?'" Como Viv Goldstein recordou: "Aquele era o objetivo principal com o motor Series X: obter uma única prova irrefutável que dissesse se 'Isso pode funcionar num ambiente muito complicado, muito difícil?'. Se a resposta for sim, o que vamos fazer?"

O que fizemos foi começar a treinar mais equipes. Primeiro, uma por vez. Depois, quatro por vez e, mais à frente, grupos de oito, incluindo projetos tanto de novos produtos quanto de novos processos. Havia equipes focadas em refrigeradores, motores e incubadoras neonatais junto com uma equipe para reestruturar o processo corporativo, um projeto de planejamento de recursos corporativos (*enterprise resource planning* – ERP) para cadeias de suprimentos do setor industrial, um projeto de TI e um projeto de contratação de recursos humanos. Cada um desses projetos foi escolhido intencionalmente.

O objetivo era testar a máxima quantidade possível de equipes e áreas funcionais para mostrar que a metodologia FastWorks poderia funcionar em toda a empresa, num amplo corte transversal das linhas de negócios, áreas funcionais e regiões geográficas. Essa massa crítica acabou deflagrando uma reação em cadeia de mudança por toda a empresa, estimulada e orientada pela adesão confiante da alta direção.

1. Comece pequeno

A primeira fase consiste em considerar os resultados dos projetos iniciais e observar quais foram bem e quais foram insatisfatórios. Que atitudes e práticas apoiam a experimentação e o comportamento empreendedor? Que funcionários demonstraram ser agentes de mudança e ajudarão a expandir essas iniciativas?

Na GE, a escala do programa foi determinada pela quantidade de pessoas que a empresa queria treinar em cada estágio. O número de pessoas afetadas nas primeiras equipes que treinamos foi uma minúscula fração da força de trabalho de mais de 300 mil funcionários. Numa startup, a escala do programa é determinada pelo tamanho da empresa.

O fato é o seguinte: não existe uma empresa de 60 pessoas. Existe, sim, uma empresa de 60 pessoas rumo a se tornar uma empresa de 65 pessoas, depois de 100, 600, 6 mil, dependendo da taxa de crescimento. Por isso é importante incluir gradualmente no processo gerencial geral o que funcionou bem para uma empresa jovem, para ser integrativo em vez de retroativo. Como Patrick Malatack, da Twilio, afirmou: "O padrão do fracasso é o seguinte: à medida que expande sua empresa, você deixa de aplicar o que tinha de fazer por pura necessidade quando era menor. Você para de fazer experimentações do jeito anterior porque não tinha recursos suficientes para realizar um projeto de três anos que não chegaria a lugar algum. À medida que desenvolve sua organização, você precisa ter certeza de que ainda é capaz de continuar a fazer testes e tentar coisas novas." À medida que crescia de 35 funcionários para 650, a Twilio trabalhou duro para manter as estruturas iniciais em funcionamento. "É estranho como o tamanho de sua organização cria esse padrão de fracasso se você não tomar cuidado", afirmou Malatack.

Transformando o governo federal

Aquilo que contei a respeito do HealthCare.gov e de Mikey Dickerson pode parecer o início da história da transformação do governo, mas, na realidade, é o meio. Muito antes do HealthCare.gov, equipes e projetos-piloto inovadores estavam sendo testados por Todd Park e outros, junto com um grupo de jovens tecnólogos da equipe de transição do presidente Obama. Eles estavam tentando encontrar maneiras de implementar a tão necessária reforma tecnológica. Entre eles estava Haley van Dyck, que tinha chegado a Washington após trabalhar na campanha presidencial como integrante da equipe de tecnologia que desenvolveu e implantou as plataformas móvel e de mensagens de texto da campanha, as primeiras desse tipo na política. Naquele momento, ela e muitos de seus colegas estavam na capital americana com "uma ordem muito semelhante de utilizar a tecnologia para conectar os cidadãos e o governo em vez dos eleitores e a campanha".

Em seu primeiro dia útil no poder, Obama assinou o Memorando sobre Transparência e Governo Aberto. Alguns meses depois, ele nomeou Aneesh Chopra, então secretário de tecnologia do estado da Virgínia, para o recém-criado cargo de diretor de tecnologia dos Estados Unidos. Junto com Vivek Kundra, primeiro diretor de TI do governo do país, e posteriormente com Jeffrey Zients, o novo diretor de desempenho, Chopra seria responsável por "promover a inovação tecnológica para ajudar a alcançar nossas prioridades mais urgentes". Isso seria feito dentro de uma organização extensa e interconectada, constituída de dezenas de agências governamentais, empregando 2,8 milhões de pessoas que utilizavam sistemas informatizados que remontavam aos anos 1950: o governo federal.[4]

As equipes foram abrigadas em algumas agências sob o nome de escritórios de "Novas Mídias". Uma equipe também foi instalada na Casa Branca para melhorar a comunicação digital e o engajamento cívico com o público, capitalizando o grande sucesso da campanha.

Foram dias frenéticos, experimentais e, como é típico da Fase 1, bastante caóticos. Havia pouca ou nenhuma organização ou coordenação entre as equipes, nenhuma estrutura consistente em termos de quem estava se reportando a quem e nem mesmo um acordo a respeito das missões individuais das pessoas.

Porém, esses pioneiros também entenderam que havia um lugar real para o talento associado à tecnologia e à startup dentro do governo. Foi a primeira vez que alguém conseguiu reunir evidência real para essa ideia em grande escala (uma versão enxuta prévia do HealthCare.gov, desenvolvida antes do lançamento fracassado do site oficial, quase viu a luz do dia, mas era pequena demais para causar um impacto). A própria Van Dyck tornou-se parte de uma equipe bem-sucedida na Federal Communications Commission (FCC). Como é quase sempre o caso, sua equipe descobriu muitas pessoas dentro da agência que estavam prontas para a mudança. Elas apenas não tinham um sistema de apoio. Se não fosse por esses esforços iniciais, o HealthCare.gov não teria se recuperado de forma tão eficaz.

O programa Presidential Innovation Fellows

Depois de diversos sucessos iniciais, Todd Park, que foi promovido a diretor de tecnologia federal após a saída de Aneesh Chopra, propôs um programa denominado Presidential Innovation Fellows (PIF), em que líderes do setor de tecnologia cumpririam um "tempo de serviço militar", em parceria com servidores públicos das agências, para enfrentar problemas específicos do governo que pareciam irresolúveis. A ideia era combinar a experiência e o conhecimento dos stakeholders internos com as habilidades e os talentos dos empreendedores, designers e engenheiros externos, exatamente como Park faria depois durante o colapso e a recuperação do HealthCare.gov. Ele explicou: "O que dissemos ao pessoal do governo foi: o que vocês estão tentando fazer? Que tipos de capacidade e habilidade querem trazer de fora para ajudá-los? Vamos criar uma equipe com as melhores pessoas do governo e vamos trazer gente de fora que possui as habilidades que vocês querem e, em seguida, fazer essa equipe executar [operações] num modo startup enxuta, para executar mais do que os dois grupos conseguiriam em separado e cumprir com sucesso a missão."[5]

O programa em si era uma experiência. Ninguém sabia se seria possível trazer pessoas do Vale do Silício para o governo, de modo que isso se tornou a primeira hipótese da equipe. Para testá-la, Park pegou um avião e anunciou o novo programa no TechCrunch Disrupt, um encontro de empreendedores, investidores, hackers e apreciadores de tecnologia.

A resposta foi impressionante: quase 700 candidatos.[6] Park selecionou 18 participantes para essa primeira turma. "Simplesmente jogamos essas pessoas num pequeno número de projetos e começamos a acompanhar os resultados que poderiam ser entregues", afirmou Van Dyck. Em 2017, 112 participantes passaram pelo programa, e mais da metade permaneceu no governo federal para continuar seu trabalho.[7]

O programa PIF foi a versão governamental dos projetos-piloto do programa FastWorks que realizamos na GE. Foi criado não só para realizar trabalhos importantes, mas para continuar reunindo evidências de que essa nova forma de trabalho podia se estabelecer em várias agências e numa imensa gama de projetos.

2. Crie equipes multifuncionais e dedicadas

A criação de equipes multifuncionais tem por objetivo aproveitar e compartilhar energia colaborativa de diversas áreas dentro da organização, permitindo diversidade funcional para o crescimento ao longo do tempo. Provavelmente, as equipes iniciais não terão a mistura ideal de áreas funcionais, mas é importante reunir o máximo possível delas. Às vezes, isso significa incluir pessoas que não estão oficialmente na equipe, mas que estão dispostas a oferecer seu tempo e seu conhecimento.

Numa equipe em que trabalhei em uma grande empresa, o líder queria um desenhista industrial em tempo integral, mas não havia orçamento nem capital político disponíveis para conseguir alguém com as habilidades necessárias. Na empresa, o design era considerado uma área funcional distinta da de produto, e ainda havia muita resistência para convocar alguém de uma área funcional rival. A tarefa de convencer os líderes não só a criar equipes realmente multifuncionais como a torná-las totalmente dedicadas é um dos maiores desafios que costumo enfrentar quando trabalho com empresas de qualquer porte. Esse era um exemplo perfeito.

No entanto, o líder dessa equipe conhecia uma designer que acreditava na visão dele. Ele, então, se aproximou dela e perguntou se ela mudaria sua mesa para a sala onde a equipe tinha se instalado. Essa designer não estava trabalhando para a equipe nem foi oficialmente alocada nela. O salário dela não saía do orçamento da equipe. Era simplesmente uma voluntária comprometida sentada nas proximidades, de modo que, quando surgiam dúvidas, podiam consultá-la. Essa equipe também estava trabalhando com protótipos físicos, e a proximidade da designer lhe permitia intervir se visse algo que sabia que não funcionaria.

Claro que nem toda equipe precisa de um desenhista industrial, assim como algumas não precisam de apoio de TI ou jurídico, mas podem precisar de engenharia, marketing ou vendas. O fundamental é identificar as áreas funcionais necessárias para progredir.

Susana Jurado Apruzzese, chefe de portfólio de inovação da Telefónica, declarou que um dos maiores desafios que a empresa enfrenta é a transferência de conhecimento em projetos da área de inovação para a unidade de negócios de comercialização. Para levar o sucesso de um projeto à próxima etapa – ou seja, ao mercado –, o projeto deve ser transferido para vendas e marketing. Apruzzese descobriu que a inclusão do lado comercial em sua equipe desde cedo torna a adesão muito mais fácil. Também é um modo ideal de garantir que vendas e marketing tenham bastante conhecimento do produto, de modo que entendam plenamente o que venderão quando o momento chegar. "Percebemos que, a não ser que você envolva, desde o início, a unidade de negócios como defensora ou stakeholder, não vai dar certo, porque senão ela não vai achar que o produto é dela", afirmou Apruzzese.

O que fazer se uma área funcional não está representada

A maioria das organizações resiste a trabalhar de modo multifuncional. As questões políticas e orçamentárias podem fazer a iniciativa degringolar, mas, no início, esses tipos de fracasso podem se converter em oportunidades de aprendizagem valiosas.

Nos meus primeiros meses na GE, trabalhei com uma equipe de assistência médica da unidade de negócios Life Sciences que estava desenvolvendo um produto muito avançado. A ideia era comercializá-lo ao longo de muitos anos ao custo de 35 milhões de dólares. Esse aparelho complexo, altamente tecnológico e regulado pela FDA (agência governamental americana que regula e fiscaliza a fabricação de comestíveis, drogas e cosméticos) esteve em pesquisa e desenvolvimento substancial durante muitos anos, até que a empresa finalmente considerou a tecnologia madura o bastante para comercialização.

Após passar pelo processo FastWorks, a equipe decidiu construir um MVP que poderia ser apresentado a um cliente específico em poucas semanas em vez de anos. Construíram um protótipo não funcional, que mostrava como seriam a aparência e o funcionamento do aparelho, e marcaram uma reunião com o cliente.

Na noite anterior à grande apresentação, recebi um telefonema urgente da equipe. "O jurídico vetou nosso experimento", disseram eles, desesperados. Naturalmente, aquela equipe não tinha um advogado em sua composição e, assim, dependia da área jurídica da empresa para conseguir aprovações.

Por causa da natureza do trabalho, a equipe sabia que, com o tempo, teria de consultar o jurídico para conseguir aprovações, mas não tinha se planejado para isso. Imagine se tivessem convocado, desde o início, algum especialista jurídico, que saberia que o MVP não representava risco real para um paciente ou para qualquer outra pessoa – ou seja, que não haveria nenhuma responsabilidade envolvida até o cliente realmente aprovar o produto e, 18 meses depois, pagar por ele. Esse é um longo tempo para solucionar quaisquer questões de responsabilidade. O projeto foi aprovado, mas o imprevisto de última hora acrescentou muita tensão ao processo.

Embaixadores funcionais

Quero destacar um outro aspecto crítico referente à multifuncionalidade. Os membros da equipe funcional atuam não só como a consciência da equipe em sua área específica de conhecimento, mas também como *embaixadores* empolgados. Quando o estilo startup de trabalho começa a se disseminar, é importante ter a participação de pessoas que possam relatar o novo método aos colegas de cada área funcional.

Os embaixadores também agem como *tradutores*, que podem explicar seus papéis em termos que os outros membros da equipe consigam entender. Experimentei isso com a equipe de um importante fabricante. Um engenheiro foi trazido até a equipe para assegurar que o rigor do processo não seria perdido quando se fizesse a transição para a experimentação e a construção de MVPs. O engenheiro entendia os princípios de modo tão orgânico que foi capaz de traduzi-los em termos bastante técnicos de engenharia mecânica, que eram estranhos para mim, mas facilmente entendidos pela equipe. Muitas vezes ele se reunia com equipes que diziam: "Gostaríamos de fazer isso, mas não podemos comprometer nosso processo de desenvolvimento de novos produtos." A resposta dele: "Ajudei a escrever esse processo para a nossa divisão. Aqui está uma forma de repensá-lo, para assegurar que os padrões de segurança e conformidade sejam satisfeitos, mesmo quando mudarmos a forma de trabalhar."

3. Empunhe a espada dourada

Na GE, para equipes na Fase I, realizávamos reuniões de "exposição de resultados" ao fim de cada treinamento de três dias. A segunda parte da apresentação era uma versão corporativa do programa de tevê *Deal or No Deal* (*Topa ou Não Topa*, no Brasil). Explicávamos o que era necessário para o novo plano ter sucesso. Eu estimulava cada equipe a ser franca e pedir o que era *realmente* necessário, e não as habituais avaliações exageradas do discurso corporativo.

Para surpresa da alta direção, as equipes raramente pediam mais recursos financeiros. Em geral, pediam proteção e remoção dos obstáculos burocráticos. Houve um pedido de redução: de um comitê de 25 membros em meio período para uma equipe dedicada de cinco pessoas. Outras equipes precisavam de especialistas de outras áreas funcionais com dedicação integral. E muitas queriam simplesmente a garantia da alta direção de que, se trabalhassem dessa nova forma, não seriam atrapalhadas pelos gerentes de nível médio. Usando esse processo, geralmente conseguiam o que pediam.

Ao longo dos anos, eu me surpreendi repetidas vezes com a quantidade de problemas "impossíveis" que foram solucionados com o uso de um processo simples que denomino "espada dourada", porque corta a burocracia com um só golpe. Ela pode ser usada em reuniões entre equipes e executivos, e funciona da seguinte maneira: a equipe apresenta uma oferta aos membros da alta direção dizendo o que eles vão obter – tempo de ciclo menor, mais insights a respeito do que está acontecendo e uma promessa de solucionar de vez o problema e de controlar os gastos ao longo do processo. O que vai custar à alta direção? Proteção, financiamento seguro e colaboradores multifuncionais. Do ponto de vista da maioria dos executivos, é uma verdadeira pechincha. Maior responsabilização e maior confiança quanto a resultados reais, e tudo pelo baixíssimo custo de praticar alguma manobra política, que é a especialidade da alta direção.

Claro que conseguir o que a equipe quer não significa que ela automaticamente terá êxito. Em certa empresa, quando lançamos a primeira leva de projetos, tive uma conversa com os executivos em que expliquei, com todo o respeito, que seria um triunfo se alguma equipe tivesse êxito. Conforme as regras corporativas, havia muita pressão para assegurar um índice de sucesso de 100%. Naturalmente, esse tipo de pensamento é incompatível com o pensamento de startup, que entende o fracasso e a experimentação como partes da metodologia. Empunhar a espada dourada ajuda a liderança a se tornar parte desse processo.

Transparência e um sistema de geração de energia elétrica de emergência

Uma equipe da GE com que trabalhei estava desenvolvendo uma fonte de alimentação ininterrupta (UPS, na sigla em inglês) de última geração: um sistema que é vendido para grandes centros de processamento de dados e assegura que, se houver falta de energia elétrica, o sistema continuará funcionando até que um segundo gerador esteja disponível. A equipe acreditava que poderia construir um sistema mais eficiente por meio de uma arquitetura de alta tensão mais elevada. Seu plano, quando vieram ao workshop, era dedicar três anos e gastar cerca de 10 milhões de dólares para, em seguida, fazer um grande lançamento ao público.

Essa foi uma das primeiras equipes da GE a organizar uma diretoria interna. Eles faziam reuniões pivotar-ou-perseverar regulares, em que avaliavam o último MVP que estavam considerando, e a diretoria tomava decisões de financiamento com base em perguntas que faziam a respeito do que a equipe tinha aprendido e como.

Após nosso workshop inicial, a equipe concordou em construir um MVP em três meses em vez de três anos. A equipe dedicou algumas semanas para projetar esquemas elétricos e assegurar que poderia construir o produto. Então chegou a hora da verdade: um cliente pediu uma proposta, analisou os esquemas e os rejeitou de imediato. A equipe tentou de novo com outro cliente, e assim sucessivamente. Após inúmeras rejeições, eles perceberam que seu plano estava praticamente condenado.

Não era pouca coisa admitir isso ao patrocinador executivo. Porém, felizmente, o processo da espada dourada tornou mais fácil manter a conversa focada no que a equipe tinha aprendido após a visita de cada cliente. Quando teve a coragem de admitir isso, a equipe foi capaz de pivotar diversas vezes e, no final das contas, propôs um novo sistema que acabou se revelando vencedor e que apenas tangenciava as especificações originais do produto.[8]

4. Projete uma boa experiência

Para que um experimento nos diga o que precisamos saber – isto é, se vale a pena continuar –, ele precisa ter certos recursos. As equipes não fazem experimentos só para ver o que pode acontecer, mas para ganhar conhecimento com a medição das ações do cliente, e não apenas a partir do que os clientes dizem. Todas as experiências devem ter:

- *Uma hipótese clara e verificável.* Sem uma visão clara do que deve acontecer, não podemos julgar o sucesso ou o fracasso. E, se você não puder fracassar, não vai conseguir aprender.
- *Uma próxima ação evidente.* Construir-medir-aprender é um ciclo, o que significa que cada experimento deve conduzir diretamente a uma ação subsequente. Um único experimento nunca é suficiente para se obterem as conclusões necessárias. Só uma série de experimentos pode revelar a verdade.
- *Contenção estrita dos riscos.* Em geral, "O que de pior pode acontecer?" é uma pergunta que fazemos de modo irreverente. No entanto, nesse caso, de fato precisamos saber a resposta e ter certeza de que podemos tolerá-la. O objetivo não é impedir que algo ruim aconteça, mas assegurar que, ao modificar qualquer que seja a experimentação, esse algo ruim não seja desastroso. Entre as estratégias de contenção dos riscos, incluem-se a limitação do número de clientes expostos; a não colocação da marca da empresa no MVP;

o não comprometimento da segurança ou da conformidade (ainda melhor, ter um especialista em conformidade na equipe); dar ao cliente uma garantia que vá além de "Receba seu dinheiro de volta"; e a oferta de pagar multas adicionais pela falta de desempenho. Faça questão de sempre ser correto com o cliente, não importa o custo (lembre-se de que você não terá muitos deles no início).

- *Uma ligação entre o que é avaliado e ao menos uma suposição salto de fé.* Se não usarmos um experimento para testar uma suposição, não obteremos informações úteis.

O carro conectado

Após o encontro com os executivos da Toyota que descrevi no Capítulo 1, Matt Kresse, pesquisador do centro de inovação da empresa, o InfoTechnology Center (ITC), e aqueles mesmos executivos concordaram com o projeto de uma startup enxuta. Em março de 2013, Kresse e Vinuth Rai, diretor do ITC da empresa, começaram uma série de experimentos elaborados para descobrir e desenvolver tecnologia de ponta para um carro conectado à internet.

O primeiro passo foi testar uma suposição. Eles publicaram um anúncio no site de classificados Craigslist sob o título "Você odeia o trajeto de ida e volta do trabalho?", convidando pessoas a ir ao centro de pesquisa e se queixar sobre sua experiência ao volante de um carro. Em uma hora, 300 pessoas responderam. "Foi uma resposta imediata e impressionante", lembrou Kresse. "Não construímos nada até ouvirmos os principais pontos problemáticos expressos pelos clientes. Acho que era a primeira vez que colhíamos dados brutos dos usuários. Foi muito bom, porque vínhamos trabalhando majoritariamente num ambiente semelhante a um laboratório, onde o cenário é bastante asséptico e não muito propício a respostas francas. Por isso, foi uma experiência muito revigorante."

A equipe ofereceu a cinco das 30 pessoas entrevistadas um protótipo para colocar em seus carros por um mês e informou-lhes que, se gostassem, poderiam mantê-lo; caso contrário, receberiam 100 dólares pela participação. Esse MVP não era nada mais do que um tablet Android, acondicionado num painel com a logomarca da Toyota, com um sistema básico de navegação conectado a um microcontrolador barato que estava ligado na ignição e nos controles de direção. "Você tem que colocar os produtos na frente das pessoas, ter feedback delas desde cedo", Kresse se lembrou de ter pensado.

Era a primeira vez que o grupo de Kresse conseguia testar suas ideias com consumidores reais. O grupo ficou rastreando em tempo real quais aplicativos os motoristas estavam usando. Em seguida, eles se encontravam periodicamente com os usuários para descobrir do que cada motorista gostava e não gostava. "Ficamos nesse processo de atualizar rapidamente os aplicativos", contou Kresse. No fim de um mês, 60% das pessoas que testaram o protótipo do sistema de navegação quiseram mantê-lo e 40% disseram que o recomendariam a outras pessoas.

Esse tipo de dado chamou a atenção dos executivos da Toyota. De novo, havia muito pouco risco envolvido, algo crucial para um MVP inteligente. Kresse e Rai não estavam lançando nada fora do estilo de incubadora do ITC. Porém, assim que seu trabalho foi reconhecido, tiveram sinal verde para começar a trabalhar com os grupos de produto da empresa.

Em novembro de 2016, a Toyota lançou sua nova Mobility Service Platform (MSPF) conectada dentro de sua unidade de negócios Toyota Connected, cujo presidente é Shigeki Tomoyama. A empresa progrediu muito desde a simples postagem à procura de motoristas frustrados.

Experiências com modelo de negócios

Na GE, uma das primeiras equipes com que trabalhei estava projetando uma nova turbina a gás para uma usina elétrica de ciclo combinado. O objetivo era construir algo que seria 5% mais eficiente do que qualquer outra turbina do mercado. A equipe previu que a produção levaria cerca de quatro anos e exigiria a criação de uma nova cadeia de suprimentos. Quando estavam começando a fazer o planejamento, alguém disse: "Espere aí. Daqui a quatro anos, a eficiência das turbinas dos concorrentes terá melhorado. Então, vamos garantir que extrapolaremos a nova meta de eficiência e seremos 5% melhores do que isso." Bastante justo. Mas então a equipe teve de fazer uma reavaliação, e precisariam de seis anos até o lançamento. A essa altura, alguém acrescentou: "Esperem um instante! Em seis anos, a eficiência não precisará ser ainda maior?" Antes que qualquer coisa tivesse realmente acontecido, a equipe já estava tentando prever como saberia se teria ou não uma eficiência líder de mercado quando o motor estivesse pronto. Era uma espiral descendente por um desvio de projeto quase infinito.

A solução foi propor um novo modelo de negócios. No modelo antigo, a principal atividade da GE era vender equipamentos. Se e quando os clientes voltassem para manutenção, tentariam lhes vender novos atributos e atualizações. A equipe imaginou um novo modelo: incluir atualizações logo de saída e se comprometer com futuras melhorias. Também haveria uma cláusula estipulando que a GE seria responsável por danos relacionados a quaisquer perdas de prazo.

A proposição de valor foi resumida da seguinte maneira: "E se abordarmos o cliente e dissermos: 'Em vez de esperar dez anos por uma turbina que é 5% mais eficiente, podemos vender agora para você uma que é muito boa, com o valor agregado de que todos os anos, de agora em diante, disponibilizaremos atualizações para substituir as lâminas e as hélices e ajustaremos a turbina para aumentar a eficiência.'" Em seguida, a equipe fez um brainstorming. "'Você terá a opção, uma vez por ano, de instalarmos essas peças, e teremos um contrato acordando que seremos pagos por cada ganho de eficiência que conseguirmos com cada nova atualização.'"

Levamos esse plano para os executivos, que ficaram entusiasmados. Ele oferecia um tempo de ciclo de entrada no mercado muito menor, e cada iteração proporcionaria mais eficiência. O cliente poderia comprar uma turbina com a melhor eficiência do mercado para todo o sempre. Então alguém fez a pergunta fatídica: "A receita que conseguiremos, todos os anos, pela instalação das peças de atualização será de produto ou de serviço?"

Ingenuamente, respondi: "Quem se importa? Receita é receita." Porém, a resposta importava para eles. Muito. Representava uma guerra territorial dentro da empresa, que não podia ser solucionada naquele momento. No entanto, a equipe persistiu, e o feedback do cliente permaneceu positivo. No final, os executivos mudaram de ideia e entenderam que precisavam pensar no que era certo para o cliente em vez de se apoiar nos paradigmas tradicionais. Guy DeLeonardo, gerente de produto de turbinas a gás da GE Power, recordou: "Bastou a ameaça de perder um negócio de 1 bilhão de dólares com uma importante empresa de serviços públicos e um cliente valioso para que os dois líderes de divisão (os donos do território) encontrassem uma maneira de solucionar a questão. É preciso entender que esse foi nosso modo de trabalhar pelos últimos 30 e tantos anos."

Com o novo modelo em vigor, a equipe lançou a turbina a gás 7HA.02, que atualmente é a líder do setor em eficiência de produto e obteve vendas de 2 bilhões de dólares em 2016. A equipe pode adicionar inovações anualmente, sabendo que os clientes as querem e estão dispostos a pagar por elas, porque os termos comerciais foram acordados antecipadamente. "Para o cliente, não importa para onde vai a receita", afirmou DeLeonardo. "Empreendemos um esforço especial para fazer o que é certo para o cliente."

>>

Quando fizer experiências com os modelos de negócios,[9] eis algumas coisas que você precisa lembrar:

- O produto deve ser incluído no balanço patrimonial de quem? Faz mesmo sentido forçar uma pequena empresa ou um consumidor a pagar logo de saída?
- Por que fazer distinção entre produto e serviço? Se os produtos são projetados para exigir manutenção periódica, por que não assumir a responsabilidade de proporcioná-la?
- Uma empresa deve lucrar com um produto que talvez não satisfaça as necessidades do cliente? Se faz a cobrança só quando o produto apresenta desempenho – remuneração por uso ou baseada em desempenho –, a empresa permanece alinhada às necessidades do consumidor.
- Os tempos de ciclo são menores quando a empresa controla cada aspecto da entrega de serviço. Podemos assumir responsabilidade por etapas intermediárias a fim de trazer inovações ao mercado mais rápido?
- Quando uma empresa se coloca no lugar do cliente (lucramos apenas quando eles lucram), somos capazes de descobrir outras maneiras de agregar valor.

- Há novas dinâmicas competitivas disponíveis para ganhar participação de mercado? Por exemplo, na divisão de iluminação comercial da GE existem contratos de manutenção de prédios que cobram por soquete, e não por lâmpada. A GE é responsável por manter cada soquete preenchido e operacional. Cada soquete coberto por um acordo de longo prazo desse tipo reduz, de maneira eficaz, o mercado total disponível para atuação de concorrentes antiquados.

Em termos de startup enxuta, entendemos o tempo de ciclo como construir-medir-aprender, o que significa que às vezes as partes não técnicas do ciclo podem passar despercebidas em meio às mudanças do modelo de negócios. Uma equipe de produto com que trabalhei tinha um problema recorrente. Depois que seu produto era projetado e construído, levava um ano ou mais para que os clientes tivessem a chance de comprar o novo modelo.

Por quê? Porque os distribuidores tinham de reformar seus *showrooms* a fim de exibir o produto novo, o que muitos deles achavam caro e tinham poucos motivos para fazer com frequência. Em mercados com poucos distribuidores, havia pouca pressão sobre eles para que expusessem os últimos modelos.

Ninguém achou estranho esse arranjo. Era como o setor sempre havia funcionado. Além disso, em termos de lucratividade de cada produto no longo prazo, fazia pouca diferença. No entanto, do ponto de vista da aprendizagem e do tempo de ciclo, esse esquema é bastante oneroso. Em comparação com o custo de desenvolvimento de um novo produto, o custo de ajudar o distribuidor é bem pequeno. Por que não transferir os custos do *showroom* para o nosso balanço patrimonial?

5. Crie novas maneiras de medir o sucesso

Nessa primeira fase de transformação, a organização está criando equipes multifuncionais e fazendo experimentos. Mas como essas equipes vão saber se estão indo bem? Por meio do uso dos *indicadores de tendências*, que medem a *aprendizagem validada*.

Indicadores de tendências

Os indicadores de tendências surgem de diversas formas. Seu propósito é rastrear sinais de que o processo está funcionando no nível da equipe e mostrar que a probabilidade de algo bom acontecer está aumentando. Por exemplo, um executivo com quem trabalhei se baseava no tempo de ciclo como indicador de tendência para o sucesso. Ele ficaria feliz se as equipes de produto alcançassem uma melhoria no tempo de ciclo, mesmo se não produzissem de imediato outros benefícios tangíveis. Estava convencido de que lançar o produto mais rápido no mercado e aprender com os clientes mais cedo acabaria gerando melhores resultados comerciais. Na maioria das vezes, ele tinha razão. E essa convicção permitiu que suas equipes se tornassem mais ousadas na maneira de pensar.

Outro bom indicador inicial é a satisfação e o engajamento do cliente. Como Todd Jackson, vice-presidente de produto da Dropbox, aprendeu: "Se você tem adotantes iniciais entusiasmados, que defendem seu produto, eles vão divulgá-lo para outros usuários. A melhor forma de marketing é o boca a boca."

O cliente de uma equipe da GE ficou irritado ao saber que um produto perfeito levaria de cinco a dez anos para ser entregue. Depois de passar pelo programa FastWorks e desenvolver um novo plano, a equipe voltou a procurá-lo dizendo: "Em vez de trazer perfeição, que tal se trouxermos algo que é consideravelmente melhor do que o que você tem agora, mas que seja apenas o começo? Podemos trazer no próximo ano, e não em cinco anos, se você nos ajudar sendo parte engajada do processo." O cliente ficou bastante animado com essa ideia e quis começar a colaborar imediatamente – uma experiência que a equipe nunca tivera antes. Eles ainda não tinham feito nada, exceto por uma conversa, mas seu relacionamento com o cliente já tinha mudado consideravelmente. Sabiam que estavam no caminho certo.

O entusiasmo por fazer novas conexões com clientes reais e perceber o potencial disso se associa a outro importante indicador de tendências: o moral da equipe. A mudança é difícil, mas também pode ser contagiosa. O ânimo com uma nova forma de trabalho pode causar uma ótima impressão em outras pessoas. Muitas vezes, ver uma equipe realmente engajada é suficiente para que digam coisas do tipo "Quero que toda a minha equipe trabalhe desse jeito" ou "Queria que toda a minha divisão pensasse e agisse desse jeito". O estado de espírito é poderoso.

Perceba um padrão universal em todas essas histórias: em todos os casos, a alta direção apresenta um ponto de vista – e a convicção – de que os indicadores de tendências dos agentes de mudança estão apontando para coisas boas no futuro. Sem esse entendimento, nem toda a experimentação do mundo na Fase I teria utilidade. Naturalmente, muito trabalho acontece nas fases posteriores para confirmar se esses indicadores de tendências sinalizam resultados empresariais positivos, mas sem a convicção da liderança não há como chegar a essas fases.

Métricas

Um pouco mais adiante no caminho da experimentação, é importante criar métricas para medir o sucesso dos projetos empreendedores. Isso implica substituir métricas tradicionais (frequentemente, o ROI) pela *aprendizagem validada*: informação cientificamente coletada com base em experimentos frequentes. Por exemplo, quando a Dropbox estava construindo o Paper, eles consideraram dois comportamentos críticos a fim de não repetir os erros do Carousel e do Mailbox: "Estávamos determinados a registrar primeiro os usuários que eram representativos de toda a nossa base de clientes e usuários", explicou Aditya Agarwal. "Garantimos que não estávamos nos fechando em silos."

As duas métricas básicas da Dropbox eram:

1. *Viralidade*. "Não queremos que o Paper se torne uma ferramenta de usuário individual. Não nos interessava se apenas uma pessoa o estava usando para substituir o Evernote. Precisávamos que o Paper se disseminasse e fosse colaborativo."
2. *Retenção na segunda semana*. "Convidamos uma pessoa. Ela testou o produto. Ela voltou na segunda semana?"

A métrica não precisa ser complicada. Em 2014, Jeff Smith foi contratado para a função de diretor de TI da IBM, para liderar uma transformação ágil no setor. Ele afirmou: "Costumávamos medir muitas coisas que não tinham nada a ver com o valor de negócio real criado." Eles passaram a adotar uma lista de quatro métricas: (1) rapidez com que uma equipe consegue executar uma nova tarefa; (2) quantas tarefas uma equipe consegue completar durante um ciclo de trabalho regular (não importando quanto tempo isso dure); (3) quanto tempo leva para uma tarefa sair da fila de espera e entrar em produção; e (4) quanto tempo uma tarefa ficou na fila de espera, o que inclui cortar projetos que se tornaram irrelevantes com a passagem do tempo.

"Quanto mais simples sua métrica, mais simples seus objetivos", afirmou Smith. "Se todos conseguem entendê-la sem um manual, as pessoas começam a melhorar mais depressa."

Isso é verdade, não importa o contexto. Como Brian Lefler, engenheiro de software que fez a transição para a área de TI do governo, revelou: "As empresas de software possuem muitos setores que não fazem dinheiro de maneira óbvia e clara. Na Google, quando trabalhei no Ads, era muito claro: eu sabia quanto dinheiro trazíamos, dividido pelo número de pessoas da minha equipe de engenharia. Mas não funcionava assim quando trabalhei na Amazon Ordering, que era um centro de custos. Estávamos custando nossos salários ou nossos salários mais todas as vendas perdidas, porque estávamos quebrados. Descobrimos como medir o sucesso das equipes e, assim, tínhamos um substituto para as interações do mercado."

Quando Lefler está trabalhando num projeto para o governo federal, junto com uma agência, há algumas métricas que ele gosta de usar no início em vez de simplesmente perguntar "Como foi essa semana?":

- Quantos bugs ocorreram?
- Com que frequência o sistema esteve ativo?
- Quantos minutos levou para que cada usuário processasse seu formulário?
- Quantos cartões (no caso de um projeto de imigração envolvendo *green cards*) imprimimos hoje?

As métricas são fundamentais, segundo Lefler, porque "quando a liderança não consegue medir os resultados, a resposta comum é requerer que todas as decisões subam para seu nível. O efeito de primeira ordem de melhores medições é a melhor tomada de decisão. O efeito de segunda ordem é que a liderança concede às equipes de alto desempenho autonomia para agir mais rápido e concentrar a atenção nas coisas certas".

6. Trabalho por exceção

Qualquer equipe que estiver atuando no estilo startup precisa ter alguém na liderança da empresa a quem possa recorrer, quando necessário, para solucionar os problemas mais difíceis que enfrenta na interação com toda a organização. Na pior das hipóteses, a falta dessa pessoa pode ser fatal para uma startup interna e, na melhor das hipóteses, pode provocar uma imensa perda de tempo. Sem esse defensor, a equipe terá de gastar recursos preciosos explicando, negociando e se desculpando por seus métodos aos outros membros da organização.

Esses defensores executivos se encaixam em duas categorias distintas. Um tipo atua para os agentes de mudança da empresa. Na GE, as agentes de mudança eram Viv Goldstein e Janice Semper, que, no dia a dia, conduziam o projeto maior de fazer a empresa mudar os próprios hábitos. A preocupação principal dos agentes de mudança é assegurar que o programa passe da Fase I para a Fase II. São as "tropas na linha de frente" e, assim, precisam de proteção de cima, muitas vezes de alguém que seja da confiança do CEO, para garantir que as mudanças continuem acontecendo. O outro papel desempenhado pelos defensores executivos é o de provedores de proteção para equipes específicas. Numa grande organização, o defensor executivo pode ser qualquer pessoa em posição de eliminar obstáculos para as equipes-piloto específicas. Não é necessário que todas as equipes tenham o mesmo defensor, mas cada uma precisa de ao menos um.

Em *A startup enxuta*, enfatizei que aquilo que as pessoas geralmente consideram como "proteger a startup da empresa controladora malvada" é na verdade algo retrógrado. A questão é como convencer a empresa controladora – e seus tensos gerentes de nível médio – de que o que quer que a startup esteja fazendo é seguro. É por isso que os métodos de inovação que mantêm informações em segredo raramente funcionam mais de uma vez. O único caminho para a transformação de toda a empresa é inovar abertamente. Mas então como removemos esses obstáculos?

Numa startup, mesmo uma que cresceu e tem milhares de funcionários, a pessoa que desempenha o papel de defensor executivo é frequentemente o fundador ou cofundador, que possui a autoridade moral e as conexões para solucionar os problemas. Todd Jackson, da Dropbox, que viu isso acontecer tanto nessa empresa quanto na Google, afirmou: "Você precisa que os fundadores ou o CEO digam: 'Não. Vamos investir nisso.' E isso tem de vir deles, porque senão é provável que o projeto seja tragado pela quantidade de energia e inércia internas destinadas ao produto básico."

Numa organização maior, o defensor executivo deve estar num patamar alto o suficiente para eliminar os obstáculos, mas não tão alto que não possa se reunir com cada equipe.

O que é legal?

Numa empresa de tecnologia, trabalhei com uma equipe que queria colocar um novo software no mercado. O plano original era lançar o produto mundialmente e com grande alarde após 18 meses. Durante o treinamento do tipo startup enxuta, a equipe percebeu que seria mais rápido avaliar o interesse nos países por meio de anúncios no Facebook. O objetivo era ver se conseguiriam fazer as pessoas fornecerem os números de seus cartões de crédito e se comprometerem a participar da pré-venda dos softwares antes que muito tempo e dinheiro fossem gastos na construção de novas versões.

Todos concordaram. Então, de repente, os membros da equipe ficaram paralisados. Aquilo era legal?

A equipe logo apresentou uma série de argumentos justificando por que a área jurídica não permitiria aquele experimento, sustentando que não havia como obter um número de cartão sem enviar algum produto de fato. Além disso, depois de obter os números dos cartões, precisariam garantir que seriam mantidos a salvo de hackers, já que não estariam usando os sistemas normais da empresa para processamento. Tinham que encontrar uma maneira de fazer com que os clientes concordassem explicitamente em receber um reembolso caso o software não fosse enviado. Havia uma lista imensa de regras e questões de conformidade que a equipe considerou insuperável. Eles estavam determinados a retornar ao plano original.

Então, fiz uma pergunta ridícula: "O que é legal?" Quem tinha lhes comunicado todas aquelas regras rígidas? A equipe ficou desconcertada. Como em diversas organizações, o medo era parte da cultura transmitida e compartilhada ao longo dos anos.

Em seguida, perguntei com quem poderíamos falar para descobrir se os medos da equipe tinham algum fundamento. Lembre-se: era um software, não um aparelho médico ou um motor a jato. Nem a vida nem a subsistência de ninguém estava em risco; logo, parecia válido investigar se havia uma maneira de realizar aquele experimento.

Chegou-se à conclusão de que a única pessoa que poderia responder à pergunta era o consultor jurídico da divisão. Por insistência minha, fizemos a ligação e nos agachamos em torno do aparelho que estava em viva voz numa sala de reunião, esperando a resposta do "jurídico". Quando o consultor atendeu, a equipe apresentou a pergunta da pior maneira possível: "O senhor acha que incorremos em responsabilidade ilimitada para a empresa se pegarmos os números dos cartões de crédito das pessoas e cobrarmos por um produto que talvez nunca cheguemos a enviar?" Você pode adivinhar qual teria sido a resposta.

Antes que o consultor jurídico pudesse iniciar o longo sermão, eu intervim: "Senhor, peço desculpas pela confusão, mas o que essa equipe quer fazer na verdade é pegar os números dos cartões de crédito de não mais que 100 clientes, e de cada um deles seria cobrado um máximo de 29,95 dólares se e quando o produto enfim fosse enviado." Então o consultor jurídico respondeu: "Então a responsabilidade total da empresa seria de apenas 3 mil dólares, mesmo no pior dos cenários?" Depois que respondemos que sim, ele disse: "Percebem que já gastaram mais dinheiro que isso, desperdiçando meu tempo com essa ligação? Claro que podem realizar o experimento. Tchau."

Um misto de espanto e satisfação tomou conta da equipe. O experimento tinha sido aprovado. Foi uma exceção ocasional, mas que ofereceu um vislumbre de uma nova forma de trabalho. Apenas muito depois, na Fase III, essa empresa adotou uma política mais sistêmica. Para a Fase I, bastavam exceções simples.

Toda a ajuda possível. Ou não.

O que aconteceu com essa equipe de software ocorre com frequência na Fase I. Nem sempre o percurso será tranquilo; haverá conflitos na organização em relação aos sistemas existentes e às pessoas. Denomino isso "problema do tipo toda a ajuda possível". Uma empresa apresenta um problema: talvez o trimestre não esteja indo bem, ou a empresa esteja prestes a conseguir um financiamento e os números não sejam exatamente os melhores. A pessoa responsável informa ao CEO, que, por sua vez, relata o problema para a diretoria de maneira alarmista: "Precisamos de toda a ajuda possível! Agora todas as pessoas na empresa devem se dedicar 100% a solucionar esse problema!" Mas e as pequenas equipes dedicadas a inovações e não relacionadas com o trimestre corrente? Há algo bastante insatisfatório em dizer que "precisamos de quase toda a ajuda possível" ou em dedicar apenas "99% do esforço" a um problema urgente. Isso provoca o cancelamento de muitos projetos de inovação.

Esse é exatamente o tipo de situação em que os defensores executivos são decisivos para que a transformação não seja paralisada pelo conflito e pelo choque de sistemas. Eles podem proteger as equipes de inovação e garantir aos outros que estar à altura do desafio quando a empresa precisa também é a coisa certa a se fazer. É uma das maneiras de começar a desenvolver a capacidade de realizar ambos os tipos de trabalho de forma simultânea. Sem isso, o crescimento constante e de longo prazo é impossível.

7. Traduza a forma de trabalho em termos que a organização entenda

Nos estágios iniciais de uma transformação, uma das coisas mais importantes que uma organização precisa fazer é realizar o próprio processo. Isso inclui falar numa linguagem que faça sentido para cada empresa. Como Beth Comstock afirmou em relação ao programa FastWorks: "Em qualquer empresa, você precisa traçar seu próprio caminho. Pegamos o melhor do que foi trazido para nós e adaptamos. Acho que isso também é parte da história. Acrescentamos outras ferramentas, como um processo de diretoria de crescimento mais disciplinado, inspirado pelo financiamento de capital de risco e pelos provérbios culturais. Acho que quando você julga a cultura por sua comunicação, pelas palavras que utiliza, você sabe que aconteceu uma mudança." Vale lembrar: o processo não é denominado manufatura enxuta na Toyota; é Sistema Toyota de Produção.

Aprender a trabalhar nesse novo modelo não é uma questão de adotar rigidamente uma série de práticas, é questão de descobrir de que maneira as ferramentas podem ser adaptadas e aplicadas em cada empresa. Quando as pessoas procuram a Intuit em busca de um modelo de como levar a inovação para suas empresas – o processo de inovação deles, Design for Delight, tem sido um enorme sucesso –, Bennett Blank, líder de inovação na Intuit, explica: "Elas perguntam: 'O que podemos replicar?'" A resposta dele: "A primeira coisa que sempre digo é: 'Você não pode replicar. Faça seus próprios experimentos, aplique tudo ao seu próprio processo e então descobrirá o que funciona em sua organização.'" De fato, é um bom conselho, e foi o que possibilitou que as organizações das quais falamos neste capítulo avançassem com tanto sucesso. Neste livro, procurei chamar atenção para as semelhanças entre programas como o FastWorks, o Design for Delight e o United States Digital Service (USDS) do governo americano. Porém, cada um desses programas é bastante diferente um do outro. Eles refletem a cultura e o caráter da organização controladora.

À medida que meu trabalho na GE veio à tona, comecei a receber ligações de empresas que queriam reproduzir o sucesso inicial do FastWorks. Só que eu não tenho uma empresa de consultoria. Assim, sou frequentemente indagado a respeito de quem a empresa deve contratar para promover essa mudança.

Digo para colocarem no comando dessa iniciativa alguém que já é funcionário e dar a essa pessoa os recursos necessários. Acredito que essa seja a única maneira de tornar uma mudança desse tipo permanente. Tem que vir de dentro e ser vista como um desenvolvimento nativo. Precisa ser projetada por pessoas que realmente conheçam a cultura da empresa e os mecanismos que a fazem funcionar. Tudo bem ter coaches que ajudam ao longo do caminho, mas alguém estranho à empresa pressionando por mudança é algo fadado ao fracasso. Como Ryan Holmes, CEO da Hootsuite, afirmou: "Os maus processos não se ajustam sozinhos. Geralmente, ocultam-se num vácuo de poder. Os funcionários que estão na linha de frente não têm autoridade para realizar mudanças, enquanto os membros da alta direção ignoram essas questões ou supõem que são problema de outras pessoas. É por isso que é muito útil ter alguém no comando, mesmo que não seja uma função oficial ou de tempo integral. Isso dá aos funcionários alguém a quem procurar."[10]

Foi exatamente essa percepção que levou Janice Semper a procurar seu chefe e insistir para que fosse incluída no projeto de transformação em tempo integral. Não só as equipes careciam de alguém para liderá-las como a GE estava tentando empreender grandes mudanças sem um líder confiável.

Cerca de três meses após o primeiro grupo de oito equipes com que trabalhei na GE voltar à sua unidade de negócios, Semper e Viv Goldstein pediram que esse grupo regressasse à sede da empresa para uma atualização sobre a implementação das práticas enxutas. Semper e Goldstein, que tinham outros cargos na empresa, foram encarregadas pela alta direção de descobrir os próximos passos desse processo que vinha deixando todos tão entusiasmados. "O que Viv e eu esperávamos ouvir era 'Ei, tudo está indo muito bem!', além de algumas boas ideias de como poderíamos expandir o processo", recordou Semper. "O que ouvimos foi: 'Puxa, foi muito difícil.' Sistematicamente, quando as equipes voltaram às suas unidades de negócios, sentiram-se como um órgão transplantado que tinha sofrido rejeição. Elas pensavam e começaram a trabalhar de uma forma diferente, mas ninguém ao redor delas entendia o que estavam fazendo, por que estavam fazendo ou como."

Foi o momento em que Semper se deu conta de que se tratava de algo mais do que simplesmente treinar algumas pessoas e esperar que a mensagem se espalhasse. "Percebemos que precisávamos redefinir e rearticular como queríamos que nossos funcionários pensassem, agissem e liderassem." Dali em diante, o trabalho de Semper e Goldstein se concentrou apenas em ajudar a criar a cultura que daria suporte à nova forma de trabalho. Elas se tornaram as cofundadoras do que em breve seria chamado de FastWorks. "Começamos a analisar o processo e a pensar em como pegar a essência e a raiz desse processo, aplicar à GE e fazer funcionar para nós", contou Semper. Essa percepção levou a mudanças muito maiores nos meses seguintes.

Juntando tudo: As crenças da GE

Após Janice Semper constatar que a GE precisava redefinir e rearticular como queria que os funcionários pensassem e agissem ("Você não pode apenas treinar as pessoas e esperar que tudo corra bem"), ela se fez uma pergunta fundamental: "Quais são as alavancas para a mudança?" Uma delas era a consagrada GE Values: uma lista de princípios que, como Semper descreveu, são "valores de crescimento. Historicamente, ficaram profundamente arraigados em nossos processos de RH, de talento, em como recrutamos as pessoas, como as desenvolvemos e como as avaliamos". Esses princípios serviram como norte da empresa, e a GE sabia que, se quisesse mudar de verdade a forma de trabalhar das pessoas, precisaria encontrar "um novo norte".

Em vez de reformular a lista antiga, decidiram fazer uma nova. "Não é algo complementar", Semper se recordou de ter pensado. "É um salto, um reposicionamento bem definido da nossa forma de trabalhar."

Após analisar outras empresas que tinham adotado os princípios que Semper e Goldstein queriam articular – uma forma de trabalho mais rápida, mais simples, mais voltada para o cliente –, eles começaram a elaborar um documento. Buscavam não replicar as ideias de ninguém, mas se instruir a respeito do que era possível.

Reduziram sua lista de MVPs a 12 características principais de empresas que estavam alcançando os tipos de resultado que a GE procurava. Em seguida, a equipe de Semper decidiu obter a validação de seus "clientes": nesse caso, os próprios funcionários da GE. Levaram as novas ideias e se envolveram diretamente com "os executivos, os 200 principais líderes e os 4 mil funcionários do programa de liderança de nível iniciante da GE". Formularam duas perguntas:

- Em quais dessas 12 características a GE é boa?
- Entre essas 12, quais são as nossas maiores deficiências?

Os dados foram inequívocos: havia sete características nas quais quase todos concordaram que a empresa já era boa, e cinco que todos acreditavam que a GE precisava melhorar para prosperar. A equipe de Semper passou a focar nos pontos fracos da empresa. "[Os pontos fracos] estavam bastante relacionados a tentarmos ser mais voltados para o cliente e o usuário do que para o produto", contou Semper. "Deveríamos ter processos simples e enxutos, operar com velocidade e fazer testes após a criação das melhores equipes possíveis, com opiniões de todas as partes da organização."

Quando começaram a rascunhar os princípios definitivos, eles foram novamente até os funcionários em busca de feedback. Para distingui-los dos antigos valores da GE, resolveram chamá-los por outro nome. "Decidimos usar o nome 'GE Beliefs' [Crenças da GE], porque a intenção era captar emoção e espírito, e não apenas intelecto. As pessoas têm que sentir essas crenças em cada fibra de seu ser, porque não é apenas uma questão de aplicar um novo processo. É uma questão de mudança de mentalidade. De paradigma. De como as coisas são pensadas. A partir daí, os comportamentos mudam também."

Depois de algumas rodadas de mudanças e feedback, em agosto de 2014, no encontro anual de executivos, a equipe lançou as GE Beliefs:

1. Os clientes determinam nosso sucesso.
2. Permaneça enxuto para avançar com velocidade.
3. Aprenda e adapte-se para vencer.
4. Empoderem e inspirem uns aos outros.
5. Num mundo incerto, entregue resultados.

A GE só conseguiu enfrentar mudanças nesse nível, nesse cenário, porque a transformação orientada desde cedo por pessoas completamente dedicadas a fazê-la aconteceu. Contei essa história porque, como mencionei na Introdução, foi um processo que observei de perto. Mas não é apenas uma história sobre a GE. Também é sobre como fundadores dedicados – às vezes, selecionados de maneira deliberada; outras, por acaso – são o motor que impulsiona o empreendedorismo dentro de uma organização. Todas as empresas possuem mecanismos que as fazem se mover. Basta coragem para acioná-los.

CAPÍTULO 7

Fase II: em expansão

Então, como é o ponto de virada do estilo startup? Quando e como as empresas decidem transformar seus sucessos iniciais numa implantação de larga escala?

Como já mencionei, às vezes o processo é parte de uma mudança planejada. Em outras, é induzido por uma crise, seja positiva, como o grande crescimento de uma startup em estágio inicial, ou negativa, como foi com o governo federal depois do fiasco do HealthCare.gov.

De um modo ou de outro, quando chega a hora da ação decisiva, o trabalho duro e a preparação da Fase I compensam. A pronunciada inclinação ascendente da curva em "S" da Fase II não representa o momento de dar passos pequenos e aprender novas teorias. Com sorte, diante de tal oportunidade, o novo manual de uso já foi testado em combate ou, no mínimo, revisto e atualizado. Isso porque, por mais que gostemos de reclamar que nossas organizações são lentas, quando a mudança chega, ela pode acontecer com impressionante rapidez.

Talvez pareça estranho comparar o empolgante potencial ilimitado de empresas como Facebook ou Dropbox ao lançamento mais seguro de uma nova iniciativa corporativa numa empresa tradicional. No entanto, tendo visto ambos de perto, posso afirmar que há alguns paralelos surpreendentes.

A transformação desencadeia uma grande quantidade de criatividade e energia latentes. De forma inesperada, torna possíveis coisas que antes pareciam impossíveis. O segredo é estar pronto.

FASE II: PADRÕES COMUNS

Essa fase tem tudo a ver com rápida expansão e implantação dos métodos identificados por meio das iniciativas da Fase I e indicados para cada organização. Na GE, primeiro mostramos que essas ideias davam certo numa área funcional da empresa e, depois, provamos que podiam ser aplicadas em qualquer área por meio de projetos personalizados. Demonstramos que essa poderia ser a nova forma de trabalho da GE dali para a frente, mesmo se o novo estilo ainda não tivesse sido uniformemente adotado. No governo, o êxito do programa Presidential Innovation Fellows levou a uma maior mobilização de tecnólogos e à criação não de uma, mas duas organizações internas que oferecem serviço digital a todas as agências.

Assim como na Fase I, não existe caminho "correto" para percorrer a Fase II. O que existe são padrões e tarefas cruciais comuns às organizações navegando por esse novo estágio de mudança:

- Examinar e identificar os desafios enfrentados pelas equipes e os projetos da Fase I.
- Desenvolver e implantar um sistema integrado para a nova forma de trabalho.
- Identificar e fazer uso apropriado dos apoiadores executivos para reforçar os novos métodos.
- Trazer áreas funcionais internas para o processo de transformação.
- Criar um programa interno de coaching.
- Estabelecer diretorias de crescimento e começar a utilizar financiamento mensurado para a alocação de recursos.

FASTWORKS, FASE II

Cerca de um ano depois que comecei a trabalhar com a GE, fui convidado para mais um encontro anual de executivos, a fim de atualizar o grupo a respeito de como as coisas estavam caminhando e do que tínhamos aprendido. Dessa vez, porém, eu falaria também em nome da equipe corporativa que apoiou minhas iniciativas e dos inúmeros e empolgados adotantes iniciais de dentro da empresa que se tornaram aliados naquele grande empreendimento. Quis destacar as realizações dos 12 meses anteriores, mas também ser sincero sobre os problemas sistêmicos maiores com que nos deparamos.

Compartilhei nossa forma de reunir provas irrefutáveis de cada parte da empresa e como fizemos experimentações em cada unidade de negócios e em cada região. Dei o meu melhor para ser franco em relação aos problemas que estávamos encarando (afinal, eu era a única pessoa de fora ali e podia me dar ao luxo de pisar em alguns calos). No entanto, o mais importante é que tive como coapresentadores outros apoiadores executivos, que haviam testemunhado a transformação bem de perto. Eles trouxeram credibilidade àquele encontro como nenhum estranho à empresa conseguiria.

Juntos, apresentamos uma visão equilibrada dos sucessos e fracassos dos projetos-piloto da Fase I. Jeff Immelt solicitara à equipe corporativa do FastWorks que desenvolvesse um plano para implementar aquela forma de trabalho de modo mais amplo. Ele analisou a abrangente proposta da equipe para dar início à Fase II, que incluía o treinamento de todos os CEOs e membros da alta direção, com a construção de um programa interno de coaching e cada divisão iniciando o próprio processo associada ao FastWorks. A equipe estimou que a implementação levaria dois anos. A resposta de Immelt: "Está incrível, mas quero isso concluído até o fim deste ano."

Era junho.

Immelt queria uma tabela que mostrasse quem tinha concluído o treinamento requerido. Como Beth Comstock recordou: "Quando vimos, se tornou uma questão pessoal." Subitamente, agendas que não tinham espaço para sessões de treinamento de três dias se abriram como que por milagre.

A turnê

Assim iniciou-se um turbilhão de atividades. Passei quase meio ano viajando para a GE com minha trupe: Janice Semper, Viv Goldstein e David Kidder.[1] Ao cruzarmos o país enfrentando salas de executivos, alguns deles contrariados por estarem ali, reuníamos nossas evidências da Fase I para conquistá-los. Mesmo em nossos treinamentos com os mais altos executivos, estavam presentes muito mais do que apenas os gestores. Cada participante era instado a trabalhar com uma equipe de projeto real de sua divisão e fazer o trabalho *in loco*. Basicamente, o empreendedorismo requer a aprendizagem na prática. Não existiam projetos ou simulações "hipotéticos".

Eles elaboraram novos planos, propuseram MVPs e fizeram perguntas difíceis. "Como somos responsáveis por *isso*?" "Como você integra isso com o Seis Sigma?" "Como isso se relaciona com as operações comerciais?" "E se for regulamentado em nível federal?" No cerne de cada pergunta havia a mesma preocupação: "Como sei que isso vai funcionar se tive sucesso em minha carreira fazendo outra coisa?"

Os inúmeros exemplos que conseguimos a partir de cada divisão e área funcional entraram em jogo. Alguém dizia: "Entendo que isso seja um problema nessa divisão, mas não foi para a nossa equipe. Nós jamais faríamos isso." E, graças a toda a nossa evidência interna, na maioria dos casos eu conseguia responder: "É engraçado você dizer isso. Trabalhei como coach com equipes de sua divisão. Quero lhe falar sobre a realidade que elas estão enfrentando diariamente." Foi sem surpresa que descobri que falar nesses termos fazia as pessoas ouvirem. Dizer apenas "Sou da empresa e estou aqui para ajudar" não seria o bastante.

Cruzando o abismo

A maioria das pessoas que trabalham com desenvolvimento de produto está familiarizada com aquilo que o consultor de gestão Geoffrey Moore denominou "ciclo de vida de adoção de tecnologia", descrito em seu livro *Crossing the Chasm* (Cruzando o abismo). O "abismo" é o problema recorrente de haver, entre a adoção inicial visionária e a aceitação geral pragmática, uma enorme distância que só pode ser transposta por uma mudança na maneira como o produto é comercializado e vendido. A questão não é apenas que o produto não está refinado o suficiente, mas também que os clientes convencionais procuram a referência de alguém com ideias afins para então tomar a ousada decisão de adquirir o produto.

Todos temos alguém a quem recorrer para nos dar recomendações de produtos inovadores e de ponta. Mas também conhecemos pessoas "anticonvencionais" demais para que confiemos em suas recomendações. As vendas empresariais funcionam da mesma forma: os clientes convencionais e habituais são avessos ao risco e querem ter certeza de que algo realmente vai funcionar antes de testá-lo. Apenas os chamados visionários (ou adotantes iniciais) têm uma necessidade tão urgente de uma nova solução que chegam a superar esse receio. O mesmo vale para novas ideias e, sobretudo, para novas práticas gerenciais. Os novos produtos podem ter aceitação inicial com um MVP simplificado e um mercado de visionários. Porém, no final das contas, esses produtos precisam convencer os céticos clientes convencionais a experimentar a novidade, sem o benefício de ter outros clientes convencionais para recomendá-la.

A mesma dinâmica se apresenta na Fase II e pode levar a conversas tensas. As pessoas dentro das empresas adotam novos métodos da mesma maneira que os clientes e os mercados adotam. Algumas são visionárias e muitas não o são. Os gerentes convencionais não se convencem facilmente de que aquilo que os supostos inovadores estão alardeando como a próxima grande novidade seja assim tão incrível. Isso é previsível. Os defensores executivos mencionados no Capítulo 6 foram inestimáveis nesse estágio por esse motivo. Ter alguém de cada divisão que participou do treinamento e podia dizer "Eu acredito nisso" fez uma grande diferença. Esses testemunhos se mostraram muito mais importantes do que qualquer coisa que um consultor de fora dissesse.

Nem só os defensores foram capazes de impulsionar a transformação. Àquela altura, vários membros da alta direção já haviam assumido seriamente seu papel em ajudar na difusão do programa FastWorks.

O método do quadro-branco

Eu me lembro muito bem de um workshop com um presidente de divisão. Ao fim, ele pediu a cada um de seus líderes da área de lucros e perdas (L&P) que indicasse um projeto ao qual aplicariam o pensamento startup enxuta no trimestre que estava por vir e quem seria o responsável pelo projeto. Os líderes da área não ansiavam por assumir esse compromisso, mas o presidente estava decidido. Assim, cada um acabou obedecendo à ordem, indicando um nome, de forma clara, num quadro-branco, ante a insistência do presidente.

Então o presidente da divisão soltou esta bomba: no fim do trimestre, ele planejava se encontrar individualmente com as pessoas indicadas no quadro-branco e perguntar: "Como seus líderes estão cobrando sua responsabilidade pelo sucesso? Que tipo de perguntas estão fazendo nas avaliações?" O fundamental em relação a essas perguntas é que elas não têm nenhuma resposta correta. Em qualquer reunião em que não se identificassem mudanças drásticas em relação à atual forma de trabalho, o presidente questionaria o respectivo líder de L&P sobre o motivo.

Essas perguntas exigiam uma mudança no comportamento pessoal dos líderes de L&P e de seu pessoal do alto escalão. Quando eles se deram conta disso, a temperatura na sala pareceu cair vários graus. Todos perceberam que essa mudança era inegociável e que o fracasso em levá-la a sério resultaria em consequências reais. Acima de tudo, o grupo começou a fazer um brainstorming de como poderia promover essas mudanças em diversos níveis no interior da organização, porque a maioria das pessoas indicadas no quadro-branco estava dois ou três níveis hierárquicos abaixo dos executivos presentes. Os líderes de L&P consideraram o que eles mesmos teriam de fazer para executar a mudança dentro da equipe, de cima para baixo, incluindo as perguntas que seriam feitas nas avaliações.

Talvez não seja surpreendente que essa divisão tenha se tornado uma das primeiras a adotar a transformação. O que pode surpreender é que foi o próprio presidente da divisão que propôs a ideia do quadro-branco. Como seus incentivos estavam devidamente alinhados, ele levou o processo a sério, o que lhe permitiu ser não só eficaz, mas também criativo a respeito de como motivar o próprio pessoal.

O período de treinamento do FastWorks para os executivos do alto escalão durou cerca de seis meses, durante os quais treinamos cerca de 3 mil deles e ativamos cerca de 100 projetos associados ao programa. E, como se revelou, isso foi apenas a ponta do iceberg.

Foi um período empolgante, mas exaustivo. Foi também um experimento – um MVP para treinamento, por assim dizer. Como a equipe teve de criar um plano rapidamente e implementá-lo em apenas alguns meses, não houve tempo para aperfeiçoar o programa. Numa grande corporação, a maneira típica de abordar isso seria elaborar um imenso manual de instruções, contratar facilitadores e implementar aos poucos. Em vez disso, a primeira sessão de treinamento ocorreu poucos meses após o pedido de Immelt. Realizávamos os workshops durante o dia e, à noite, integrávamos o que tínhamos aprendido à iteração seguinte do treinamento. "Após cada sessão, nos reuníamos e perguntávamos: 'O que funcionou? O que não funcionou? O que não gerou aceitação? O que precisamos reforçar ou atenuar?'", recordou Janice Semper. "Não foi fácil."

E, embora eu sinta grande orgulho por ter participado dessa jornada, o trabalho realmente duro – as quedas de braço nos bastidores, a logística e as maquinações políticas maçantes – foi feito pelos funcionários da empresa. Eles não são exaltados nas revistas nem nos estudos de caso, mas testemunhei de perto sua dedicação. Isso me inspira até hoje.

1. Identifique os desafios enfrentados pelas equipes-piloto

Quando uma empresa está na Fase II de transformação, tem duas fontes principais de informação para explorar. Essa é a compensação por deixar as equipes fracassarem e terem sucesso.

A primeira fonte consiste em todas as exceções que têm de ser feitas para que uma equipe inicie seu projeto: conformidade, contratação, aprovações, etc., muitas das quais mencionamos no Capítulo 6. Quais foram os maiores problemas enfrentados? A variedade de problemas tende a ser extensa, mas a mensagem é clara: *O que foi feito caso a caso e por decreto nos estágios iniciais deve, agora, ser sistematizado.*

A outra fonte inclui os resultados dos próprios projetos iniciais. Alguns têm êxito e se tornam modelos para outros projetos. Muitos fracassam e produzem informação detalhada sobre os motivos.

Qualquer tipo de mudança é difícil; assim, a melhor maneira de continuar avançando é recrutar um agente de mudança interno, como Viv Goldstein ou Janice Semper, para rastrear toda essa aprendizagem específica da empresa. O trabalho delas era acompanhar os sucessos e fracassos de suas startups, registrando observações e, depois, analisando como e por que os fracassos ocorreram e como poderiam ser evitados no futuro.

A resistência é um tipo específico de desafio

Na Fase II, um desafio importante que as equipes de inovação enfrentam é a resistência interna. A maior resistência vem de um lugar bem razoável: gestores que foram treinados ao longo da carreira para agir de determinada forma. Muitas vezes, fico encarregado de dar aos executivos a má notícia de que estão pagando pessoas para inibir a inovação em suas organizações. Não é tão fácil mudar esses incentivos. E, quando mudam, os efeitos de anos dessa estrutura de incentivos não evaporam de um dia para o outro.

Sobretudo os gerentes de nível médio têm dificuldade com a mudança corporativa. Deles é exigido salvaguardar o "trabalho-padrão" da empresa e também entregar resultados, muitas vezes sem ter autoridade para mudar o padrão de uma hora para outra. Eles sofrem pressão constante dos níveis hierárquicos superiores e inferiores. Como vimos no Capítulo 1, a principal teoria da administração em que provavelmente foram treinados enfatiza a padronização e a eliminação das divergências. Como a inovação é uma forma de divergência positiva, há um conflito inerente que quase todo gestor da organização vai encarar. Em vez de enxergar esses gestores como vilões, temos de levar a sério suas objeções e seu ceticismo e encontrar maneiras de ajudá-los a apoiar a transformação em vez de bloqueá-la.

2. Implemente um lançamento generalizado

Os meses que passamos viajando e treinando executivos foram, como mencionei, uma maneira de difundir a mudança numa organização que era muito específica da GE. Estava diretamente ligada à cultura arrojada da empresa e ao desejo de Jeff Immelt de implementar a mudança o mais rápido possível. Mas, claro, está longe de ser a única maneira de avançar para o próximo nível.

Lembra-se de Mikey Dickerson e da equipe do HealthCare.gov? Como mencionei, algumas das pessoas desse grupo foram recrutadas do programa Presidential Innovation Fellows (PIF), que, àquela altura, estava em seu segundo ano e tinha passado de 18 participantes para 43. Tendo desfrutado de uma série de sucessos, Todd Park convenceu Jennifer Pahlka, fundadora e diretora executiva da Code for America, a atuar como vice-diretora de tecnologia dos Estados Unidos por um ano. Pahlka ficou encarregada de ajudar a executar o programa PIF, além de modelar o escopo e detalhes de uma organização mais permanente. Por meio da Code for America, ela prestou serviços digitais para governos regionais e acumulou muito conhecimento sobre como lidar com falhas do direito, da política e da tecnologia na implementação de planos governamentais.

Como Haley van Dyck recordou, o plano era "criar uma equipe central com recursos de engenharia consolidados e aptidão para desenvolver projetos, e ver se poderíamos ajudar as agências a transformar seus serviços mais importantes voltados aos cidadãos". O novo grupo, denominado United States Digital Service (USDS), reuniria duas divisões distintas: uma composta de equipes que poderiam ser destacadas para projetos específicos de agências identificados como críticos e a outra atuando numa base de prestação de serviços, para atender mais rápido a equipes de agências interessadas em trabalhar dessa nova forma.

No final, essas duas áreas funcionais se dividiram em duas organizações. O USDS permaneceu na Casa Branca, para lidar com problemas críticos, e a divisão de prestação de serviços, denominada 18F (por causa do cruzamento em que seu prédio está situado em Washington), foi transferida para a General Services Administration.

No momento em que o governo digital passou da Fase I – em que toda a base foi assentada, inclusive os planos para o USDS – para a Fase II, Todd Park atraiu alguns PIFs, improvisou uma equipe e realizou aquela reunião sobre como salvar o HealthCare.gov da qual Dickerson participou às 5h30. "Dissemos: tudo bem, vamos agir conforme o combinado", recordou Van Dyck. "Tínhamos entendido um pouco do modelo, das autoridades de contratação, do modo de atrair as pessoas... tudo isso. Estávamos procurando uma ferramenta que já sabíamos que existia em vez de inventar uma. Tínhamos proteção e a capacidade de mudar as coisas a qualquer preço."

Seis semanas depois, o site estava em pleno funcionamento. Van Dyck lembra o que se seguiu: "Tivemos uma reunião muito diferente sobre um pedido de verba e a ideia de construir algo chamado United States Digital Service. O [pessoal que analisava nosso pedido de financiamento] disse: 'Sim, entendemos perfeitamente o valor e a importância disso.'" A crise possibilitou a reforma em maior escala.

A equipe pensou em começar com uma operação pequena, contratar cerca de dez pessoas e selecionar alguns projetos de alto impacto em agências onde já havia uma forte adesão. Então chegou a resposta para o pedido formal de verba orçamentária: eles receberiam 20 dos 35 milhões de dólares pedidos, o que foi uma grata surpresa, porque a verba tinha sido aprovada por um Congresso republicano para um programa de uma Casa Branca democrata. "Chamamos de nosso investimento 'Série A' do Congresso", brincou Van Dyck. "Ele abriu as portas para uma possibilidade inteiramente nova em relação ao que poderíamos atingir e aos projetos que poderíamos assumir dentro do governo." Em meados de 2016, o USDS recebeu mais 30 milhões de dólares, sinal de que suas iniciativas não só foram reconhecidas como também estavam tendo alta demanda.

É importante entender que, apesar de a criação do USDS e do 18F certamente ter sido impulsionada pelo desastre do HealthCare.gov, isso não foi um mero resultado desse fracasso. Todo o trabalho já feito indicava que a diretoria de tecnologia estava pronta para agir quando fosse necessário. E, embora ninguém estivesse contente com o desastre, o lado bom era que ele tinha eliminado um enorme obstáculo que muitas vezes impede a mudança: o risco. Como Mikey Dickerson falou: "Não havia mais lado negativo (...) E o sinal e a direção claros da alta cúpula da agência [eram] que naquele momento nada era mais importante para eles do que fazer o HealthCare.gov funcionar. Você une todos esses elementos e consegue avançar com rapidez."

Van Dyck explicou: "Tão importante quanto, se não mais importante, é que, para pessoas de todo o país que tinham habilidades para trabalhar com serviços digitais em grande escala, foi um momento de revelação de que havia demanda para seus talentos dentro do governo e de que os projetos governamentais não eram apenas atividades burocráticas e enfadonhas. Eram serviços de grande porte e reais que impactavam milhões de pessoas, pessoas que tentavam obter assistência médica." Toda a frustração daqueles primeiros anos de caos e a aparente impossibilidade de implementar as mudanças que Van Dyck esperava fazer em maior escala foram enfim recompensadas.

Uma vez que compartilhar informações a respeito dos novos métodos por toda a organização é parte fundamental da Fase II (como fizemos na GE por meio de treinamentos, materiais desenvolvidos e, no final, das GE Beliefs), o USDS criou o Digital Services Playbook (Manual de Uso dos Serviços Digitais), disponibilizado para o público no site do USDS no dia em que a organização foi lançada oficialmente. Uma lista de 13 "jogadas" cruciais adotadas no setor privado e no governo, o manual é mais uma forma de a organização difundir seus métodos pelo governo.[2]

3. Identifique e faça bom uso dos apoiadores executivos

Em corporações maiores, um papel importante emerge na Fase II: o apoiador executivo. Diferente de um coach e também de um defensor executivo da Fase I (que deve estar intimamente envolvido com o programa todos os dias), a função principal dele é remover obstáculos que surgem quando a forma enxuta de trabalho se dissemina. No entanto, em vez de exceções isoladas, essas interações são mais sistemáticas e proativas.

Uma olhada rápida numa mesa-redonda que tive com alguns membros de uma unidade de negócios da GE ilustra as principais diferenças. O foco era um projeto específico que não conseguia garantir o financiamento necessário. No fim da apresentação, o líder da equipe abriu espaço para perguntas.

O CEO da unidade de negócios perguntou: "Você pode descrever melhor o que está acontecendo?" O gestor explicou, e o CEO respondeu: "Tudo bem, autorizo o uso da verba necessária."

O que aconteceu a seguir foi um exemplo perfeito de um fenômeno que chamo de "Não aceito receber sim como resposta". O líder da equipe não conseguia entender o que estava acontecendo, porque a decisão foi tomada de forma tão rápida e eficiente que era algo fora da sua realidade. Parte do problema das práticas gerenciais atuais é que muitas pessoas não recebem a responsabilidade e a oportunidade de pensar grande. Quando esse gestor as recebeu, sua reação foi discutir com o CEO:

– Bem, temos de convencer o financeiro...

O CEO virou-se para o diretor financeiro da unidade de negócios e disse:

– Está bem para você?

– Sim.

– Ok, o financeiro aprovou. Do que mais você precisa? – quis saber o CEO.

– Bem, precisamos de aprovação para transferir essa pessoa. Isso é com o RH.

– Tudo bem, então você precisa do chefe de RH da minha divisão? Ele também está aqui. Oi, alguma objeção?

O chefe do RH não tinha nenhuma.

Na verdade, o CEO gastou mais tempo convencendo o líder de que estava falando sério, sendo que já tinha dado o sinal verde, do que tomando a decisão em si. Vale lembrar: não era uma decisão trivial. Era o orçamento de todo um programa. Era o começo da mudança de todo o processo de alocação orçamentária daquela divisão.

É fundamental destacar o papel desse apoiador executivo defendendo, de maneira eficaz e explícita, não apenas o projeto, mas também esse método de trabalho. O apoio executivo é decisivo na transmissão da mensagem de que é dessa forma que uma organização pretende trabalhar.

O MÁGICO REAPARECIMENTO DE UM PROJETO

Durante o processo de treinamento intensivo, recorremos bastante a outro importante recurso: equipes que já passaram por fases anteriores. Em cada uma de nossas paradas, realizávamos painéis com pessoas que vinham trabalhando com o método enxuto em suas divisões e observaram os resultados em primeira mão.

Algo curioso sobre as startups internas é que elas tendem a desaparecer. Não me refiro a serem eliminadas numa reunião de modelo *stage-gate* para decidir "continuar/descartar", mas a desaparecerem por completo dos registros.

Lembra-se de Michael Mahan, da GE Appliances? Ele estava trabalhando numa nova linha de refrigeradores, que foi um dos primeiros projetos de treinamento da GE em que atuei como coach num grupo de oito equipes. Certo dia, fui comunicado de que uma das equipes não participaria mais do treinamento de startup enxuta porque seu projeto fora cancelado. Considerei esse o nosso primeiro fracasso, o que não me surpreendeu muito. Estamos falando de startups (e, para piorar, em terreno hostil); assim, uma alta taxa de mortalidade é esperada.

Só que o projeto cancelado era o de Mahan.

Não pensei muito no assunto até ver uma avaliação corporativa da transformação. Registrava sete projetos. Sete logotipos de equipe. Uma taxa de sucesso de 100%. O que significava que todos fingiam que o projeto "ausente" jamais fizera parte da transformação. Atribuí isso ao típico duplipensar corporativo.

Alguns meses depois, eu estava liderando um dos workshops de treinamento para um grande grupo de membros da alta direção e gerentes de nível médio da mesma empresa. Parte da programação incluía testemunhos de líderes de projeto bem-sucedidos. E adivinhe quem estava entre eles? Michael Mahan, o líder de nosso projeto "desaparecido", de volta com uma grande história de sucesso – mas não houve menção a quando ele e o projeto desapareceram do grupo.

Posteriormente, Mahan explicou o que acontecera. Seu projeto tinha esbarrado em dificuldades políticas e foi considerado um fracasso por alguns executivos de sua divisão. Em vez de correr o risco de o projeto ser cancelado, Mahan o levou para a clandestinidade, com uma equipe de voluntários que continuaram a trabalhar normalmente, mas mantiveram o projeto vivo nas horas vagas. Embora tivessem sido excluídos do coaching oficial dos métodos da startup enxuta, mantiveram seu espírito de startup e executaram o plano criado em nossos workshops iniciais. Como Beth Comstock revelou: "O projeto de Mahan não foi selecionado para ser acompanhado, financiado e incubado, mas ele disse: 'Dane-se, vou continuar com ele. É uma boa ideia. Gosto dessa ferramenta.' Ele fez uma espécie de projeto ultrassecreto com startup enxuta e acabou sendo promovido."

Num exemplo perfeito de apoio executivo, Mahan foi ao seu CEO para obter apoio para o projeto, ainda que oficialmente não fizesse mais parte do programa FastWorks. A ideia de sua equipe, como Steve Liguori afirmou, era "criar uma nova geração de refrigeradores com funções bem diferentes, iluminação LED e prateleiras insanas, que se dobravam facilmente e se moviam em todas as direções. A equipe queria testar esses recursos e sabia que a maneira mais rápida de fazer isso era colocar as geladeiras nas mãos de clientes reais e ver o que eles pensavam". Queriam fabricar apenas 60 protótipos, testá-los com os clientes durante 60 dias e, em seguida, obter feedback. Para uma empresa com a capacidade de fabricar 6 mil refrigeradores por semana, não deveria ser nenhum grande problema, certo?

Porém, mesmo a fabricação desse pequeno lote exigia certa conformidade. Os componentes elétricos precisavam ser aprovados por órgãos competentes, um desafio que a equipe de Mahan satisfez concordando em usar componentes-padrão no protótipo. Dobradiças fabricadas em impressoras 3D eram outro elemento que estava sendo experimentado pela equipe. Sob circunstâncias normais, a porta de um refrigerador é testada por uma máquina que a abre e fecha um milhão de vezes, que é a quantidade aproximada de vezes que a porta será utilizada durante sua expectativa de vida de 15 anos. Essas 60 geladeiras de teste ficariam nas casas das pessoas por apenas 60 dias. Faça as contas: se 15 anos equivalem a um milhão de aberturas e fechamentos, 60 dias equivalem... Bem, a muito menos.

Ao ouvir esse plano, o departamento de engenharia, limitado aos seus regulamentos, avisou que nenhuma geladeira seria enviada antes de passar pelo teste das dobradiças, o que exigiria meio milhão de dólares e um período de tempo de três meses – um a mais do que todo o teste com os consumidores. Quando Mahan perguntou se alguém sabia que fabricariam apenas 60 unidades, a resposta foi: "Não importa. É a política da empresa." Mahan continuou pressionando: "Alguém explicou isso ao chefe da engenharia?" De novo, não importava, por causa da "política da empresa".

Foi quando Mahan tomou uma decisão simples mas que mudou drasticamente o futuro de sua equipe e também o seu próprio. Sabendo que o chefe da engenharia estava no corredor, e encorajado pelo incentivo de seu apoiador executivo, decidiu ele mesmo fazer a pergunta. "Você se importa se não seguirmos o procedimento-padrão? Esses protótipos só serão utilizados por 60 dias", argumentou. O chefe da engenharia respondeu: "Claro que não me importo. Você só está fazendo um teste, certo?" Foi realmente simples assim. A partir daí, a equipe conseguiu continuar. Fora do radar, mas ainda dentro das salvaguardas projetadas para mitigar riscos (os componentes eletrônicos aprovados por órgãos competentes) e da responsabilidade (a verdade quase certa de que qualquer protótipo poderia suportar 60 dias de aberturas e fechamentos da porta).

No fim, a equipe de Mahan fez tanto progresso (e a unidade de negócios estava sob bastante pressão para mostrar que estava acompanhando a transformação corporativa) que os executivos responsáveis mudaram de ideia e o projeto foi reintegrado.

Muitas vezes, quando ministro workshops, os gerentes de nível médio acham essas histórias inquietantes, porque temem que representem um rompimento de processos, com funcionários violando os procedimentos e perda de controle. No entanto, os membros da alta direção raramente agem de modo imprudente ou impulsivo, mesmo quando estão tentando solucionar um problema à base da exceção. Enquanto um experimento for conduzido de modo prudente, sem risco excessivo de responsabilidade e de modo transparente, sob clara autoridade executiva, a maioria dos gerentes de nível médio pode ser convencida de que esses empreendedores internos são um recurso fundamental para a empresa.

O apoiador mais poderoso do mundo

No início de 2015, Lisa Gelobter estava sentada à sua mesa na BET, em Nova York, quando recebeu um telefonema da Casa Branca, do escritório do diretor de tecnologia, convidando-a para uma mesa-redonda sobre o uso das tecnologias digitais para melhorar a maneira como o governo atende o povo americano. Algumas semanas depois, Gelobter se viu na Roosevelt Room, na Ala Oeste, com pessoas do Facebook, da Google e da Rackspace, e também com Todd Park, então diretor de tecnologia; o diretor de TI dos Estados Unidos; e o subsecretário do Gabinete de Gestão e Orçamento.

Park e seus colegas revelaram ao grupo que aquela não era uma mesa-

-redonda, mas uma viagem de recrutamento. Ele e sua equipe queriam que as pessoas convidadas viessem trabalhar para o governo, ajudando a levar a tecnologia para o próximo nível. "O presidente Obama quer que isso seja parte do legado dele. Vocês nunca farão algo tão importante em toda a sua vida", disse Park. Então alguém perguntou: "Quem vai ser o apoiador aqui? Que tipo de apoio vamos ter?"

Foi quando o presidente entrou, vindo direto do Salão Oval. Mesmo surpresa, Gelobter supôs que Obama estivesse ali para tirar fotos. ("Sou uma nova-iorquina calejada e cética", gracejou ela.) Afinal de contas, ele tinha chegado com um cinegrafista e um fotógrafo. Obama andou ao redor da mesa apertando a mão de todos. "Eu pensei: ok, isso é bem simpático", lembrou ela.

Então Obama se sentou. E ficou ali por 45 minutos.

"O governo é burocrático, mas a Casa Branca não é", anunciou ele ao grupo, tentando convencer os visitantes a se mudarem para Washington. "Se eu tiver que ligar para o marido ou a esposa de vocês ou para os seus filhos, farei isso." Todos riram. "Não estou brincando", prosseguiu Obama. Gelobter recorda: "Enquanto o presidente falava, eu só conseguia pensar: 'Você não tem nada mais importante para fazer do que ficar aqui conversando? Isso é assim tão necessário?' Minha mãe sempre me dizia para, quando eu fosse participar de entrevistas de emprego, escolher a empresa em que a pessoa de nível hierárquico mais alto tivesse me entrevistado. Desse jeito, você sabia que a empresa realmente se preocupava com o que você iria fazer. Não há ninguém num nível hierárquico maior do que o presidente dos Estados Unidos."

Como você pode imaginar a partir do envolvimento de Gelobter com o College Scorecard (Capítulo 4), ela aceitou o emprego. Obama trouxe novo significado ao título "apoiador executivo", e Gelobter descobriu que, quando os inovadores são protegidos pelo alto escalão, podem realizar grandes feitos. Ao remover o obstáculo da dúvida, Obama possibilitou que Park contratasse uma equipe de altíssima qualidade. Esse é o papel do apoiador: assegurar que aqueles que estão abraçando a mudança tenham os recursos que eles, seus coaches e gestores talvez não tenham para eliminar obstáculos.

4. Treine representantes de todas as áreas funcionais internas

Considerando como sua empresa mudou, Jeff Immelt me disse recentemente: "Um dos diferenciais do FastWorks é que certas áreas funcionais da empresa poderiam fazê-lo parar de funcionar. Alguém de alguma das áreas funcionais facilitadoras poderia dizer 'Não temos verba' ou 'Estou preocupado com a conformidade.'" A solução? "Você precisa enviar uma mensagem, não tanto para as pessoas que estão na linha de frente, mas para aquelas que podem deter o processo. Então manda o alerta: 'Vocês vão fracassar. Tomem essa decisão por sua conta e risco.' Acho que é nisso que a mudança de cultura é difícil: você tem um movimento que pode avançar muito rápido. Porém, não está só tentando fazer com que as pessoas o acompanhem. Você precisa deter aqueles que querem impedir o movimento."

As pessoas podem ser treinadas nessa forma de trabalho em toda a organização. Podem recrutar os apoiadores executivos para ajudá-las a seguir em frente. Mas chega um ponto em que é crucial incluir todas as áreas funcionais da empresa. Caso contrário, as equipes de inovação não terão apoio para avançar.

Por isso, é fundamental que os executivos participem de treinamentos multifuncionais. Muitas vezes, numa sessão de treinamento da "sede", que inclui pessoal de TI, do jurídico e de outras áreas funcionais que nunca tomaram parte da discussão, ouço comentários insatisfeitos de executivos que não entendem por que estão ali. "Isso é uma bobagem. Sou chefe do RH. Por que estou aprendendo sobre tecnologia de raios X para analisar dutos avariados em campos de petróleo da Arábia Saudita? O que isso tem a ver comigo?"

A realidade é que *haverá* reações adversas. Para alguns, essa parece apenas mais uma iniciativa corporativa: geralmente, no passado, treinamentos e instruções repercutiam em mais trabalho para menos pessoas. Por isso sempre começo com uma sessão de perguntas e respostas. Descobri que até os céticos ficam mais dispostos a participar se suas preocupações receberem atenção. Como gosto de dizer, o que estamos fazendo é estabelecer um arcabouço em que o ceticismo será comprovado ou refutado. O que queremos é apenas a verdade.

5. Estabeleça um programa interno de coaching

Embora o método startup enxuta possa ser prescritivo de vez em quando, o que torna alguém um bom praticante dele é o fato de não seguir todos os passos de modo mecânico, mas, de preferência, viver a filosofia. As práticas e as táticas são diretrizes para ajudar as equipes a encontrar uma linguagem comum e compartilhar ferramentas, mas elas devem ser de alto nível.

Todas as organizações são diferentes. Todos os setores são diferentes. Todas as pessoas são diferentes. O sucesso na utilização desse método deve ser julgado pelos resultados: a cultura da equipe, a maneira de tratar os clientes e o impacto que exerce no mundo.

Contudo, há uma função para o conhecimento, para veteranos que querem criar uma rede de ajuda. Os primeiros especialistas em manufatura enxuta que vieram do Japão eram chamados de *senseis*. A comunidade de startups está repleta de pessoas que atuam como mentores e conselheiros. E o movimento startup enxuta gerou diversas microempresas "caseiras" de consultores e outros especialistas.

Em meu trabalho com organizações, costumo recomendar o uso do termo "coach" para se referir a esse papel. Acho que ajuda a reduzir os mal-entendidos comuns entre os outros termos. Depois que a iniciativa deságua na Fase II, é fundamental desenvolver um núcleo de coaches internos para ajudar as equipes a fazer a mudança mental para uma nova forma de trabalho.

Coaching no estilo startup

Certa vez, trabalhei com uma startup do setor de energia que vinha desenvolvendo uma tecnologia inovadora capaz de, caso funcionasse, levar a ganhos de eficiência expressivos na geração e transmissão de energia elétrica. Essa tecnologia ainda não havia sido testada e aprovada no mundo real. A equipe estava se preparando para um grande lançamento numa feira comercial, onde planejava inclusive começar a gerar a curva de crescimento de receita exponencial descrita no plano de negócios.

Você pode imaginar o rumo que essa história vai tomar. Embora o plano fosse bastante vulnerável a uma série de suposições a respeito dos clientes e do que eles quereriam, essa equipe não tinha dedicado muito tempo a falar com eles. Do meu ponto de vista, eles estavam voando às cegas e provavelmente fracassariam em grande estilo. Às vezes, esses tipos de evento são fatais para as startups porque dificultam o pivô, mesmo que a ideia lançada esteja muito perto daquilo que os clientes adorariam ter à disposição.

O diferencial dessa história é que essa equipe confiava muito em si mesma. Ao contrário da equipe do Series X ou de outras sobre as quais falei, esse grupo não estava de modo algum interessado em analisar as suposições. Achava que sabia tudo sobre os clientes com base no sucesso de seus outros produtos, e ficou incomodado com minhas perguntas. Os fundadores me pareceram preocupados com o risco de eu enfraquecer o moral da equipe, esmorecendo a fé em sua visão.

Se há um conselho típico do movimento startup enxuta, é aquele sobre a importância de envolver os clientes desde o início, e com frequência. Provavelmente, nosso slogan mais conhecido é *Saia do prédio*, de Steve Blank.[3] Se alguém apresentasse o plano dessa equipe numa comunidade de startups, provavelmente receberia vaias. Mesmo assim, quando trabalho como coach de equipes, "Fale com os clientes" é um conselho que quase nunca dou. Os fundadores são teimosos. A maioria acha que já passou bastante tempo conversando com os clientes ou então já decidiu que não vale a pena.

Em vez disso, vi que meu trabalho era ajudar a equipe a executar um bom experimento que, do seu ponto de vista, confirmaria suas crenças preexistentes. Eles já estavam convencidos de que venderiam muitas unidades na feira comercial, então não consegui que a equipe produzisse um MVP. Também não consegui que criassem um painel de contabilidade para inovação (ver o Capítulo 9). Não consegui nem convencê-los a definir suas suposições do tipo salto de fé.

Falei a todos: "Vamos achar um jeito de provar que vocês têm razão. A ideia é conseguir muitas vendas na feira comercial. Anotem numa ficha quantas vendas acham que a empresa vai fazer." Em seguida, pedi que colocassem suas estimativas num envelope lacrado, que abriríamos uma semana depois da feira.

O único aspecto da teoria startup enxuta que consegui que a equipe implementasse foi o de lidar com o lançamento como se fosse um experimento, com ao menos uma hipótese agregada. Como coach, achei que era um começo.

O dia da abertura da feira comercial chegou e – veja só – a equipe não fez nenhuma venda. Em nossa reunião de balanço, houve muita racionalização *a posteriori*. A equipe disse que não esperava não fazer nenhuma venda, mas que havia medido o interesse dos clientes e coletado muitos cartões de visita. Eles estavam convencidos de que seguiam as tendências do setor. Assim, achavam que o plano ainda estava no rumo certo.

Então lhes pedi que abrissem o envelope com as estimativas da semana anterior.

A atmosfera mudou por completo. Todos se entreolharam para decidir se diriam o que estavam pensando: fracassamos em grande estilo.

Uma vez que o problema tinha sido detectado, a equipe começou a fazer novos planos. Desenvolveram ideias de como mudar o produto. Pediram ajuda para encontrar maneiras de obter feedback dos clientes sem que precisassem passar pelo constrangimento sofrido na feira comercial. Perguntaram até como consegui-lo com mais antecedência. Seria o caso de reduzir o escopo da versão seguinte do produto? Fazê-lo um pouco mais minimalista, desde que ainda fosse viável. A equipe estava frenética. Eu mal abri a boca.

Vale repetir: nunca pedi que conversassem com os clientes, porque ninguém teria me ouvido. Tudo que fiz foi ajudá-los a criar um experimento que revelaria o que precisavam aprender sozinhos. Claro, a maioria das equipes é capaz de criar experimentos muito melhores do que esse e aproveitar muito mais o conhecimento do coach. No entanto, desde que estejam trilhando o caminho da experimentação, elas aprenderão as próprias lições.

Há outra razão, porém, para que esse estilo de coaching seja bastante importante para as startups. Sempre digo às equipes com que trabalho: vou presumir que vocês estejam certos e eu esteja errado com relação ao seu plano. Vamos projetar nossos experimentos para provar essa hipótese.[4] Além dos benefícios de aprendizagem que mencionei acima, essa abordagem oferece outro bônus importante: às vezes, a equipe tem mesmo razão!

Estrutura do coaching

O coaching tem sido uma constante no mundo startup. Os investidores sempre mantiveram redes de mentores e conselheiros para ajudar no desenvolvimento e no crescimento das equipes. Aceleradoras como a Y Combinator e a Techstars, além de empresas mais modernas de capital de risco, como a Andreessen Horowitz, formalizaram essa abordagem adotando programas mais estruturados de serviços e apoio. O aconselhamento e a tutoria estão disponíveis no portfólio para as startups, mas jamais vão substituir a liderança. Ninguém é forçado a conversar com qualquer mentor específico ou a fazer o que o mentor diz. Os conselheiros assumem o papel de coaches: não são espiões, líderes, executivos ou substitutos dos membros da diretoria.

Quando uma empresa decide construir um ecossistema de startups internas, também deve desenvolver um programa de coaching. Para uma startup que está crescendo para além da adequação do produto ao mercado, esse é mais um daqueles momentos tipo "realidade alternativa". Mesmo no Vale do Silício, onde há milhares de mentorias para fundadores, CEOs e diretores de tecnologia, há, em comparação, poucos programas para funcionários dos escalões mais baixos. Além disso, raramente tratamos esses funcionários como fundadores internos.

Para empresas mais tradicionais, há exércitos de consultores externos, prontos para executar todo tipo imaginável de programa de treinamento a qualquer instante. No entanto, não há suficientes consultores externos extremamente familiarizados com a empresa para gerar o impacto necessário na Fase II.

Em empresas de todo tamanho, *já* existem muitas pessoas naturalmente capacitadas para atuar como coaches de equipe. Ignorar esse recurso é um imenso desperdício, pois os adotantes iniciais combinam a facilidade natural para a nova forma de pensar a um entendimento profundo da empresa.

Um segundo benefício do coaching interno envolve crescer com a transformação. Tradicionalmente, na maioria das organizações, o poder dos gestores é medido pela quantidade de subordinados diretos (ou pela quantidade de pessoas que eles influenciam via organização matricial). Isso cria um enorme impulso para gestores sagazes aumentarem seu poder, brigando por orçamentos e equipes cada vez maiores. Isso é perigoso para uma iniciativa que está tentando ser multifuncional. No começo da transformação, tende a existir resistência por parte de muitos líderes de áreas funcionais, porém, uma vez que a iniciativa tenha seu momento de revelação e passe para a Fase II, vários deles mudam de ideia. Passam a insistir que a transformação só pode prosseguir se estiver situada dentro do próprio departamento.

Não importa onde a transformação está baseada no organograma – ela precisa ser cada vez maior. Quanto mais funcionários tiverem ligação com o sucesso da empresa, maior a probabilidade de que a transformação sobreviva. Os coaches internos são uma excelente maneira de alcançar isso sem a necessidade de contratar muita gente nova ou muitos consultores onerosos.

Seja qual for o programa de coaching, é fundamental assegurar que os coaches sejam mais do que apenas participantes ocasionais e que recebam um treinamento rigoroso. Nada enfraquece mais um programa de coaching do que enchê-lo de pessoas que acham que o próprio trabalho não está sendo levado a sério pelos colegas ou pela empresa. Ed Essey, gerente geral de programa do Microsoft Garage, menciona três problemas que costumam surgir nessa situação: (1) Os coaches precisam de muito estímulo e apoio para continuarem se voluntariando. (2) Os mais motivados tendem a deixar a empresa e a encontrar um lugar onde conseguirão trabalhar de forma mais plena. (3) Cada coach possui um conjunto de habilidades distinto – marketing, design ou tecnologia –, o que significa que nenhum deles pode representar o método enxuto completo.

Ao elevar o coaching a uma posição real e imprescindível dentro da organização, ligada ao crescimento e ao sucesso futuros de todos que trabalham ali, as empresas ganham os recursos para treinar seu pessoal de maneira adequada e multifuncional, e ainda dão motivação para que permaneçam na organização, oferecendo um plano de carreira bem claro.

Coaching numa equipe de operações financeiras da Intuit:
Um reenquadramento

Alguns membros da equipe de operações financeiras da Intuit se juntaram ao coach Bennett Blank num workshop interno sobre o método startup enxuta, com ideias para solucionar diversos problemas dos clientes. Ao longo de dois dias, Blank os orientou a respeito das técnicas da startup enxuta e dos princípios do programa Design for Delight, como, por exemplo, focar os problemas dos clientes e cada possível solução usando evidências reais de clientes reais. A equipe estava pronta para explorar as ideias de Blank, mas um dos desafios que enfrentou foi o fato de estar abordando dois clientes distintos. Um deles era interno: o pessoal do suporte telefônico da Intuit, que ajudava clientes externos com problemas de cobrança. A equipe decidiu realizar pequenos experimentos para testar fatores como tom de voz, comunicação de cobrança e atributos mais tradicionais. O resultado foi um progresso rápido e um reenquadramento de seu entendimento a respeito do pessoal de suporte, vendo-os como "possíveis clientes da startup", nas palavras de Blank. Essa pequena mudança de perspectiva teve grande efeito na abordagem que a equipe adotou quando começou a aplicar os princípios da startup enxuta a esse novo "cliente".

Os benefícios desse reenquadramento foram permanentes. Blank continuou a acompanhar o progresso da equipe e percebeu que ela se tornou mais engajada depois que foi autorizada a trabalhar nessa nova forma de ganhar a empatia do cliente e executar experimentos rápidos. A equipe participou de duas outras sessões de coaching com duração de uma semana, junto com alguns funcionários da área de operações financeiras, e começou a enfrentar problemas adicionais que identificou depois das primeiras sessões. Em pouco tempo eles propuseram diversas soluções que entregavam resultados comerciais reais, e seu nível de engajamento continuou a crescer, junto com sua confiança.

O estágio final da transformação veio quando a equipe passou a mudar os mecanismos operacionais que utilizava para gerenciar o trabalho. "O grupo começou a fazer várias experimentações em vez de partir direto para um plano de execução tradicional", explicou Blank. "Basicamente, a equipe havia reconhecido a incerteza inerente das ideias propostas, enquanto fornecia um plano para reduzir a incerteza por meio de experimentos." Eles também continuaram a realizar seus sprints de dois dias quase todos os meses, o que os levou, de forma contínua, ao conjunto seguinte de experimentos, dando-lhes oportunidades de aprimorar suas novas habilidades. Agora que conheciam o poder do coaching, diversos funcionários deram o salto para atuar como coaches de outras equipes, oferecendo seu tempo para ensinar princípios da startup enxuta a organizações sem fins lucrativos e alunos do ensino médio.

Coaching em ação

Aqui estão apenas alguns exemplos de tipos de programa de coaching. Como citei, cada programa será diferente, dependendo do tamanho e da cultura da empresa e de outros fatores.

Manifesto do mentor do Techstars

O Techstars, programa de aceleração tecnológica, leva seu papel de coaching tão a sério que publicou o próprio manifesto[5] para apresentar "o que os empreendedores podem e devem demandar de seus mentores" e "o que os mentores devem levar em consideração se quiserem construir relacionamentos eficazes com os empreendedores".

- Seja socrático.
- Não espere nada em troca (você ficará encantado com o que receber).
- Seja autêntico. Pratique o que prega.
- Seja direto. Fale a verdade, por mais dura que seja.
- Escute.
- Os melhores relacionamentos de mentoria acabam se tornando bidirecionais.
- Seja receptivo.
- Adote ao menos uma empresa todo ano. A experiência conta.
- Faça uma separação clara entre opinião e fato.
- Mantenha as informações em sigilo.
- Comprometa-se abertamente a atuar como mentor, ou então não o seja.

- Saiba *o que* exatamente você não sabe. Admita quando não souber. É melhor do que gerar conflitos.
- Não controle: oriente. As equipes devem tomar as próprias decisões.
- Oriente, mas nunca diga o que fazer. Entenda que a empresa não é sua.
- Aceite e se comunique com os outros mentores envolvidos.
- Seja otimista.
- Forneça conselhos práticos específicos. Não seja vago.
- Seja desafiador/firme, mas nunca devastador.
- Tenha empatia. Lembre-se de que as startups são difíceis.

IBM

Na IBM, os coaches ajudam não só em áreas onde as equipes têm dificuldades, mas também na organização e reorganização das pessoas para serem ainda mais bem-sucedidas. Eles focam em três áreas: práticas de liderança, práticas de colaboração e práticas técnicas. O coaching não é obrigatório, mas cada equipe multifuncional de oito a dez pessoas é avaliada a cada trimestre, e os resultados são divulgados por meio de um placar, o que incentiva a adesão ao programa.

A IBM também oferece um programa denominado "The Agile Doctor Is In" (O médico ágil está entre nós), que permite que os indivíduos ou as equipes programem uma hora ou duas com um dos 30 coaches empregados pela IBM em todo o mundo para tratar de um problema específico e urgente.

Antes de a empresa instituir os métodos enxutos e ágeis, havia 13 níveis entre Jeff Smith, diretor de TI, e o líder de primeiro nível dos esquadrões (como a IBM denomina suas equipes). Hoje em dia, são cinco. Segundo Smith, os coaches fazem o papel das aceleradoras.

My Innovation, da Cisco

Na Cisco, o coaching faz parte do programa My Innovation (Minha inovação), que funciona com outras iniciativas da empresa cujo amplo propósito é engajar, empoderar e capacitar seus 70 mil funcionários a testar novas ideias. O programa inclui recursos on-line e um portal essencial para pessoas que procuram treinamento ou mentores em toda a empresa.

Até 2017, duas mil pessoas se inscreveram para participar do treinamento com um coach.

Embora a empresa ainda esteja estudando como organizar o programa de inovação, Mathilde Durvy, sua líder, afirmou que o objetivo é treinar coaches para três áreas: inovação (*design thinking* e prototipação ágil), negócios (vendas e marketing) e técnica. Durvy explicou que cada equipe deve recrutar coaches que abordem as três áreas, alguém que possua os três conjuntos de habilidades, ou vários coaches, cada um com a própria especialidade. Em geral, o recurso de coaching da empresa é utilizado por equipes durante o desenvolvimento de uma nova ideia, mas mesmo aquelas que não atingem os estágios finais de um projeto ou uma transformação acharam o recurso importante.

6. Crie mecanismos de financiamento mensurado e diretorias de crescimento

Financiamento por direito *versus* financiamento mensurado

Quase todas as empresas que conheço com mais de algumas centenas de funcionários organizam o orçamento da mesma forma. Há um processo anual de verba orçamentária, em que todos os projetos, departamentos e iniciativas propostos são avaliados. Os favorecidos recebem metas de financiamento para o ano seguinte, sujeitas a ajustes trimestrais (em alguns lugares, a frequência é maior). Quando a empresa tem um trimestre ruim, é comum que os orçamentos sejam reduzidos, e há muitos ajustes das alocações reais ao longo do ano.

Como resultado, os gestores passam bastante tempo se preparando para a reunião anual e mais ainda defendendo seu orçamento. Chamo esse sistema de *financiamento por direito* por causa da dinâmica subjacente que parece sempre acontecer. É muito difícil conseguir financiamento para o seu projeto preferido na reunião anual. No entanto, assim que isso é alcançado, passa-se a ter o que a maioria dos gestores chama de torneira: sempre aberta, com o fluxo do financiamento variando ao longo do tempo.

Salvo um fracasso catastrófico e muito noticiado (ou o que se acredita ter sido um fracasso), a expectativa é de que o projeto continue trimestre após trimestre, até mesmo ano após ano. A maioria dos projetos financiados em determinado ano também será financiada no ano seguinte; talvez não no mesmo nível, mas raramente são cancelados.

Se as equipes se sentem no direito de obter financiamento, é quase impossível gerar a energia e o foco exigidos pelas startups. A inovação sem restrições não é uma bênção: as taxas de mortalidade de startups são extraordinariamente altas para projetos com financiamento em excesso, como mostram diversos exemplos infames.

Pense nos incentivos que o financiamento por direito cria. Imagine uma equipe que está discutindo se lança um produto agora ou se adia um pouco mais. Em termos de orçamento, quase sempre é uma boa ideia optar pelo adiamento. Se você lançar agora, corre o risco de um fracasso catastrófico e do cancelamento do projeto. Se adiar, pode enfrentar alguma crítica da administração, mas você provavelmente sobreviverá desde que suas razões sejam consistentes (e sempre há uma quantidade infinita de razões consistentes às quais recorrer). Além disso, você pode aperfeiçoar o produto um pouco mais, aumentando as chances de sucesso no futuro.

O caso se torna problemático quando o gestor percebe que, empurrando as datas de expedição e os prazos de prestação de contas para um futuro suficientemente distante, será promovido antes de sua responsabilidade ser cobrada. Assim, seu sucessor será forçado a lidar com as consequências. Se tudo correr bem, será fácil compartilhar o crédito pelo projeto. Caso contrário, o sucessor tende a pagar o pato.

O outro problema com o financiamento por direito é o custo de gerenciar a politicagem. Um líder de equipe de projeto precisa participar de tantas reuniões de orçamento que chega a ser atordoante.

Nas empresas acostumadas a trabalhar dessa forma, a mudança de cultura é um projeto de longo prazo. Requer uma série de reformas interligadas, muitas das quais ainda abordaremos neste livro. No entanto, como o processo orçamentário é básico, o principal antídoto ao financiamento por direito é o que denominamos *financiamento mensurado*.

Esta é a base do financiamento mensurado: liberdade absoluta para gastar o dinheiro, com critérios bastante restritos de como conseguir mais fundos, expressos somente na aprendizagem validada.

Se você arrecada 1 milhão de dólares em financiamento na fase de constituição, com uma empresa de capital de risco, *nunca* ouvirá no mês seguinte: "Ei, sinto muito, mas tivemos um trimestre muito ruim e precisamos de 200 mil dólares de volta." Esse investidor seria imediatamente expulso da cidade. Além disso, a realidade é que a empresa de capital de risco não conseguiria reaver o dinheiro; as startups são empresas independentes e, uma vez que o cheque é compensado, não tem volta.

A liberdade é parte essencial do que torna as startups possíveis. É difícil prever quando uma empresa vai precisar pivotar, mas muitas vezes isso acontece de uma hora para outra. É importante saber quanto dinheiro resta e ter confiança de que a empresa poderá gastá-lo logo, sem avaliações intermináveis. E as startups têm a tendência a viver no limite. Muitas das mais conhecidas estiveram a semanas ou até mesmo dias de ficar sem dinheiro em alguma ocasião. Se seu orçamento tivesse sido reduzido, mesmo que em 10%, num momento crucial, provavelmente teria sido fatal.

Os benefícios do financiamento mensurado em um contexto empresarial são muitos:

- Mentalidade de escassez.
- Muda a lógica de atribuição de culpa quando o projeto dá errado.
- Permite gerenciar um conjunto de projetos como um portfólio explícito, junto com métricas para portfólio.
- Ônus político bastante reduzido sobre as equipes.
- Bastante foco em "O que preciso aprender para conseguir mais financiamento?"
- Mais propício para a colaboração multifuncional (porque todos dependem do mesmo orçamento).
- Reduz a interferência dos gerentes de nível médio (porque nenhum recurso é emprestado da empresa controladora).

O financiamento mensurado é muito mais próximo do investimento de risco do que da comissão de orçamento do Congresso. Mas, como a maioria das empresas que já tentou descobrir sabe, não é suficiente para mudar a cultura. Isso porque os sistemas existentes são bastante resistentes à mudança. Para realizar uma mudança cultural efetiva, é recomendável instituir o financiamento mensurado junto a outras medidas, como, por exemplo, a criação de diretorias de crescimento.

FINANCIAMENTO MENSURADO

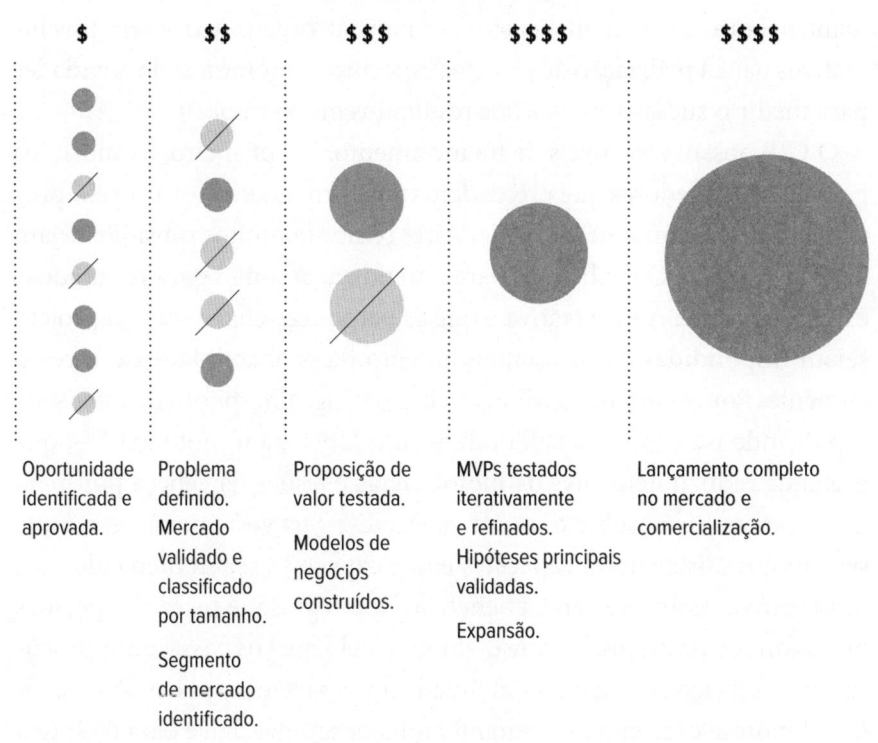

$	$$	$$$	$$$$	$$$$
Oportunidade identificada e aprovada.	Problema definido. Mercado validado e classificado por tamanho. Segmento de mercado identificado.	Proposição de valor testada. Modelos de negócios construídos.	MVPs testados iterativamente e refinados. Hipóteses principais validadas. Expansão.	Lançamento completo no mercado e comercialização.

O impacto do financiamento mensurado sem fins lucrativos

O Fundo de Inovação Global (GIF, na sigla em inglês), criado em 2014 e sediado em Londres, é uma organização sem fins lucrativos que investe em projetos-piloto, testes rigorosos e expansão de inovações direcionadas para a melhoria de vida das pessoas mais pobres em países em desenvolvimento.[6] Os projetos, custeados por financiamentos coletivos, criam oportunidades para milhões de pessoas. "Somos um híbrido de instituição beneficente e fundo de investimento, visando ao impacto social em primeiro lugar", afirmou Alix Peterson Zwane, CEO do GIF.

O GIF concede subsídios e investimentos utilizando uma abordagem gradual em relação ao financiamento. "A ideia é combinar o que há de melhor no financiamento estilo capital de risco, que segue as ideias e jornadas dos empreendedores, com o rigor da avaliação por especialistas acadêmicos", explicou Zwane. Quando as equipes de projeto produzem resultados, "quantias adicionais de recursos são liberadas quanto mais evidências de impacto social houver". Essa forma de atuação difere da filantropia tradicional, que costuma financiar organizações sem fins lucrativos para a realização de projetos específicos, monitorando atividades para medir o sucesso em vez dos resultados ou do impacto.

O GIF possui três níveis de financiamento. No primeiro, os subsídios para empreendedores que pretendem transformar sua inovação em projeto-piloto chegam a até 230 mil dólares (embora muitos subsídios sejam bem menores). "O dinheiro é para aprendizagem, não para resultados", explicou Zwane. A expectativa é que as perguntas-chave sobre o projeto sejam respondidas e que o entendimento da probabilidade de sucesso aumente. Por exemplo: o GIF financiou o programa-piloto de uma startup ugandense chamada SafeBoda – "um Uber para mototáxis" –, que pretende reduzir acidentes de motocicletas e lesões na cabeça por meio da conscientização sobre o uso de capacetes. "Sua visão de sucesso é que seus motociclistas usem capacetes e que capacetes sejam oferecidos aos passageiros. Assim, veríamos benefícios à integridade física das pessoas que usam seus serviços. E parte do motivo pelo qual os passageiros procurariam o serviço seria a disponibilidade do capacete", explicou Zwane. "É uma hipótese excelente. No entanto, uma pergunta-chave para o estágio inicial é: as pessoas vão mesmo usar os capacetes?"

O nível seguinte de financiamento concede subsídios de até 2,3 milhões de dólares para inovadores que estão fazendo a transição do projeto-piloto de seus modelos para a expansão de sua inovação. É nesse momento que as startups precisam testar os modelos de negócios e sua eficácia em termos de custos, enquanto demonstram evidências precisas do impacto. Para seguir com o exemplo da SafeBoda, a empresa talvez colete dados sobre menor incidência de lesões na cabeça quando obtiver maior participação de mercado e outras empresas começarem a imitá-la. "Se no primeiro estágio destinam 80% do dinheiro para a aprendizagem e 20% para o resultado, no segundo estágio essa relação passa a ser 50/50", afirmou Zwane.

No terceiro estágio de financiamento, o GIF oferece até 15 milhões de dólares a empresas que estão prontas para expandir sua inovação. É quando os empreendedores recebem ajuda para ampliar seus negócios e para que sua inovação seja adotada de modo generalizado em um ou vários países em desenvolvimento. "Estamos pagando cerca de 80% para resultados e 20% para aprendizagem", contou Zwane. Entre as possibilidades para esse estágio, estão o enfrentamento dos desafios operacionais causados pelo crescimento da empresa; a atuação conjunta com parceiros que podem ajudar a levar o projeto para além do terceiro estágio do GIF; e a adaptação das inovações para satisfazer as necessidades de uma base de clientes mais heterogênea.

É difícil alocar e utilizar a ajuda recebida, mas, como o GIF mostra, não é impossível. E pense nos benefícios. "Se descobrirmos como criar incentivos para gerar impacto e formos francos sobre o que fazemos, podemos preservar, proteger e fomentar o apoio político e popular para sistemas em desenvolvimento", afirmou Zwane. "O valor real de utilizar financiamento gradual sem fins lucrativos é que isso mantém seu foco nas coisas certas: risco, evidência e impacto."

Diretorias de crescimento

Como mencionado no Capítulo 3, cada startup possui uma diretoria à qual se reporta: um grupo de pessoas que cobram sua responsabilidade de acordo com um cronograma acertado com os diversos grupos envolvidos. Isso cria um relacionamento direto entre o financiamento do projeto e seu progresso. Em grandes organizações, as avaliações, os gestores e os desempenhos matriciais originam um ambiente em que as pessoas se tornam mestres em mudar suas apresentações em PowerPoint para satisfazer as expectativas de qualquer gestor com quem forem se reunir num determinado dia. Isso precisa mudar na Fase II.

Uma startup interna funciona da mesma maneira que uma independente: com responsabilização da equipe. Numa configuração empresarial maior, cada salário é pago por uma divisão específica. O que falta é uma maneira de cobrar responsabilidade de toda a equipe. É aí que se faz necessária uma diretoria de crescimento. Muitas vezes vi esse tipo de diretoria começar com uma única equipe e um diretor que dizia: "Como avalio se devo dar mais dinheiro para minha equipe?" A partir daí, é fácil criar uma estrutura simples. (Para mais detalhes sobre como criar uma diretoria de crescimento, confira o Capítulo 9.)

À medida que mais equipes começam a funcionar dessa maneira e suas histórias de sucesso se difundem, as estruturas são replicadas. Na GE, por exemplo, garantimos que as equipes tivessem uma diretoria de crescimento assim que passaram para a Fase II de implantação do FastWorks.

Há alguns anos, numa grande empresa, uma equipe interna com que trabalhei propôs um plano para reduzir o tempo de colocação de produtos no mercado em quase dois anos, firmando uma parceria de criação com um cliente. Em vez de passar pelo processo normal de desenvolvimento, demonstração e venda, a equipe decidiu aprender mais rápido, colocando quanto antes nas mãos do cliente um produto baseado no próprio feedback.

Em pouco tempo, porém, o pessoal do financeiro começou a perguntar: "E o ROI?"

A equipe fez as contas e (é claro) o ROI, ou retorno sobre investimento, para seu MVP era negativo. Como estavam trabalhando de forma diferente, o número refletiu apenas o primeiro estágio do plano. Medir o ROI de um MVP e cancelar um projeto em função disso é como avaliar uma semente e, em seguida, cortar seu suprimento de água porque ela ainda não se tornou uma árvore.

Foi cogitado se poderiam omitir o ROI do plano, mas isso não era possível. Com os dedos cruzados, eles fizeram a apresentação para o financeiro, e o projeto foi logo cancelado.

Omitir o ROI num cenário corporativo padrão nunca é uma opção. No entanto, se você não o tiver porque está atuando com financiamento mensurado e se reportando a uma diretoria de crescimento, nunca terá que fazê-lo. Por isso é tão decisivo estabelecer tais mecanismos nesse estágio.

O QUE VEM A SEGUIR

Na GE e no governo federal, a Fase II criou equipes dedicadas a difundir amplamente a nova forma de trabalho. Ambas as entidades treinaram muitas pessoas talentosas e construíram um portfólio impressionante de sucessos e fracassos. Considerando as próprias equipes, seus gestores, coaches, defensores e apoiadores e patrocinadores executivos, estamos falando de milhares de pessoas.

No entanto, dentro dessas organizações imensas, esses ainda são números relativamente pequenos. Todos sabem que equipes pequenas são sempre vulneráveis a mudanças de liderança, a reorganizações ou ao surgimento de novas tendências passageiras. Para equipes como essas, que "cruzaram o abismo" e estão afetando a vida de gestores por toda a organização, a reação adversa e a resistência do restante da empresa podem ser devastadoras.

A única maneira de fazer essa mudança persistir é utilizar os sucessos iniciais e seu respaldo institucional para enfrentar os sistemas mais profundos da empresa – em outras palavras, a estrutura de incentivos, a cobrança de responsabilidade das pessoas e a alocação dos recursos. Pense no sistema de aquisições do governo e em como ele está profundamente enraizado. Na maioria das organizações, esses sistemas são considerados intocáveis por grande parte dos funcionários. É inviável tornar a mudança desses sistemas um pré-requisito para que comecem a transformação. No entanto, devemos, sim, mudá-los. Como essas organizações levaram essa mudança a cabo é o assunto do próximo capítulo: a Fase III.

CAPÍTULO 8

Fase III: sistemas profundos

Todos entendemos o que significa fundar uma empresa. Começa com uma visão e, como mencionado, um líder visionário. A maioria das startups de tecnologia que alcançaram grande sucesso tem algum tipo de origem icônica, sejam dois rapazes num dormitório de faculdade, três fundadores num refeitório ou um casal cruzando o país munido apenas de um sonho e um laptop no qual, após muitas idas e vindas, desenvolveu seu primeiro plano de negócios.

Acredito que todas as empresas que se expandiram com sucesso também tenham uma segunda história, que começa após o empolgante percurso de transformar uma ideia em realidade e encontrar um lugar para ela no mercado.

Chamo esse momento de *segunda fundação*: é o período do crescimento em que uma empresa deixa de ser apenas mais uma organização e passa a ser uma instituição que veio para ficar e ainda adota uma cultura gerencial. Vi isso em primeira mão e, infelizmente, todo mundo já deve ter testemunhado o que acontece quando as empresas não passam nesse teste. Para muitas delas, a segunda fundação também é o momento em que a burocracia e a letargia se manifestam e as pessoas mais inovadoras – tolhidas pela frustração – são marginalizadas ou pedem demissão. Algumas empresas conseguiram fazer essa transição sem perder o "DNA de startup". O que as diferencia, e como replicar seu sucesso? De que forma organizações tradicionais podem incorporar esse espírito de startup?

Esse é o trabalho da Fase III, em que os processos internos são transformados. O objetivo: criar áreas funcionais capazes de inovar continuamente. Esse momento consiste em mudar os sistemas mais profundos da organização para apoiar a inovação, em prol do valor e da vida da empresa no longo prazo.

Sob vários aspectos, este é o capítulo mais "enganoso" do livro. Tentei dar uma ideia do que realmente é uma transformação em grande escala por diferentes pontos de vista, mas, exatamente porque essas transformações são tão grandes, tão profundas e tão distintas para cada empresa, é difícil ser sistemático sobre elas. Não que a Fase III seja menos rigorosa do que a I e a II. Na verdade, pede muito mais rigor. Porém, como é esse trabalho anterior que vai determinar quais sistemas cada organização precisa mudar, os padrões não são tão comuns. O trabalho da Fase III é pegar o que a transformação já revelou e criar soluções que afetem cada aspecto da organização. As histórias a seguir ilustram como foi o processo em vários cenários.

A SEGUNDA FUNDAÇÃO DA AIRBNB

O Trips, sobre o qual falei no Capítulo 1, marca a segunda fundação da Airbnb. No entanto, antes de seu lançamento, o Trips mofou por um tempo, porque a empresa não estava focada nele, mesmo durante o crescimento de seu negócio principal. A urgência de Brian Chesky em conduzir sua empresa até a fase seguinte o levou de volta às inspirações que a tornaram um sucesso. Entre essas inspirações estava o livro que o motivou a se mudar para São Francisco e começar a Airbnb: a biografia *Walt Disney: O triunfo da imaginação americana*, de Neal Gabler. Chesky ficou encantado com a história de como Disney utilizou o *storyboard* para criar *Branca de Neve*, o primeiro longa-metragem inteiramente animado, um feito que ninguém imaginava ser possível. A Airbnb contratou um artista da Pixar para criar um *storyboard* de uma viagem completa, das perspectivas tanto do anfitrião quanto do visitante; foi como a empresa descobriu o que poderia ser sua próxima grande ideia. "De imediato, percebemos que estávamos ausentes durante a maior parte da viagem", afirmou Joe Zadeh, vice-presidente de produto. A partir disso, nasceu o conceito de fazer a curadoria de toda a viagem. "E se, em vez de tentarmos incrementar nossa plataforma existente, repensássemos viagens completas, partindo do zero?", recordou Zadeh. A equipe intitulou a nova iniciativa de Project Snow White (Projeto Branca de Neve).

Então nada aconteceu. Os meses se passaram, e os fundadores fizeram muito pouco "progresso rumo à visão" do que acreditavam que ajudaria a Airbnb a continuar crescendo. Assim, lançaram uma startup dentro das próprias instalações. Uma equipe de seis pessoas, encabeçada por Joe Gebbia, cofundador e diretor de produto, e composta de designers, pessoal de produto e engenheiros, passou três meses em Nova York e executou o próprio programa de incubadora interna. Eles testaram diversas ideias e tinham o compromisso de demonstrá-las em São Francisco quando o período na Costa Leste terminasse. De volta à sede, a equipe adotou o nome de Home to Home (Lar a lar) "para investigar e testar mais ideias, [a mais promissora delas chamada] Experience Marketplace". Era, como Leigh Gallagher escreveu em seu livro *A história da Airbnb*, "uma plataforma em que anfitriões com um conjunto específico de habilidades ou conhecimentos podem oferecer experiências aos visitantes de sua cidade mediante pagamento de uma taxa".[1] O Projeto Branca de Neve estava de volta à ativa.

A empresa formou outra equipe multifuncional (dessa vez sem data para acabar) para reiniciar o projeto, incluindo um designer, um engenheiro, um gerente de projeto e dois encarregados de procurar pessoas e experiências. Brian Chesky ingressou na equipe como líder de projeto, fornecendo autoridade moral e apoio executivo à nova empreitada.

Certa tarde, a equipe foi a Fisherman's Wharf, em São Francisco, para conversar com seus clientes. As primeiras perguntas eram simples: "Por que você está aqui?" e "O que você quer fazer?". Foram dois anos desenvolvendo e iterando tranquilamente a tecnologia do Trips, tanto on-line quanto off-line.

"Otimizamos aquela teimosia de startup", lembrou Zadeh. "Todos da equipe têm essa qualidade. Tínhamos uma startup dentro de uma startup." Chesky aprendeu novamente com Walt Disney, seu mentor original, que já tinha uma empresa controladora mas criou a Disneylândia numa outra empresa, que depois foi recomprada e reintegrada à primeira companhia.

Embora o Projeto Branca de Neve estivesse sempre funcionando dentro da Airbnb, o conceito permaneceu o mesmo. "Esse produto foi projetado em torno dos princípios da Disneylândia", explicou Chesky a Leigh Gallagher. Então, referindo-se a algumas sábias palavras de Elon Musk, fundador da Tesla, que tinha descrito as três "eras" de uma startup – criação, construção e administração –, Chesky acrescentou: "A Airbnb nunca vai estar na era da administração. Sempre vai estar na era da construção."[2]

Com esse intuito, em 2016 a empresa lançou o Samara, estúdio interno de inovação e design, composto por designers e engenheiros e encabeçado por Gebbia. "Nós nos preocupamos muito em criar uma marca que tenha longevidade. Para isso, decidimos que era hora de desenvolver um espaço para cumprir esse propósito", explicou Gebbia numa entrevista. "Um local livre das limitações do dia a dia, onde todos pudessem assumir grandes riscos e fracassar em alguns deles." Suas expectativas em relação ao Samara – que, junto a outros projetos, contribuiu para atenuar a crise global dos refugiados – é que ele contribua para assegurar o crescimento e a evolução contínuos da empresa. "Em 2008, plantamos uma semente que germinou e se transformou nessa árvore incrível, que possui raízes globais em 191 países", afirmou ele, numa entrevista para a revista *Metropolis*, sobre o início da empresa. "Nenhuma árvore sobrevive se não plantarmos mais sementes ao redor dela. Criamos o Samara para ser o estúdio que vai colocar mais sementes lá fora. Esperamos que nossas ideias nos levem além da árvore."[3]

CONSTRUINDO O AVIÃO

Parte de qualquer história de segunda fundação é a jornada do fundador ou dos fundadores, que, como Brian Chesky e Joe Gebbia, devem investir tanto nos empreendedores que trabalham para a empresa quanto na própria carreira. Essa mudança de atitude representa um momento crítico no sucesso de longo prazo da qualquer organização.

Ao mesmo tempo, porém, não importa quanto a perspectiva do fundador tenha mudado se não existirem os sistemas para apoiar o que a empresa está tentando fazer. Essa necessidade de apoio é o que possibilita que organizações, tanto empreendedoras quanto mais antigas, também passem por uma segunda fundação. Podem ter mais trabalho em termos de reestruturação do que uma startup em hipercrescimento, mas a semelhança permanece. Os executivos que encabeçam essa transformação devem ter tanto a mentalidade de um fundador quanto de alguém no Vale do Silício a fim de serem bem-sucedidos.

As equipes trabalhando em experiências e MVPs podem obter financiamento temporário por meio do financiamento mensurado, mas o que acontece quando elas são bem-sucedidas? Inevitavelmente, as pessoas vão começar a perguntar como essa nova forma de trabalho vai afetar a carreira delas: avaliações de desempenho futuro, promoções, como seus colegas os enxergam. Existirão desafios com as áreas de aquisições, cadeia de suprimentos e conformidade, que ainda estão configuradas para trabalhar da forma antiga. As áreas de finanças e TI também vão ter que mudar por toda a empresa. Se a empresa pedir a cada divisão que comece a alocar uma porcentagem de dinheiro por meio de financiamento mensurado e de uma diretoria de crescimento, será uma proposição muito diferente de ter apenas umas poucas equipes conduzindo experimentos com uma pequena verba. Para substituir um contrato de TI multimilionário com o governo federal, os sistemas que viabilizaram esse contrato também devem passar por modificações.

Não há problema, nas primeiras fases de uma transformação, em se atuar por meio de exceções. As equipes bem-sucedidas precisam levantar voo de algum modo, quer a empresa esteja desenvolvendo uma organização nova, quer esteja fazendo mudanças numa organização tradicional. Os líderes podem saltar no vazio e desafiar a gravidade, mas, sem apoio, vão voltar ao chão. Se você quer voar, precisa embarcar num avião. A fase final da transformação envolve a *construção desse avião*. Tentar mexer nas estruturas básicas da empresa antes da hora é suicídio. Os líderes só conseguem fazer isso depois de acumular capital político e reunir provas por meio do trabalho realizado na Fase I e na II. Só então a área funcional empreendedora, que tem trabalhado numa escala menor a pedido da administração, pode começar a atuar em nível organizacional.

O DOCUMENTO QUE PASSOU DE DEZ PÁGINAS PARA UMA

No Capítulo 6, conhecemos a equipe de software que ficou temerosa de buscar aprovação "legal" para sua experiência. Quando eles finalmente consultaram o advogado da empresa, em poucos minutos receberam sinal verde para o experimento.

No entanto, esse não foi o final da história. A equipe começou sua experimentação colhendo uma imensa quantidade de dados valiosos sobre em quais países valia a pena entrar. A notícia do processo pelo qual a equipe passou para coletar esses dados logo chegou ao chefe da divisão, que também tinha sido defensor do projeto junto ao alto escalão. Ele percebeu que o relacionamento entre as pessoas que tentavam inovar e o departamento jurídico estava estremecido, e que isso devia resultar em muitas oportunidades perdidas. Daquela vez, aquela equipe específica tinha conseguido a exceção. Mas e todas as outras equipes que não estavam sendo treinadas nessa nova forma de trabalho? Ou aquelas que nem mesmo tentavam procurar o jurídico por medo ou por desesperança?

O chefe da divisão decidiu que era hora de acabar com aquele ciclo. Ele me fez uma pergunta: "Será que recrutamos o consultor jurídico e toda a equipe jurídica para tornar esse tipo de problema menos oneroso para a empresa?" Achei que era possível. Mas eu sabia que a participação do próprio departamento jurídico era crucial para esse processo. O passo seguinte foi fazer uma reunião com todos os membros do departamento. O advogado que havia ajudado a equipe não era um estranho no ninho num departamento sem imaginação, cheio de gente que gostava de rejeitar projetos e erguer barreiras. Eu ouvi na reunião: "Detestamos ser os guardiões. Não gostamos de dizer 'não' o tempo todo. Como podemos ser úteis para os experimentos?" Como acontece com frequência, eles estavam sendo limitados não por uma falta de capacidade ou de interesse em fazer as coisas de um jeito diferente, mas por processos arraigados, que foram construídos ao longo dos anos e se destinavam a reduzir os riscos. Em vez de proteger a empresa, porém, estavam sendo prejudiciais.

Minha proposta foi simples: criar um documento de orientação de apenas uma página para expor, em linguagem simples, dentro de quais parâmetros as equipes de inovação estariam pré-autorizadas a trabalhar:

1. Se for fazer um pequeno experimento com MVP, com menos de X clientes, responsabilidade total de Y e um custo Z, você tem pré-aprovação.
2. Se o experimento der certo e você quiser fazer um "MVP expandido", com uma complexidade um pouco maior e números maiores de X, Y e Z, será pré-aprovado desde que: (a) baseado num MVP inicial e (b) tenha aprovação gerencial.
3. Se quiser ir além dessas diretrizes para fazer algo maior ou mais complexo, precisará conversar com o departamento jurídico. Segue o telefone do canal de comunicação direta...

Você não deve ficar surpreso ao saber que a primeira versão desse documento criado pela equipe do jurídico tinha dez páginas.

Nesse momento, começamos a aplicar métodos enxutos ao processo. A equipe do jurídico achava que não era possível reduzir o tamanho do documento. Assim, tratamos o documento como um MVP e realizamos alguns experimentos, mostrando-o às equipes (os "clientes", nesse cenário) e pedindo que dessem um feedback. Então, fizemos uma nova versão e repetimos o processo. Após diversas iterações, reduzimos a informação essencial a uma única página numa linguagem de fácil entendimento.

Dali em diante, as equipes passaram a ter uma fonte essencial para aconselhamento jurídico nos estágios iniciais da experimentação, sem a necessidade de telefonar ou de arcar com a despesa de pôr logo de cara um advogado em período integral na equipe. Claro que alguns projetos *precisam* de advogado *à disposição* desde o começo, por terem questões complexas de conformidade que necessitam de uma análise rigorosa da área jurídica. Contudo, certas vezes a ansiedade da equipe com relação ao que o "jurídico" pode fazer ou dizer, combinada à falta de conhecimento sobre as regras que de fato devem ser seguidas, pode impedir a experimentação. A criação desse documento reverteu o impacto do jurídico sobre as equipes: facilitou o avanço dos projetos em vez de retardá-los.

Há outro aspecto valioso na criação de um conjunto de diretrizes como esse: ao servir como estrutura de incentivos, estimula as equipes a elaborar experimentos melhores.

A equipe típica tem uma ideia e espera propor alguns números excelentes para colocar em seu plano de negócios. A fim de produzir métricas de vaidade, acha que deve mostrar o experimento a milhares de clientes. Contudo, ao analisar o formulário de diretrizes e descobrir que para fazer aquele experimento será necessário dar um telefonema ao jurídico, a equipe se dá conta de que é mais fácil começar numa escala menor: por exemplo, mostrando a 100 clientes em vez de pedir permissão para mostrar a 10 mil. Quando as equipes começam a pensar dessa forma, seu comportamento muda. O jurídico agora se torna parte da solução.

DE ÁREA FUNCIONAL GUARDIÃ PARA ÁREA FUNCIONAL FACILITADORA

A forma de atuação desse departamento jurídico é típica dos desafios apresentados pelas "áreas funcionais guardiãs". Agora, vamos olhar para alguns dos outros vilões reincidentes que supervisionam os sistemas mais profundos da empresa. O objetivo do estilo startup é ajudar empresas a adotar uma mentalidade de serviço ao cliente. Os guardiões atrasam o trabalho de outras áreas funcionais por meio de avaliações, burocracia e regras rígidas. Áreas funcionais facilitadoras ajudam as equipes a acelerar o trabalho. Os detalhes do que precisa mudar variam para cada área funcional, como veremos. Por sinal, cada um desses exemplos envolve uma área funcional que alguém, ao longo dos anos, já pensou ser impossível mudar.

Jurídico

Vamos analisar outra organização que mudou seu departamento jurídico em resposta às necessidades do cliente. A Pivotal é uma empresa de desenvolvimento de softwares que derivou da EMC e da VMware em 2012.[4]

Como o modelo de negócios da Pivotal se baseia em código aberto e software livre, diversas questões jurídicas surgem: quem é o dono do direito autoral? O código é válido? Que IP pode vazar ou está sendo licenciado involuntariamente? "Advogados são alérgicos a código aberto", afirmou Andrew Cohen, consultor jurídico da Pivotal. "Você não quer que coisas acidentais e desconhecidas se ocultem em seu software." O departamento jurídico da empresa começou um projeto para "harmonizar a proteção do IP e a conformidade do código aberto". Seguindo os passos da VMware, eles criaram um processo de checagem do software que estava sendo usado ou oferecido – uma série de perguntas on-line e uma avaliação jurídica. "Feito isso, era criado um repositório de software de código aberto pré-checado e pré-validado", explicou Cohen. "Foi uma espécie de ponto de partida." O ponto de partida acabou se tornando um MVP.

A partir daí, dois advogados da equipe jurídica liderada por Cohen, composta de nove pessoas, abordaram os engenheiros da Pivotal. "Eles disseram: 'Ei, esse é o nosso processo de código aberto. Na verdade, ele é muito braçal e muito lento'", recordou Cohen. "Vocês não param de mudar o software desse modelo. Estamos há meses atrás de vocês examinando o que as pessoas estão usando e, adivinhem, agora os clientes estão pedindo uma declaração e detalhes sobre o que está escondido em nosso produto. Não vamos conseguir dar uma resposta clara e rápida a menos que trabalhemos com vocês e inventemos um processo melhor."

Cohen revelou que foi útil o fato de os dois advogados que solucionaram o problema com os engenheiros terem experiência em engenharia. Cada equipe concordou que era mais uma questão de confiança do cliente. "Em vez de o jurídico ficar criando a política de forma remota, nós nos engajamos plenamente como cientistas e especialistas", afirmou.

O objetivo final foi automatizar o processo, já que todos perceberam que isso tiraria o fardo do questionário e dos detalhes técnicos dos engenheiros, melhorando sua situação e também a dos clientes e do departamento jurídico.

Eles deram início a um processo único. "Um dos problemas de pegar um software de código aberto é descobrir qual licença é aplicável", explicou Cohen. Esse processo foi automatizado e substituído por algo que a Pivotal denomina License Finder. Então, o departamento jurídico criou um filtro usando as cores verde, amarelo e vermelho para indicar que licenças podiam ou não ser usadas. O verde passava sem tropeços pelo sistema e podia avançar; o vermelho quase nunca podia ser usado, enquanto o amarelo exigia avaliação adicional.

No final, Cohen revelou, a Pivotal conseguiu encontrar algo que tinha menor impacto sobre os engenheiros e gerava a confiança do cliente sem precisar do "exército de advogados" exigido pelas outras empresas. "Estamos atuando numa escala muito grande em termos do tamanho da nossa operação de engenharia, apoiada por dois advogados trabalhando em meio período com várias outras atribuições."

Financeiro

Livros contábeis não são algo que a maioria das pessoas associe a startups, pois parecem antiquados. No entanto, eles são o cerne das finanças de qualquer empresa. Por causa disso, um dos projetos mais interessantes em que trabalhei até hoje foi um software de ERP para consolidação contábil na GE. Pode parecer desinteressante olhando de fora, mas, se uma empresa alcançou o estágio em que pode promover mudança real numa área funcional tão ligada à tradição quanto a financeira, é porque promoveu a mudança de cultura de forma muito profunda.

Quando ingressei no projeto, a empresa tinha começado um plano quinquenal para simplificar a rede de sistemas de ERP utilizada por todas as suas filiais no mundo. Ao longo do tempo, induzida por aquisições, novos modelos de negócio e novos recursos, a GE vinha operando globalmente por meio de mais de 500 sistemas de ERP, abarcando todos os principais segmentos de negócios. Os processos de integração, visibilidade de operações e fechamento financeiro eram muito mais complicados do que precisavam ser.

Para se ter uma ideia, nas operações corporativas centralizadas havia mais de 40 sistemas de ERP, abarcando mais de 150 países. Em geral, quando a GE começa a operar num novo país, uma das primeiras coisas que faz é implementar um ERP. Então, todas as filiais da GE naquele país utilizam o mesmo sistema até se expandirem o suficiente para usar um sistema próprio.

Para esse projeto, o objetivo final era ter um único sistema de ERP, que permitiria que todas as filiais industriais da empresa fizessem a consolidação contábil da mesma forma, utilizando um plano de contas único, de modo que o trabalho financeiro pudesse ser realizado de modo centralizado pela área funcional de operações globais da empresa. A equipe esperava tornar o processo de simplificação 50% mais barato e 50% mais rápido. "Sabíamos que não podíamos voltar ao antigo hábito de levar de seis a nove meses para desenvolver pré-requisitos e, depois, tentar construir soluções customizadas para cada unidade de negócios", afirmou James Richards, então diretor de TI da área de finanças da GE (atualmente, ele é diretor de TI da GE Healthcare).

A equipe começou a aplicar a nova abordagem, de maneira limitada, em apenas dois países da América Latina: Chile e Argentina. Equipes compostas por pessoal das áreas de finanças, operações e TI foram incorporadas *in loco*, e todas mergulharam no projeto com o objetivo de lançar o software com funcionalidade padrão em um mês. Em seguida, limitaram ainda mais o projeto. Em vez de construir todos os módulos necessários do novo software simultaneamente (o livro contábil era apenas uma das funcionalidades, que também incluíam contas a pagar, contas a receber, administração de caixa e cadeia de suprimentos) e depois implantar tudo num ciclo de 18 meses, as equipes começaram com apenas um módulo por país. "Procuramos a questão mais problemática de cada lugar", disse Richards. "Ou então a questão que, caso não resolvêssemos, nos impediria de fazer o lançamento. Direcionamos o MVP para aquela área específica." O foco se manteve em equipes multifuncionais trabalhando no mesmo local e em "sprints curtos para expor as funcionalidades aos usuários", afirmou ele. "Pegávamos uma funcionalidade produzida em série e íamos direto para o modo de teste."

Foi uma inversão completa do antigo método. Agora, o ônus de mostrar à equipe por que algo não funcionava bem era dos clientes – os clientes internos da GE. "De certa forma, aquilo foi crucial", contou Richards. "Todos tínhamos certeza de que o software corporativo que estávamos implantando funcionava. Então, só consertávamos ou configurávamos o que causasse problemas de conformidade para nós ou grandes ineficiências na base de usuários." Quando um módulo estava quase terminado, iniciava-se o seguinte. Trabalhando dessa forma, o tempo de implantação foi reduzido de 18 meses para entre quatro e seis meses.

Em cada país por que passava, a equipe adicionava mais uma prova irrefutável da funcionalidade de seu plano de adoção, utilizando essas provas para a expansão por outros países. Quando a GE passou a usar o sistema Oracle ERP Cloud, expandiu-se de novo e começou a trabalhar em conjuntos de países. Em geral, o projeto " ajudou a empresa a se mover num ritmo diferente e assegurar que as pessoas se desafiassem constantemente a avançar mais rápido, com custo menor. A repercussão disso se fez visível por toda a empresa e celebramos quando tivemos grandes sucessos", falou Richards.

Muitos dos segmentos de negócios da GE começaram a aproveitar ao máximo abordagens semelhantes, e as equipes globais reduziram os mais de 500 sistemas de ERP originais para menos de 100: uma redução de 80% em apenas quatro anos. O processo não aconteceu sem alguns tropeços, mas se beneficiou de "uma forte pressão da cúpula da GE por simplificação e rapidez. Sempre houve pessoas presas aos antigos hábitos, mas, por outro lado, havia um grande número que estava pronto para qualquer desafio", revelou Richards. "Esse foi o grupo no qual apostamos para vender o projeto ao restante da organização."

Quando conto essa história, muitos empreendedores ou pessoas da área de produto ficam bastante céticos (normalmente ouço uns murmúrios vindos da plateia). Todos supomos que essa equipe é uma serpente com várias cabeças, envolvendo finanças e TI, composta de burocratas crônicos, sem um pingo de inovação na alma. No entanto, o que testemunhei foi a transformação dessa equipe numa startup entusiasmadíssima em solucionar problemas com rapidez e criatividade. A mudança de atitude e comportamento após um workshop de três dias foi tão impressionante que alguns funcionários mal conseguiam acreditar. Fui até acusado de pôr algo na água! Mas não fiz mágica nem dopei ninguém. Foi simplesmente o resultado da mudança dos sistemas, incentivos e mentalidades que estavam refreando essa equipe. Esse é um "milagre" que testemunhei muitas vezes, mesmo nos contextos mais tediosos, intransigentes ou aparentemente impossíveis.

Tecnologia da informação

Numa de minhas viagens a Washington, visitei os então recém-expandidos escritórios do United States Digital Service. A agência tinha vários projetos em andamento, e consegui conversar com algumas equipes. Falamos sobre a possibilidade de o USDS ir além dos projetos estritamente conceituais e enfrentar alguns dos maiores problemas que assolam a burocracia federal.

Nesse momento, um dos líderes disse: "Conte a ele sobre a caverna."

Então começaram a contar: imagine uma pilha de papel quase duas vezes mais alta que a Estátua da Liberdade. Essa era a quantidade de papel que o Serviço de Cidadania e Imigração dos Estados Unidos (USCIS, na sigla em inglês) recebia todos os dias em decorrência das 7 milhões de solicitações que processa anualmente. Isso mesmo: eles estavam processando milhões de pedidos no papel... à mão.

O tecnólogo dentro de mim ficou chocado. Que ineficiência gigantesca!

Porém, a equipe do USDS me garantiu que eu não tinha ouvido nem metade da história. Onde se armazena essa quantidade de papel enquanto as solicitações são processadas? O volume de papel de que estamos falando é tão grande que não cabe nos escritórios-padrão. Os prédios precisam ser reforçados para suportar a carga.

Isso inclui um centro de processamento, que, para ter apoio estrutural, está encravado numa caverna.

A princípio, achei que fosse uma piada ou uma metáfora a respeito das condições de trabalho dos funcionários públicos. Levei alguns minutos para entender que o trabalho estava sendo feito numa caverna de verdade. E, trabalhando nessa caverna, havia pessoas cuja tarefa é ajudar a mover todo esse papel entre a caverna e os escritórios de todo o país, com o objetivo de aprovar pedidos de imigração.

Não parece o tipo de instalação que um governo do século XXI deveria ter, certo? Mas essa era a situação em 2008, quando o USCIS, que é parte do Departamento de Segurança Interna, lançou o que denominou Programa de Transformação para construir o Sistema Eletrônico de Imigração (ELIS, na sigla em inglês). O objetivo era informatizar os processos da agência, abolindo o uso do papel, para prestar um atendimento mais rápido e eficiente às pessoas à espera de serviços que iam desde adquirir a cidadania até renovar o *green card*.

Na época, o processo para checagem de antecedentes era realizado da seguinte maneira: o funcionário se sentava ao computador (na caverna, também conhecida como National Benefits Center) com uma pilha de pastas de solicitantes à esquerda, pegava a pasta no alto da pilha, abria o software de checagem de antecedentes e, em seguida, digitava o nome e a data. Depois, imprimia o conteúdo da tela, destacava as laterais perfuradas do papel, grampeava-o na pasta e a transferia para uma nova pilha, do seu lado direito. Esse mesmo processo era repetido diversas vezes para cada pedido, dependendo de quantos sistemas eram utilizados para avaliar o solicitante.

Esse e muitos outros processos parecidos inspiraram o Transformation Program (Programa de Transformação). Mas, em 2014, o próprio programa precisou passar por uma transformação. Fora executado de acordo com as práticas-padrão de TI do governo vigente em seu lançamento, em 2008, com todas as características típicas: dois anos de pré-requisitos, fornecedores antigos e um histórico de fracassos. Na realidade, o novo sistema de TI era mais lento do que o processo feito em papel.

Foi aí que Mark Schwartz, diretor de TI do USCIS, e Kath Stanley, diretora de transformação e servidora pública havia 30 anos, decidiram tentar algo novo, utilizando diversas técnicas que a esta altura, caso você tenha lido o livro até aqui, vão lhe soar familiares.

Por cerca de dois anos, a equipe do USCIS trabalhou na reestruturação de seus fornecedores e no lançamento limitado de recursos a intervalos de alguns meses, o que a levou ao momento pós-HealthCare.gov, quando Mikey Dickerson estava percorrendo o Vale do Silício para avaliar o interesse pelo trabalho no governo.

Uma das pessoas que responderam ao convite de Dickerson foi Brian Lefler, engenheiro de software da Google. "Acho que, por estar bastante satisfeito trabalhando no Google Maps, precisei ver o HealthCare.gov fracassar para perceber que havia um problema. Então, observei as pessoas tentando consertá-lo. Eu precisava saber que minhas habilidades seriam úteis." Lefler assinou um contrato de seis meses, e o primeiro projeto que assumiu, junto com Eric Hysen e Mollie Ruskin, dois outros membros do USDS, foi um sprint de duas semanas no USCIS.

Lefler permaneceu por mais tempo, além das duas semanas oficiais, para ajudar no processo, e seis meses depois o departamento adotou todas as recomendações da equipe. Àquela altura, o USDS já existia. Brian Lefler agora fazia parte de uma equipe de cinco pessoas incumbida oficialmente de ajudar o pessoal do USCIS – liderado por Mark Schwartz e Kath Stanley – a implementar sua transição do papel para sistemas eletrônicos. Abordaram questões de engenharia, produto e design. "As pessoas supõem que sabem o que o usuário quer porque está escrito num documento preparado dois anos atrás", afirmou Lefler. Entre outras coisas, a equipe do USDS convenceu a agência de que valia a pena levar pessoas à "caverna" para observarem como os pedidos estavam sendo processados. Também levou protótipos para a caverna à medida que se desenvolviam, de modo que os funcionários pudessem testá-los, criando um ciclo de feedback contínuo.

Em novembro de 2014, estavam prontos para um lançamento progressivo do produto, com duração de três dias – permitindo que a equipe realizasse um teste completo do sistema e resolvesse quaisquer problemas remanescentes por meio de testes automatizados que havia desenvolvido (e que evoluíam continuamente) –, antes do lançamento completo do novo processo I-90, em fevereiro de 2015. Depois do lançamento, 92% das pessoas que o usaram para renovar ou substituir seus *green cards* afirmaram ter ficado "satisfeitas com a experiência".[5] Os tempos de processamento se reduziram muito, quase instantaneamente. Agora, o solicitante era aprovado e recebia o *green card* em duas semanas, quando antes havia uma espera de seis meses. "Ficou tão rápido que pensamos até que era um bug", recordou Brian Lefler. "Estimamos que as pessoas levariam um mês para conseguir um horário para tirar as impressões digitais e fazer tudo o que fosse necessário, mas então alguém fazia o agendamento no sistema e logo em seguida já estava no centro de entrevistas para continuar o processo."

A partir daí, em colaboração com a equipe do USDS, o USCIS continuou a agregar novas funções ao ELIS. Eles analisaram como gerenciar a segurança num mundo de liberações rápidas e reduziram o processo de 11 avaliações para duas. Num período de 18 meses após o lançamento progressivo do processo I-90, quase 40% do sistema foi digitalizado.

Atualmente, o departamento possui a sua equipe interna: o Serviço de Segurança Digital do Departamento de Segurança Nacional (DHS, na sigla em inglês). Agora, em vez de precisar de um grupo de pessoas do USDS para ajudar, eles integraram a inovação de TI ao próprio departamento. Hoje em dia, outras partes do departamento podem recorrer ao acervo processado no USCIS. Como afirmou Hysen, que comanda a equipe, a forma antiga deixou "muitos fornecedores ricos. Na realidade, não estava nos ajudando a satisfazer de modo rápido e eficaz as necessidades das pessoas que dependem de nosso departamento". Não é incomum ver grupos de pessoas de outras áreas do DHS, como o TSA, o FEMA ou o Serviço Secreto, "que ficaram empacados por muitos anos", de acordo com Hysen, visitando o USCIS a fim de ver como estão trabalhando. A agência possui 14 mil servidores públicos federais, diariamente apoiados por 6 mil fornecedores, e o trabalho que fazem impacta 4 milhões de pessoas por ano. Agora, os funcionários em seus 85 escritórios espalhados pelo país, muitos dos quais tinham utilizado os mesmos sistemas por 30 anos, estão utilizando o ELIS, e o processo de transformação segue em andamento.

Recursos humanos

Sistema de Gestão de Funcionários
(Employee Management System – EMS) da GE

A GE possui uma área funcional de recursos humanos de alta qualidade que inclusive serve de inspiração para outras empresas. Assim, vocês podem imaginar que, quando sugeri algumas mudanças, as pessoas acharam que eu estava meio louco. Descobri o motivo numa reunião inicial com uma equipe desenvolvendo uma turbina a gás.

A equipe estava progredindo de forma considerável num dos primeiros workshops do programa FastWorks, discutindo com que rapidez poderiam introduzir um novo produto no mercado. Ninguém estava satisfeito com o tradicional ciclo de desenvolvimento de cinco anos. No fim, a equipe decidiu-se por uma técnica enxuta tradicional denominada engenharia simultânea baseada em conjuntos (SBCE, na sigla em inglês),[6] capaz de colocar um primeiro MVP no mercado em menos de 18 meses.

A equipe trabalhou muito para identificar seus clientes iniciais e planejar formas de incluí-los logo no processo de desenvolvimento. Todos concordaram que o novo plano tinha uma probabilidade maior de sucesso do que o anterior, pois a equipe detectara possíveis problemas em seus planos em questão de meses, não de anos. Empolgado, perguntei: "Estamos prontos para propor esse novo plano à alta direção?" A resposta foi unânime: "Não, é claro que não."

Por que diabo não íamos prosseguir? Um dos engenheiros deu uma explicação usando uma única sigla: "EMS."

Pacientemente, os engenheiros explicaram que trabalhar com múltiplos componentes ao mesmo tempo, como a técnica SBCE requer, custaria mais dinheiro à empresa, porque sempre há mais retrabalho envolvido quando você projeta componentes independentes uns dos outros. Pedi que quantificassem o custo do retrabalho, que estimaram ser de 1 milhão de dólares. Fiquei confuso: aquele custo não era minúsculo em comparação com o orçamento total do projeto? A redução impressionante do tempo de ciclo e a redução drástica dos custos totais por meio da aprendizagem validada não valeriam um aumento modesto nos custos de curto prazo? Todos concordaram que sim.

Então essa seria uma vitória sob todos os aspectos, certo?

Todos concordaram que sim.

Então, concordamos em seguir em frente com o novo plano?

Ah, não, de maneira alguma.

Por que não?

EMS.

Ninguém podia acreditar que eu nunca tinha ouvido falar do EMS (Sistema de Gestão de Funcionários da GE). Mas o que isso tinha a ver com a tomada de decisões de engenharia abaixo do ideal?

Por fim, um dos engenheiros ficou compadecido com a minha confusão e explicou que todos os engenheiros tinham objetivos anuais a alcançar, que eram avaliados pelo EMS com base numa matriz funcional do que é excelência para a categoria do cargo específico. Naquela divisão, a quantidade de retrabalho provocada por um engenheiro era uma das principais métricas utilizadas para responsabilização do profissional. Assim, qualquer plano que aumentasse o retrabalho prejudicaria a avaliação e a carreira do engenheiro. Levar esse projeto ao mercado o mais rápido possível, embora certamente admirável e talvez até desejável para a empresa como um todo, prejudicaria o futuro da carreira individual dos membros da equipe.

Como se soube depois, Janice Semper e Viv Goldstein estavam escutando a mesma coisa de outras equipes orientadas no programa FastWorks: o sistema de desempenho da empresa, em vigor desde 1976, era "uma grande parte da cultura", de acordo com Semper, mas não atendia à nova forma de trabalho. Não me leve a mal: o EMS é um sistema impressionante, mas não foi projetado para funcionar com os tipos de projeto que a empresa estava assumindo agora, em que a incerteza extrema exige uma nova abordagem.

O EMS operava numa base anual: os funcionários fixavam objetivos no início de cada ano e eram avaliados no fim. Como Jennifer Beihl, membro da equipe de RH, descreveu: "[O sistema] estava completamente desalinhado com tudo o que estávamos tentando fazer."

As pessoas procuravam Semper e diziam coisas como: "Estou adotando o FastWorks e aprendendo bastante, mas em muitos casos acabo invalidando suposições. Devo pivotar, mas não posso, por causa de como me cobram." Foi então que Semper não teve mais nenhuma dúvida de que o EMS estava literalmente impedindo a mudança tão desejada.

Semper recorreu à equipe de cultura que ajudou a criar as GE Beliefs (ver o Capítulo 6) para projetar uma nova abordagem de desempenho alinhada com o FastWorks. Ela insistiu que essa nova abordagem fosse testada com funcionários reais, para provar que funcionaria – com dados reais que mostrariam maior produtividade, rapidez e engajamento. O processo seguido pela equipe de cultura é um exemplo perfeito do papel duplo que as áreas funcionais individuais desempenham na Fase III: *elas tanto apoiam os esforços empreendedores das equipes de produto e projeto quanto criam os próprios processos empreendedores para otimizar suas responsabilidades funcionais.* (Ver o organograma no Capítulo 5, página 120.)

Desenvolvimento de Desempenho na GE
(Performance Development at GE – PD@GE)

O primeiro passo foi criar uma diretoria com cerca de 12 altos executivos a fim de promover o diálogo permanente sobre os processos e progressos dessa mudança extremamente importante. Em seguida, foi realizada uma pesquisa externa sobre como outras organizações estavam mudando suas abordagens para serem menos hierárquicas. Eles conversaram até com uma orquestra sem maestro, para entender melhor como poderiam criar um processo mais de acordo com os resultados pretendidos.

Com algumas ideias em mente, a equipe identificou três grupos de clientes internos que queria atender por meio das novas abordagens e procurou cerca de mil pessoas em diferentes áreas funcionais, unidades de negócios e locais em busca de feedback.

CLIENTE 1: Funcionários da GE
PROBLEMA 1: O EMS não oferece uma conexão pessoal com objetivos, desenvolvimento individual e aspirações profissionais. ("Precisamos de um processo mais contínuo e fluido, e não orientado por eventos.")

CLIENTE 2: Gerentes da GE
PROBLEMA 2: O EMS não lhes dá, de forma eficaz, a capacidade de inspirar, engajar e liderar suas equipes em favor do melhor desempenho possível. ("Passamos muito tempo olhando para trás.")

CLIENTE 3: Membros da alta direção da GE
PROBLEMA 3: Falta ao EMS o poder de melhorar o desempenho individual e das equipes e de desenvolver os funcionários em apoio às necessidades comerciais e à cultura em evolução.

As respostas dos clientes foram muito importantes, mas não foram a aprendizagem principal – que acabou sendo a invalidação de uma suposição do tipo salto de fé tão rígida que sequer fora cogitada como pergunta aos clientes.

Durante anos, a GE utilizou um sistema de cinco pontos para classificar os funcionários em categorias diferentes, variando de "insatisfatório" até "exemplo a seguir".[7] No início do processo de reestruturação, a equipe presumiu que manteria aquele modelo, não importava o que fosse mudado. "Então, percebemos em nossos diálogos com funcionários e gestores que o sistema de classificação era, na verdade, um grande problema", recordou Beihl. "Para a maioria deles, o rótulo não significava nada ou até os desmotivava." Como aquelas categorias afetavam a remuneração e outros prêmios, o antigo sistema precisava ser revisto de ponta a ponta.

Foi uma conclusão impressionante. Eles deixariam de ser guardiões para ser empreendedores, e também descobriram que tinham que tratar os funcionários como empreendedores. Esse panorama é parecido com aquele em que o fundador de uma startup precisa deixar de ser o líder de uma pequena equipe para ser líder de um ecossistema de pequenas equipes (como discutimos no Capítulo 1), a fim de levar a empresa para o próximo nível. Janice Semper lembrou que sua equipe "considerou a área funcional de recursos humanos – que, tradicionalmente, assumiria esse processo – não como um grupo de clientes, mas como uma facilitadora fundamental para essa abordagem".

Testando os componentes do MVP

Após três meses, a equipe lançou seu primeiro MVP: um novo aplicativo que poderia ser utilizado para feedback, diálogo e avaliação. Nos três grupos de clientes examinados, houve uma demanda clara pela preservação de uma cultura de meritocracia. Os funcionários estavam acostumados a obter feedback de seus superiores de todos os escalões, mas também queriam receber feedback de baixo para cima e entre pares. A equipe identificou duas outras suposições do tipo salto de fé antes de construir seu MVP:

1. Se criarmos um meio de os funcionários darem feedback, tal como pediram, eles vão fazer uso disso.
2. Se usarem, vão achá-lo valioso.

Então, o experimento foi desenvolvido e realizado:

- Criaram um aplicativo bem básico, que levava em conta todos os três métodos de feedback (deixando de fora outras funções que sabiam que os clientes iriam querer posteriormente).
- Treinaram 100 funcionários e gestores para utilizar o aplicativo.
- Deram ao grupo treinado duas semanas para testar o aplicativo.

O que aconteceu ao fim das duas semanas? "Voltamos para coletar ensinamentos, e o que aprendemos foi que ninguém tinha feito nada", recordou Janice Semper.

O que deu errado? Primeiro, a equipe tentou atribuir o problema ao aplicativo. Muito complicado? Não. O teste fracassou não porque a ferramenta tecnológica fosse ruim, mas porque não existiam os comportamentos e o ambiente necessários para aplicá-lo de forma eficaz. Os funcionários *disseram* que queriam feedback de baixo para cima e entre pares, mas, quando chegou o momento de fazer isso, sentiram-se bastante desconfortáveis. Na GE, não havia histórico desse tipo de troca, e os funcionários não tinham ideia de como seus colegas reagiriam. Então, adotaram a opção mais segura, ou seja, não fizeram absolutamente nada.

A equipe fez o pivô (com o mantra "Não vamos combater o pivô") de focar nos comportamentos e na cultura necessários para tornar a ferramenta útil em vez de esperar que a ferramenta os criasse. "Essa aprendizagem específica nos ajudou na transição da tecnologia como centro de nossa abordagem de desempenho para o uso da tecnologia como mera facilitadora da abordagem", afirmou Beihl. "Ajudou muito a enfocar uma abordagem do desenvolvimento de desempenho como um produto que tem tudo a ver com comportamentos, novos diálogos e novas formas de trabalho." Nos velhos tempos, segundo ela, a equipe sem dúvida teria lançado o aplicativo por toda a empresa, marcado a caixinha de "feito" em sua lista e seguido adiante. No entanto, na Fase III, apesar do sucesso e do dinamismo vividos pelas organizações, os testes e as validações são mais importantes do que nunca.

É por isso que a equipe de RH – agora uma startup de verdade – iniciou uma série de experimentos a fim de avaliar diferentes abordagens de mudança de comportamento, testando com grupos de funcionários e gestores de no mínimo 20 pessoas e no máximo 100. O que a equipe aprendeu levou à percepção de que nenhuma das ferramentas de gestão de desempenho disponíveis no mercado atenderia aos resultados desejados. Assim, eles tomaram a decisão de voltar ao projeto do aplicativo, agora com seu novo conhecimento, e em três meses tinham uma versão do MVP baseada em feedbacks reais para testar com um grupo maior. Pouparam não só muito tempo como também muito dinheiro, que teria sido gasto na compra de um software complexo e que não se alinhava ao que a equipe queria promover e medir.

Teste-piloto completo

No quarto trimestre daquele primeiro ano, era hora de um teste maior (embora ainda fosse bem pequeno comparado ao tamanho da GE). A equipe implementou a nova abordagem e o aplicativo, que foi projetado para facilitar e apoiar o diálogo permanente entre funcionários e gestores, culminando num resumo simples de final de ano para 5,5 mil funcionários de cinco organizações globais. Mil desses funcionários também utilizaram uma nova abordagem "sem classificação" que a equipe estava testando no lugar do sistema de cinco pontos. Foi pedido aos participantes desse teste-piloto que fizessem de conta que o último trimestre era o ano completo, a fim de aplicar o processo do começo ao fim.

As aprendizagens acumuladas a partir desse teste-piloto envolveram desde mudanças sutis de linguagem – usando a palavra "insights" em vez de "feedback" e dando às pessoas a opção de sugerir que os colegas *continuassem* ou *considerassem* suas ações – até observações que levaram a uma mudança na forma como a ferramenta captou comentários feitos por todas as partes na iteração seguinte. Beihl explicou: "No modelo antigo de trabalho, diríamos a eles que estavam fazendo algo da maneira 'errada' e os ajudaríamos a 'consertar'. Agora, entendemos como eles estavam agindo de fato e pivotamos para satisfazer essas necessidades."

Também havia uma boa notícia de um importante indicador de tendências: 80% dos funcionários que usaram o novo sistema tinham concluído seu resumo de final de ano no fim de janeiro, enquanto menos de 2% dos funcionários que ainda utilizavam o EMS tinham concluído a avaliação.

Com base nesses êxitos, no início de 2015 a equipe começou a expandir o teste por meio de dois métodos básicos:

- Toda a área funcional de RH fez a transição para utilizar o novo sistema, independentemente de se suas unidades de negócios ou organizações eram ou não parte dos cada vez mais numerosos grupos de participantes do teste.

- As unidades de negócios com equipes no programa-piloto foram indagadas a respeito de como queriam realizar a expansão (por meio de subunidades de negócios, unidades de negócios inteiras, etc.). As unidades de negócios que não tinham participado do programa-piloto foram estimuladas a incluir uma pequena equipe no grupo. Ninguém era obrigado a participar; aquelas que concordaram em testar o sistema o fizeram de modo voluntário. O fato de tantas unidades terem se voluntariado foi outro grande indicador de sucesso.

Ao longo de 2015, a quantidade de grupos de teste aumentou e o número de participantes passou de 5,5 mil para cerca de 90 mil. Dentro desses grupos, os funcionários que testaram a avaliação "sem classificação" passaram de mil para 30 mil (em breve vamos falar mais a respeito da adoção desse sistema e de seus efeitos). Em 2016, o aplicativo foi implementado em toda a empresa, com ferramentas de apoio para ajudar os funcionários a utilizá-lo de forma eficaz.

Em dois anos, a equipe PD@GE mudou não só o método de medição de desempenho de "um processo bastante prescritivo, formal e anual para uma abordagem que oferecia um arcabouço e dava liberdade dentro de si mesmo", de acordo com Semper. Mudou também a maneira como as pessoas na empresa veem o sucesso. E – tão importante quanto – demonstrou que até o RH pode atuar como uma startup.

O tipo de reestruturação no cerne da PD@GE não só faz a empresa funcionar melhor como também serve para enviar um sinal claro, por todos os níveis e divisões de uma organização, de que essa forma de trabalho é o novo padrão.

Remuneração e promoção

Quando passamos de um sistema de classificação como aquele que a GE usava antes – em que os funcionários eram avaliados anualmente por meio de um dos cinco rótulos classificatórios[8] – para um sistema que trata a aprendizagem, a sinceridade e os resultados como sinais de sucesso, é difícil entender como isso se converte em progresso na carreira. Isso acabou não se revelando um problema, como mostrou o teste-piloto do subconjunto "sem classificação".

A equipe escolheu três métricas para avaliação:

- Capacidade dos gestores de planejar, preparar e diferenciar salários e bônus de forma eficaz.
    - 77% disseram que seu planejamento salarial era igual ou mais simples do que fora antes do PD@GE, e os resultados eram iguais usando classificações ou não.
- O prêmio e o bônus médio aumentam tanto para os funcionários que participam do teste sem classificação quanto para aqueles que ainda estavam recebendo uma classificação.
    - Esses permaneceram inalterados, indicando que o novo sistema levou em conta a diferenciação em gratificações, apesar das classificações ou da ausência delas.
- Os gestores acreditam que o novo sistema sem classificações lhes permite aliar, de forma eficaz, desempenho e aumentos salariais.
    - 70% dos gestores disseram que não tiveram problemas com isso.

Esses aprendizados mostraram que o sistema sem classificações era um bom plano em termos de gratificação (outras métricas revelaram que os funcionários estavam tendo diálogos mais relevantes com seus colegas e gestores, e que os gestores acharam que tinham uma melhor visão do impacto do funcionário – outros sinais muito bons). Em 2016, a GE decidiu descartar por completo seu antigo sistema de avaliação.[9]

Remuneração como ferramenta de contratação

Pense de novo na discussão sobre participação acionária do Capítulo 3. O fundamental a respeito de incentivos em startups não é apenas o elemento financeiro, mas o fato de que o funcionário de uma startup tem *participação no resultado*, ou seja, um senso de posse sobre seu destino comum. Para os fundadores e funcionários iniciais, a participação acionária propicia essa crença. No entanto, para os funcionários recentes, sobretudo quando a empresa cresce, a participação acionária direta pode não passar muito de um sistema de bônus complexo, pois sua participação é muito baixa.

A WordPress – plataforma de blogs com código aberto que alimenta mais de 27% dos sites atualmente – está estruturada de forma aberta e não hierárquica. Mais de 500 pessoas trabalham na empresa em todo o mundo, e nenhuma delas atua da mesma maneira. "Quero criar um ambiente onde as pessoas tenham autonomia e propósito", explicou o cofundador Matt Mullenweg. "Parte disso é que ninguém diz a ninguém como fazer seu trabalho. É tudo uma questão de resultados." O mesmo espírito se aplica à maneira da WordPress de gerenciar a responsabilização e os incentivos. "Tentamos não fazer nada por decreto", afirmou Mullenweg. "As pessoas podem mudar de modo drástico quando ingressam numa equipe, ou uma equipe pode mudar quando recebe um novo integrante." Muitos dos líderes da empresa alternam funções ao longo do tempo, mas isso não envolve qualquer tipo de mudança na remuneração. Mullenweg quer que as pessoas se sintam bem à vontade para deixar a função de líder se não gostarem desse cargo ou se não estiverem se adaptando. "Em diversas estruturas corporativas, você acaba sendo promovido por gerenciar mais pessoas. Não quero que alguém ache que, para progredir na carreira, precisa se tornar um gestor. Por outro lado, não quero que achem que é ruim sair de um cargo de gestão."[10]

A WordPress possui incentivos nessa linha desde sua fundação, em 2003. No entanto, em organizações mais tradicionais, é necessário mudar a forma de gratificar as pessoas. Isso pode ser bastante difícil, sobretudo num lugar onde os sistemas estão em vigor há muito tempo. Quando converso com executivos, eles muitas vezes afirmam que gostariam de poder propiciar participação acionária aos seus funcionários, diretamente condicionada ao sucesso de longo prazo do projeto atual deles. Para uma startup interna, isso é bem lógico. E mesmo assim, afirmam, as forças misteriosas das "finanças" jamais permitiriam isso. No entanto, quando converso com líderes de áreas financeiras de todo o mundo, todos concordam que não é assim tão complicado construir esse tipo de "participação acionária interna"; o que falta é a disposição dos gerentes gerais a se comprometer com marcos específicos para avaliação do sucesso do projeto.

O trabalho conjunto e multifuncional mostra um possível caminho à frente: uma participação no resultado de startups internas projetada pela área de finanças e apoiada pela convicção da alta direção.

Como afirmou Ryan Smith, chefe da Global Human Resources na GE Business Innovations: "Numa grande empresa, a remuneração tende a ser baseada na consistência e no processo. Pode ser difícil inovar em um lugar como esse." Isso, é claro, é o que torna essa mudança um projeto perfeito para a Fase III. Ao ver tanto sucesso com equipes e processos, fazer experimentações com algo tão sagrado quanto a remuneração parece menos arriscado. As pessoas entendem como a experimentação funciona e, muitas vezes, estão dispostas a tentar.

Foi o caso na GE Ventures, o braço de investimentos da empresa, que surgiu em 2013. Os líderes da unidade de negócios sabiam que, se quisessem atrair os melhores profissionais, tinham que fazer mais do que oferecer apenas um contrato padrão e cruzar os dedos. "Temos um histórico muito bom em relação a engenheiros", comentou Smith. "Só que profissionais de capital de risco não são engenheiros. Eles estão buscando uma remuneração diferenciada."

O que antes teria sido uma importante quebra de protocolo agora era rotineiro no escritório. "Procuramos nossa equipe de liderança e apresentamos a seguinte ideia: 'Queremos remunerar esse conjunto de líderes de um jeito diferente. Queremos testar isso. Podemos?'" A liderança gostou de partes do experimento e aprovou o teste, que foi bem pequeno (o poder de redução de risco num MVP se aplica independentemente do que está sendo testado).

As hipóteses eram: (1) esse novo sistema de remuneração permitirá reter e recompensar alguns talentos essenciais e incomuns da empresa; (2) a nova abordagem de remuneração permitirá recrutar melhor novos funcionários.

Eles finalizaram o texto, fizeram alguns ajustes com base no que aprenderam e implementaram o novo sistema. Smith afirmou: "Se o resultado que queríamos era recompensar, reter e contratar os melhores talentos do mundo, o novo sistema nos permitiu fazer tudo isso num mercado em que jamais havíamos estado. Se você não é capaz de inovar em novos espaços, não vai ter como satisfazer os objetivos do negócio. Acontece que, nesse caso, o objetivo era conseguir as melhores pessoas e retê-las."

Aquisições

Como mencionei no início do capítulo, esse tipo de transformação pode e deve ocorrer em todas as áreas funcionais. Vi resultados incríveis em organizações de todos os tipos, mesmo em áreas de aquisições e cadeia de suprimentos. Só no governo, projetos como o RFP-EZ[11] (Request for Proposal-EZ, um dos primeiros do programa Presidential Innovation Fellows, que criou um mercado on-line onde pequenas empresas podiam participar de concorrências do governo) e o Agile Blanket Purchase Agreement (Agile BPA,[12] que dá a todo o governo acesso a fornecedores que prestam serviços de entrega ágil, como desenvolvimento e operações, design centrado no usuário e desenvolvimento de software ágil) reduziram os requisitos e o tempo necessários para compras, levando a uma resolução mais rápida de problemas críticos. Mas isso não é tudo.

Até os códigos nucleares precisam de reforma das aquisições

Pode parecer bastante improvável que a reforma das aquisições, que muitos consideram desinteressante, esteja ligada a algo tão crítico e singelo quanto a geração de códigos nucleares secretos. Não só é possível como já aconteceu! Em 2016, Matt Fante, diretor de inovação do Diretório de Segurança da Informação da Agência de Segurança Nacional (NSA, na sigla em inglês), criou uma incubadora de startups que agora se chama I-Corps (ou Innovation Corps). Num de seus primeiros projetos, um colega de Fante na NSA, em missão no Comando de Controle Nuclear (Nuclear Command Control), propôs mudar a forma de funcionamento da "no-lone zone". A *no-lone zone* é a área física em que os códigos nucleares secretos são gerados.

É uma imensa responsabilidade. O antigo sistema em vigor exigia que sempre houvesse duas pessoas na sala (daí vem o "no-lone", ou nunca sozinho) para manter o equipamento dos sistemas de comando nuclear e do processo de controle funcionando com segurança. Às vezes, eram necessárias três pessoas para conciliar intervalos e almoços. Elas ficavam presas por várias horas numa minúscula sala protegida. "O que aquelas pessoas mais queriam era liberdade. Poderíamos oferecer isso a elas? A equipe logo compreendeu que aquele era o ponto mais problemático para o cliente", recordou Fante.

A equipe do I-Corps começou a trabalhar com a ideia de construir um KVM (*keyboard video mouse*, ou teclado, vídeo e mouse): uma pessoa chega e utiliza algo como um cartão para efetuar o login. A segunda pessoa faz o mesmo, e o sistema então começa a funcionar, desbloqueando o vídeo, o teclado e o mouse. A menos que duas pessoas estejam presentes, o KVM não fará a autenticação e os sistemas ficarão inoperantes; no final das contas, alcança-se o mesmo resultado de quando duas pessoas ficam sentadas numa sala o dia inteiro. A equipe batizou o dispositivo que eles estavam projetando de Ortros, em homenagem a um monstruoso cão bicéfalo da mitologia grega.

Embora estivesse trabalhando para desenvolver o produto, a equipe não vinha recebendo alguns de seus materiais em tempo hábil, devido ao processo da cadeia de suprimentos governamental peculiarmente seguro e lento da NSA. Em certo momento, quando alguém precisou de uma placa de *breakout*, Fante se dirigiu à equipe, pediu um cabo USB e o cortou ao meio. "Aqui está sua placa de *breakout*", disse ele.

Com os cabos recém-cortados, a equipe conseguiu finalizar o MVP em sete semanas e começou a iterar, resultando numa ferramenta funcional que atendeu às necessidades do cliente num curto período de tempo. Fante e sua equipe construíram um desses sistemas e, num segundo momento, mais 25, e pretendem continuar a expansão. "Isso nos deu uma maneira completamente nova de ser produtivos: apenas com um dispositivo de 200 dólares", afirmou. "Nesse ambiente, convertê-lo num produto funcional no período de um ano é muitíssimo legal." Nesse contexto, essa rapidez é bastante incomum.

Como resultado dessa experiência, a equipe agora tem processos em vigor que permitem a compra de componentes com mais rapidez, enquanto procura por valores e soluções. "Então, começamos o processo completo de aquisição quando finalmente chega a hora de executar", explicou Fante.

O armário do Seattle Children's Hospital

A reforma das aquisições também se estabeleceu na assistência médica. O que começou com a reorganização de um único armário no Seattle Children's Hospital (com base nos métodos do Sistema Toyota de Produção) se disseminou por todo o sistema e se tornou uma filosofia completa, que integra ideias da startup e da manufatura enxutas para formar um ciclo de melhoria contínua denominado Seattle Children's Improvement and Innovation (melhoria e inovação do Hospital Infantil de Seattle).[13]

Em 2006, quando se transferiu do departamento de engenharia clínica para o de cadeia de suprimentos do hospital, Greg Beach levou consigo uma grande bagagem de metodologias enxutas. O hospital se tornou um dos primeiros nos Estados Unidos a adotar os princípios enxutos, reformulando o sistema em um departamento por vez.

No início desse processo, Beach chegou à área de cadeia de suprimentos esperando que as coisas estivessem funcionando sem percalços. Em vez disso, encontrou uma unidade sem métricas nem padrão de trabalho. "As pessoas chegavam às sete ou oito da manhã e iam embora às 15h30, e o que faziam nesse meio-tempo não estava muito bem definido", contou Beach. "A nossa diretora de enfermagem ligava à noite dizendo: 'Estamos sem fraldas, e isso aqui é uma instituição pediátrica.'"

Beach logo descobriu que algumas enfermeiras realizavam pedidos por conta própria. Telefonavam para os fornecedores e incluíam os pedidos no sistema, por vezes pedindo muito mais do que o necessário, para poderem armazenar na unidade e ter a segurança de que não se esgotariam. Às vezes, grande parte dos suprimentos simplesmente não era utilizada. "As pessoas que deveriam cuidar dos pacientes ou fazer análises clínicas estavam ocupadas realizando pedidos", revelou ele.

Foi aí que o departamento de cadeia de suprimentos se voltou para a Toyota. Beach e seus colegas viajaram para o Japão. Lá, aprenderam que os funcionários tinham autonomia para propor melhorias e receberam sugestões de como reduzir o desperdício e gerenciar o estoque de forma eficaz.

Como resultado disso, em 2008 o departamento de cadeia de suprimentos do hospital fez a mudança para o que chamam de "sistema de duas caixas". Duas caixas ficam cheias de todos os itens necessários. Quando a primeira fica vazia, a segunda, que está atrás, é puxada para a frente. Nesse momento, através de um código de barras anexado a cada caixa, um pedido é feito automaticamente ao fornecedor para reposição dos suprimentos.

Embora esse pequeno ajuste pareça simples, envolveu diversas camadas de mudança dentro da organização. Mas valeu a pena: essa medida resultou numa redução de 80 mil horas de trabalho por ano. "Isso significa que quase 40 pessoas puderam se dedicar apenas à cabeceira dos pacientes, a fazer seu trabalho, atuar na enfermagem e fazer o que sabem de melhor", contou Beach. Como não ficam mais ocupados abrindo caixas e realizando pedidos de material, os funcionários da enfermagem podem se concentrar em seu trabalho.

O Seattle Children's Hospital possui clínicas regionais e um centro cirúrgico ambulatorial satélite, todos organizados com o sistema de duas caixas, que foi replicado por outros hospitais americanos. Atualmente, a realização de pedidos, o recebimento e a distribuição de todos os materiais também foram simplificados. "O objetivo era reduzir o tempo de busca e deslocamento da enfermagem", afirmou Beach. Graças a um novo prédio, onde todos os materiais são armazenados e classificados, o tempo de busca e deslocamento foi reduzido em 50%.

Beach revelou que, recentemente, eles trabalharam na criação de carrinhos de suprimentos, abastecidos com os itens mais usados. Assim, a enfermagem não precisa ficar o tempo todo deixando os pacientes para pegar materiais. Na unidade de tratamento intensivo e na emergência, esses carrinhos permitem que o pessoal da enfermagem permaneça mais tempo num determinado espaço, reduzindo a quantidade de vezes que precisa retirar e substituir seus trajes e lavar as mãos, o que também ajuda a prevenir infecções.

INOVAÇÃO PARA A EMPRESA INTEIRA

Em última análise, o objetivo do estilo startup é permitir que toda a organização funcione como um portfólio de startups. Essa é a chave para fazer o tipo de aposta de longo prazo que propicia crescimento e sustentabilidade. Da mesma maneira que pode acontecer com um conjunto de startups num lugar como a Y Combinator, considere que os projetos de inovação numa organização maior também terão uma alta taxa de mortalidade. No entanto, os projetos que sobrevivem de um ano a outro possuem impacto expressivo.

A criação da GE Sustainable Healthcare Solutions

Em 2011, Terri Bresenham, presidente e CEO da GE Sustainable Healthcare Solutions, foi para a Índia como CEO da GE Healthcare Índia para ajudar a implementar novas soluções num mercado em que a GE Healthcare enfrentava dificuldades. Ela tem formação em engenharia, o que na época veio muito a calhar para a grande equipe de engenharia no local.

Quando Bresenham chegou, sua equipe ficou empolgada com a nova forma de trabalho que observou, porque por lá o pessoal já tinha começado a experimentar maneiras de tornar a assistência médica mais acessível num mercado em que permanecia limitada para, segundo as estimativas, 5,8 bilhões de pessoas no mundo inteiro, ao mesmo tempo que estava fora do alcance para cerca de 600 milhões de pessoas na Índia. A equipe de P&D tinha desenvolvido um eletrocardiógrafo portátil de custo ínfimo capaz de realizar um eletrocardiograma por menos de 10 rupias (20 centavos de dólar).

Em 2012, John Flannery, então CEO da GE Índia e ex-CEO da GE Healthcare, decidiu financiar um programa de inovação *in country for country* (ICFC, ou "no país para o país") como parte de uma iniciativa global liderada pela GE Global Growth Organization, que havia criado um fundo para mercados emergentes. Junto com todas as outras unidades de negócios regionais, Bresenham e sua equipe apresentaram seu trabalho, incluindo o eletrocardiógrafo e outros projetos que estavam desenvolvendo. Então, Flannery concedeu-lhes 6,5 milhões de dólares do fundo de inovação para a Índia. Pode parecer um investimento alto, mas considere que o orçamento total de P&D era de 1 bilhão de dólares e você entenderá a dificuldade. "Os céticos diziam que os produtos baratos poderiam reduzir a força de nossa marca, gerar poucos rendimentos e não ter um mercado grande o suficiente para atrair investimentos", recordou Bresenham.

Com o capital inicial na mão, a equipe de P&D decidiu se concentrar numa única área de assistência médica, a fim de simplificar as coisas: um conjunto de produtos para cuidados infantis e maternos, de "aparelhos fundamentais e de custo ínfimo, necessários no nascimento para ressuscitação, ventilação e termorregulação, e que, quando utilizados juntos, podem reduzir as taxas de mortalidade infantil". Quando conheci essa equipe, numa rodada inicial dos projetos do programa FastWorks, seu objetivo era reduzir o custo desses produtos em no mínimo 40%. Os sucessos obtidos – incluindo o projeto de um elemento aquecedor para uma incubadora, que foi posteriormente patenteado – repercutiram em mais projetos, que não só levaram a melhorias no cuidado aos pacientes como também fizeram a receita aumentar. Como Bresenham afirmou: "Foi um ganho mútuo. Houve um resultado financeiro positivo para a GE e um resultado clínico positivo para os pacientes." Em 2012, a receita global referente a esses produtos mais baratos foi de 30 milhões de dólares; no fim de 2015, esse número passou para 260 milhões de dólares.

Esses sucessos levaram à criação de uma nova unidade de negócios para a empresa, a GE Sustainable Healthcare Solutions (SHS), que foi inaugurada no início de 2016, com um investimento de 300 milhões de dólares, e que une a assistência médica na Índia, na Ásia Meridional, na África e no Sudeste Asiático. Bresenham explicou: "Criamos uma unidade de negócios completa em torno do portfólio, concentrada exclusivamente na criação de tecnologias e soluções acessíveis para economias em desenvolvimento, que potencializam novas abordagens, algumas tecnologias inovadoras e sistemas de prestação de serviços de saúde mais relevantes." Essa nova unidade de negócios é administrada ao estilo FastWorks no nível mais alto, sendo em si uma experiência. "Estamos experimentando estruturas organizacionais internamente para capacitar ainda mais nossas equipes a trabalhar de maneiras mais propícias aos mercados emergentes", afirmou Bresenham. "Por exemplo, uma rede de equipes em vez da hierarquia tradicional de gestor e subordinados." Cada região importante possui o próprio diretor de marketing, e esses diretores trabalham juntos e assumem o controle de áreas de estratégia específicas em nome de seus colegas: (1) melhorando a responsabilização coletiva para todas as unidades de negócios e (2) permitindo a transferência de aprendizagem entre diversos mercados com muito mais rapidez. Todo o financiamento para a SHS é realizado por meio de uma diretoria de crescimento, que remonta à decisão inicial de financiar a equipe. Se John Flannery não tivesse feito aquela escolha, a GE teria perdido não só a participação e o crescimento num novo mercado (mais de 35% dos clientes que recentemente compraram um novo tomógrafo de baixo custo jamais tinham comprado um produto da GE) como também a chance de melhorar a vida de milhões de pessoas.

COMO O ESTILO STARTUP ESTIMULA A ACLIMATAÇÃO CULTURAL

O verdadeiro sucesso na adoção dos métodos do estilo startup significa mais do que apenas aplicá-los em produtos e processos já existentes numa organização. O maior impacto ocorre quando as ideias e a forma de trabalho se tornam profundamente arraigadas no DNA de uma empresa. A inovação não está mais sendo aplicada só a projetos ou divisões específicas; como Viv Goldstein, da GE, afirmou, ela é simplesmente "nossa forma de trabalhar agora". Em outras palavras, a nova forma de trabalho se torna parte da cultura. Ben Horowitz, cofundador da Andreessen Horowitz, empresa de capital de risco, definiu isso claramente: "Bichos de estimação no escritório, ioga, alimentos orgânicos: isso não é cultura. [Cultura] é o comportamento coletivo de todos na organização. É o que as pessoas fazem quando são deixadas livres. É a forma como a organização tem que fazer as coisas."[14]

Quero compartilhar algumas outras histórias que exemplificam o estilo startup de pensar em níveis mais baixos da organização. Não são grandes projetos revolucionários. Na verdade, mostram um vislumbre de possíveis ganhos quando pequenos atos de inovação, teste e iteração são aplicados em toda a organização. Imagine cada uma dessas breves cenas acontecendo repetidas vezes, entre milhares ou centenas de milhares de funcionários. Cada gesto é pequeno, mas a soma total do impacto é enorme. Em seguida, considere: quantos avanços que mudaram o mundo não começaram causando pouquíssimo impacto?

FastWorks Everyday

Cerca de dois anos e meio depois que começamos a implantar o FastWorks na GE, a empresa lançou o FastWorks Everyday, projetado para ajudar os funcionários a formular um conjunto de perguntas não só sobre o desenvolvimento de produtos como também sobre tudo que eles fazem, desde a criação de uma apresentação até o anúncio de uma vaga de emprego. Trata tanto de mentalidade quanto da realização de tarefas específicas. Quando os funcionários agem dessa maneira, segundo Goldstein, "isso se torna a base para a mudança completa da cultura da empresa". Como o lançamento do próprio FastWorks (lembra-se da turnê?), o FastWorks Everyday cresceu por meio da iteração, não por decreto. Os funcionários escolheram passar pelo treinamento, e mais de 30 mil já fizeram isso. É possível ter aulas on-line, com o suporte de grupos de discussão e conversas de acompanhamento, ou aulas presenciais de seis a oito horas de duração. A GE está expandindo o programa e criou um grupo de facilitadores do FastWorks Everyday que dão as aulas. À medida que a dinâmica se dissemina, eles vão coletando mais provas irrefutáveis e histórias que exemplificam, sobretudo para os céticos, como essa forma de trabalho é poderosa.

No nível corporativo, Ryan Smith (já citado neste capítulo) se viu aplicando o FastWorks às vagas de emprego da Current, a nova startup de energia digital da empresa.[15] "Resolvemos: 'Vamos tentar algo diferente.' Se estamos tentando promover um negócio novo, mais contemporâneo, semelhante a uma startup, precisamos acompanhar o que está acontecendo no mercado." Com um pequeno grupo, eles transformaram em projeto-piloto a incorporação de vídeos às descrições de vagas, com planos de colher feedback e expandir, caso tudo desse certo. Para tomar a decisão, segundo ele, "não ficamos sentados durante seis meses; montamos um gigantesco estudo de caso, o avaliamos junto a 20 pessoas e obtivemos centenas de milhões de dólares. Dissemos: 'Essa é uma grande ideia. Vamos testá-la com 20 cargos, e rápido. Vamos aprender a partir disso e, então, ver se expandimos ou não.' Esses são os procedimentos do FastWorks."

> "Decidimos tratar a cultura como produto."[16]

Outro sinal de real aceitação cultural desses princípios fica evidente quando eles se estendem aos funcionários que não estão necessariamente envolvidos nos processos do estilo startup. A Asana, startup de tecnologia em hipercrescimento, se baseia nas noções de *mindfulness* (atenção plena) e intencionalidade. "A maioria das empresas acaba tendo uma cultura de forma emergente", afirmou um dos cofundadores, Justin Rosenstein. "Decidimos tratar a cultura como produto."[17] O cofundador Dustin Moskovitz (também cofundador do Facebook) acrescentou: "Desde o início, tivemos a intenção de ser intencionais. Muitas empresas têm essa conversa após anos de existência. Nós falamos sobre isso nas primeiras semanas. Procuramos manifestar essa intenção e mantê-la de modo amplo."

A Asana trabalha para reavaliar e reestruturar regularmente seus valores essenciais e, quando faz uma mudança, lança o novo valor por toda a organização, da mesma maneira que lançaria qualquer outro tipo de produto. Em seguida, passa pelo processo de feedback e iteração a caminho da resolução. A Asana chama esses problemas de "bugs culturais" e trabalha para erradicá-los da mesma forma que erradicaria o bug de um software. Quando alguns funcionários de escalões mais baixos procuraram a direção afirmando se sentir "falsamente empoderados" – tinham o poder de tomada de decisão, mas suas decisões eram frequentemente repelidas pelos superiores –, a empresa lançou um processo para reestruturar a alocação de poder. A Asana foi criada por alguns dos melhores fundadores do mundo. Isso é o que pode acontecer quando os talentos empreendedores são investidos na própria estrutura da corporação em vez de apenas nos produtos.

Inovação social na Intuit

Em 2013, Brad Smith, CEO da Intuit, era o anfitrião do evento beneficente anual da American Heart Association (AHA). Talvez não ficasse imediatamente claro como esse evento representaria uma oportunidade para inovação, mas a Intuit estava tão impregnada de inovação nessa época que podia explorar para além dos limites de seu trabalho tradicional. Seis semanas antes do evento beneficente, Smith formou uma equipe de cinco pessoas – dois designers, um engenheiro, um gerente de produto e um líder de inovação – e pediu que o ajudassem a promover o evento de arrecadação de fundos mais bem-sucedido da história da AHA.

Em cerca de um mês a equipe criou um aplicativo que os voluntários usariam para contabilizar todas as doações, que ficava conectado a um telão projetado no salão principal mostrando o total arrecadado. "Cada vez que alguém fizesse uma doação durante o evento, os números seriam atualizados em tempo real." A equipe tinha duas hipóteses: (1) se o progresso rumo à meta de arrecadação ficasse bastante visível para todos no local do evento, as pessoas se empenhariam em alcançar o objetivo; (2) ao aumentar a emotividade no evento, o telão motivaria os convidados a trabalhar juntos conforme percebessem que todos estavam contribuindo para o mesmo objetivo. Para testar essas hipóteses, duas semanas antes do evento a equipe realizou uma simulação de evento beneficente, incluindo um falso leiloeiro. Cada convidado escolhia uma persona para si próprio e determinava quanto dinheiro queria gastar. Depois da simulação, a equipe fez ajustes com base no que aprendeu e, em seguida, lançou a ferramenta no evento beneficente, em que funcionou perfeitamente.

O objetivo era arrecadar 1 milhão de dólares, e Justin Ruthenbeck, o engenheiro da equipe, recordou: "Tinham sido arrecadados 947 mil dólares, e o leiloeiro disse: 'Há alguém que possa nos ajudar?' Algumas mesas se juntaram e sugeriram: 'Ei, se vocês derem 25, nós daremos 25. Nós damos 35, e vocês dão 35.' Eles ficaram disputando os lances entre si, e, no fim da noite, o evento superou a marca de 1 milhão de dólares e arrecadou 170 mil dólares a mais do que no ano anterior." A partir daí, a ferramenta foi utilizada em todos os eventos beneficentes da AHA da Costa Oeste, e depois disso Ruthenbeck e sua equipe permitiram que qualquer organização a usasse de graça.

MAIS UMA COISA...

Espero que você considere as histórias deste capítulo inspiradoras o bastante para querer mergulhar no trabalho difícil em sua própria organização, não importando em que fase da transformação se encontre neste momento.

No entanto, há mais um tópico que reservei para o fim da Parte 2, pois está longe de ser inspirador. É um trabalho maçante e detalhado, mas é o que faz todas as técnicas que expus até aqui funcionarem.

É o conjunto de mecanismos e métodos que se reúnem num arcabouço denominado *contabilidade para inovação*, e é o assunto do próximo capítulo.

ADVERTÊNCIA: Não experimente a contabilidade para inovação até entender muito bem a matemática que a torna possível.

CAPÍTULO 9
Contabilidade para inovação

No início da IMVU, a empresa que cofundei em 2004, estávamos tentando levantar capital com alguns dos principais investidores de risco do Vale do Silício. Enquanto viajávamos pela Sand Hill Road, preparamos um pitch do progresso que havíamos feito até então. Ela incluía alguns gráficos que mencionei no Capítulo 3, quando contei a história de como ficamos constrangidos com nossos resultados financeiros modestos – apesar de revelarem um progresso evidente –, mas, mesmo assim, ganhamos a confiança e o dinheiro dos investidores, que não só entenderam nosso pensamento de equipe (tudo é uma questão de equipe), como também souberam ler aqueles resultados financeiros tão ínfimos de uma maneira mais sofisticada.

Aqueles investidores entenderam que o ensinamento real do nosso pitch não era que nossa empresa já havia alcançado um grande "valor patrimonial". Olhando para além das métricas de vaidade, eles conseguiram enxergar que: (1) nossas métricas por cliente eram de fato muito promissoras[1] e (2) a mudança nas métricas ao longo do tempo indicava que algo importante tinha acontecido, algo que estava fazendo o gráfico em forma de taco de hóquei decolar. Não era a prova definitiva de que havíamos encontrado a adequação do produto ao mercado, mas era um promissor indicador de tendências. Significava que, se os resultados iniciais se mantivessem ao longo de nossa expansão, teríamos um grande negócio. Em outras palavras, tínhamos abordado duas partes importantes da fórmula de valoração da startup: nossa probabilidade de sucesso futuro e a magnitude estimada desse sucesso.

Reconhecer primeiros sinais de êxito como merecedores de investimento adicional é a habilidade fundamental que move o capital de risco bem-sucedido. No entanto, na maioria dos contextos corporativos as equipes do financeiro não hesitariam em cortar as verbas de projetos como o nosso. Uma crítica muito comum a projetos corporativos em seu início, quando os números brutos são pequenos, é que, mesmo se os primeiros resultados forem promissores, o tamanho da amostra é pequeno demais para ser relevante.

Um projeto de startup necessita de uma nova maneira de interpretar os resultados iniciais que solucione esse dilema básico frequentemente enfrentado por todas as equipes de inovação. Na verdade, uma vez obtido o arcabouço correto, as equipes podem utilizar minha resposta preferida a essas críticas tão comuns: "Você diz que nossa amostra é muito pequena. Ótimo. Que bom que você concorda que nosso orçamento deveria ser maior. Vamos expandir a experiência e obter uma amostra maior." Isso funciona porque enquadra a crítica como se admitisse implicitamente que os resultados iniciais são promissores.

O PITCH FATAL

Testemunhei essa mesmíssima negociação em três contextos bastante distintos. Acontece quando uma startup do Vale do Silício está preparando um pitch em busca de financiamento de algum investidor de risco, mas também quando uma equipe corporativa apresenta um pitch para seu diretor financeiro ou até quando um inventor de garagem está tentando vender uma ideia para seu cônjuge. Todo empreendedor precisa prestar contas a alguém, pois temos o hábito terrível mas persistente de gastar o *dinheiro de outras pessoas*.

O pitch começa com grande alarde:

Prezado [investidor de risco/diretor financeiro/cônjuge], tenho uma oportunidade de negócio para você! Se me der [essa equipe de cinco pessoas/1 milhão de dólares/as economias de toda a nossa vida] e um ano de prazo, prometo a você os resultados mais incríveis. Teremos uma receita de milhões, bilhões de clientes e seremos capa de revista!

Será como naquele filme famoso ou naquele caso da faculdade de negócios que faz você pensar como as startups são incríveis!

Nos círculos de startup, chamamos isso de "promessa plausível": prometer um impacto que seja grande o suficiente para atrair a cobiça do investidor, mas não tão grande a ponto de o fundador parecer um louco. É fundamental chegar ao número correto. Trabalhei com empresas em que uma nova linha de negócios de 25 milhões de dólares por ano era considerada um agente de mudança, e em outras onde esse valor seria ínfimo. Os bons empreendedores são hábeis em aprimorar seu pitch para que pareça minimamente correto.

Então, digamos que os fundadores recebam um sinal verde. Conseguem o dinheiro e o prazo. Agora, vamos avançar na linha do tempo. Digamos que um ano se passou. O que sabemos a respeito de nosso novo e promissor empreendimento? Posso quase garantir o seguinte:

1. Todo o dinheiro foi gasto, e de acordo com o cronograma. Raramente se ouve falar em startups que, seja qual for o contexto, devolvem dinheiro por não terem encontrado uma maneira de gastá-lo.
2. Todos ficaram muito ocupados (outro superpoder empreendedor). Houve inúmeras conquistas e muitas coisas foram feitas.
3. E, se você acompanhou as histórias deste livro, pode imaginar que, na maioria das vezes, os resultados financeiros prometidos no início não foram exatamente atingidos.

Retomemos minha conversa com os investidores de risco da IMVU. É sempre a mesma história: "Então, [investidor de risco/diretor financeiro/cônjuge], temos uma notícia boa e uma má. A má notícia é que erramos nossas metas de prestação de contas. Em vez de milhões de clientes, temos centenas. Em vez de bilhões em receita, temos milhares. Mas... mas... mas... a boa notícia! Aprendemos muito! Estamos quase lá, e se você nos der só mais um ano e mais 10 milhões, prometemos..."

Essa é uma história que, não importa qual seja a plateia – dos bairros mais descolados de São Francisco até as salas de diretoria mais desinteressantes –, sempre arranca risadas sarcásticas e alguns resmungos. Todos sabemos o que vai acontecer a seguir. Esse empreendedor será dispensado. A experiência que tivemos na IMVU é muito atípica: a maioria das startups não sobrevive a um fracasso daquela magnitude.

Agora, quando nós empreendedores – corporativos ou apoiados por capital de risco – nos reunimos, adoramos exalar desprezo e nos queixar dos "capitalistas abutres" e dos diretores financeiros em seus ternos cinza que sempre – sempre! – cortam as verbas de empreendimentos novos e promissores pouco antes de terem a oportunidade de serem bem-sucedidos. E, de fato, a história da tecnologia está repleta desses tipos de erro, como a vez em que os fundadores do Twitter ficaram tão constrangidos com seus modestos resultados iniciais que ofereceram o dinheiro de volta.[2] Alguns até aceitaram!

Mas analisemos o problema do ponto de vista das finanças. Em situações corporativas normais, um gestor que não atinge suas metas trimestrais – mesmo por pouco – se mete em grandes apuros. Na maioria das organizações, um erro de 10% em um trimestre não é suficiente para você ser demitido sumariamente, mas qualquer gestor fica abalado se isso acontecer com muita frequência. E essa política tem certa lógica. Como vimos no Capítulo 1, a gestão do século XX criou um sistema de prestação de contas para garantir que um gestor não obtivesse bons resultados com base apenas em acontecimentos externos ou acasos. Apenas aqueles que conseguem estipular e superar estimativas razoáveis (avaliadas pelo financeiro, é claro) de forma consistente são dignos de elogios e promoções.

Então, por esse ponto de vista, como os empreendedores são vistos? Estamos falando de gestores que erram suas metas não em 10%, mas em duas, três, quatro *ordens de grandeza*. Quem então teria a audácia de pedir mais financiamento quando errou em "apenas" 10.000%?

Uma equipe pode procurar o departamento financeiro com quase nenhum cliente e quase nenhuma receita e pedir para ser tratada como um sucesso. Sim, é possível que essa equipe tenha aprendido coisas incríveis, mas também pode ser que tenha ateado fogo ao dinheiro da empresa e passado um tempo na praia sem fazer nada. Do ponto de vista da contabilidade tradicional, essas duas possibilidades são indistinguíveis. Suas métricas de vaidade são iguais: perto de zero. Como o financeiro deve julgar quem é merecedor de investimento adicional e quem não é? Em quase toda organização que conheço, a resposta de como o financeiro decide é a mesma: política.

Então, isso não é culpa dos nossos colegas do financeiro. Se seu sistema contábil é incapaz de reconhecer a diferença entre o próximo Facebook e Bozo, o Palhaço, você está sofrendo de um colapso total de paradigma. É hora de tentar algo novo.

CONTABILIDADE PARA INOVAÇÃO: O QUE É ISSO?

A startup enxuta gerou diversos slogans bacanas, que cairiam muito bem até num adesivo de para-choque. *Pivô! Produto mínimo viável!* E até mesmo o já conhecido *Saia do prédio*, de Steve Blank. (Sério agora: existem camisetas à venda por aí com esses slogans estampados.) Consigo saber que partes do livro são mais lidas pela quantidade de perguntas que recebo sobre esses conceitos.

Porém, um dos conceitos mais importantes de *A startup enxuta* não ficaria bem num adesivo de para-choque traseiro. E, talvez previsivelmente, também não recebo muitas mensagens sobre esse assunto (embora os poucos comunicados especiais que recebo sejam incríveis). Sabe, envolve muita matemática. Tem a ver com contabilidade.

Poucas coisas neste mundo são consideradas mais chatas do que contabilidade, e as pessoas que escolhem um livro sobre inovação e startups geralmente estão procurando algo um pouco mais empolgante. Acredite, se desse para criar um motor de inovação contínua sem uma reforma contábil, eu seria completamente a favor. Mas minha experiência diz que é impossível.

Quando transformamos nossas organizações e nossa forma de trabalho, também precisamos transformar a contabilidade. Precisamos de algo que alinhe finanças com esse modelo empreendedor. Chamo isso de *contabilidade para inovação* (meus colegas que trabalham com finanças sempre me pedem para fazer esta ressalva: não confunda com contabilidade criativa, pois você pode acabar na cadeia; então, tome cuidado).

A contabilidade para inovação (CI) é um modo de avaliar o progresso quando todas as métricas normalmente utilizadas numa empresa tradicional (receita, clientes, ROI, participação de mercado) são efetivamente zero. Ela:

- Propicia um arcabouço de indicadores de tendências interligados, todos com a possibilidade de prever o sucesso. Cada um desses elos é fundamental e, quando quebrado, exige atenção imediata.
- É um instrumento de concentração para as equipes, mantendo sua atenção nas suposições do tipo salto de fé mais importantes.
- É um vocabulário matemático comum para negociar o uso de recursos entre áreas funcionais, divisões ou regiões concorrentes.
- Fornece uma maneira de aliar o crescimento de longo prazo e P&D a um sistema que segue um processo claro de financiamento da inovação, que pode ser avaliado por seu poder de incentivar a criação de valor.

A contabilidade para inovação permite comparações válidas entre duas ou mais startups, a fim de avaliar quem é mais merecedora de investimento contínuo. É uma maneira de enxergar uma startup ou um projeto de inovação como um instrumento financeiro formal – uma "opção de inovação",[3] por assim dizer – que possui um valor preciso e reflete uma variedade de custos e resultados financeiros futuros.

É um sistema para converter a linguagem vaga da "aprendizagem" na linguagem dura do dinheiro. Fixa um preço não só sobre o sucesso, mas também sobre a informação.

Permite que as organizações quantifiquem a aprendizagem em fluxos de caixa futuros, relacionando-os à estrutura da participação acionária que discutimos no Capítulo 3. Em outras palavras, a CI dá ao financeiro uma maneira de modelar as variáveis que entram na composição da avaliação de uma startup: valor patrimonial, probabilidade de sucesso e magnitude de sucesso. Os primeiros números, como a receita, tendem a ser muito baixos, talvez até um ROI negativo. Politicamente, isso é muito perigoso para projetos de inovação. Assim, temos que conseguir explicar, de modo rigoroso, como esses números baixos podem se tornar altos sem recorrer a uma extrapolação simplista.

É importante observar que a contabilidade para inovação não equivale a um cálculo de participação acionária. Quando calculamos o valor presente líquido (VPL) de possíveis ganhos futuros, estamos estimando a magnitude do possível sucesso, mas não a probabilidade de sucesso do projeto. Dessa maneira, a contabilidade para inovação atua como um conjunto de indicadores capaz de acompanhar o progresso de uma equipe enquanto ela atravessa o "campo da inovação", marcado por duas *extremidades*:

zero ➛ valor atual de CI ➛ valor de participação acionária ➛ plano de fantasia

Uma advertência: este capítulo é necessariamente incompleto. Fornece as ferramentas de alto nível para construir um arcabouço de CI único para sua organização, a fim de estimular o trabalho árduo de aprender a matemática envolvida. Não é um bicho de sete cabeças, mas precisa ser feito corretamente para funcionar bem. Assim como ninguém consegue aprender a contabilidade tradicional em alguns minutos lendo um livro de negócios como este, a contabilidade para inovação também requer estudo cuidadoso e, por ser uma nova disciplina emergente, experimentação criteriosa.

OS TRÊS NÍVEIS DA CONTABILIDADE PARA INOVAÇÃO

Sempre que vou ensinar esse assunto, começo aos poucos. Há muita complexidade num arcabouço completo, demais até para que equipes sofisticadas comecem a usá-lo de imediato. Assim, normalmente decomponho o conceito em três níveis. Em qualquer escala – desde o nível da equipe até o nível do empreendimento –, coaches e gestores devem estar aptos a utilizar o nível correto de complexidade ao cobrar responsabilidade das equipes. E, à medida que elas vão ficando mais sofisticadas, tornam-se capazes de amadurecer suas práticas para se ajustar.

Nível 1: Painel

Cada forma de contabilidade para inovação é projetada para demonstrar aprendizagem validada de modo rigoroso. Como você deve se recordar, no Capítulo 4 observei que para isso é necessário mostrar uma mudança no comportamento do cliente de experimento para experimento. Esses comportamentos são os *inputs* do modelo de negócios, os indicadores de tendências que orientam os *outputs* futuros, como o ROI e a participação de mercado.

O processo da contabilidade para inovação começa com um painel simples, cheio de métricas que as equipes concordam que são importantes. Muitas equipes ainda não têm consciência dos propulsores por trás de suas projeções de receita. Estão concentradas nas metas financeiras, ou outputs – fatores como ROI, participação de mercado e margens –, e não na potência exigida nos bastidores para desenvolvê-las.

Isso as acaba levando a florear suas estimativas, numa tentativa de obter financiamento. Afinal, se o plano de fantasia parece promissor desde o início, você capta mais dinheiro logo de saída. Em vez disso, as equipes se sairiam melhor – e as empresas também – se estivessem analisando os reais propulsores de crescimento e tentassem entender como, ao longo do tempo, esses propulsores poderiam ajudar a tornar o negócio bem-sucedido. A contabilidade para inovação permite rastrear esse tipo de progresso e, com o tempo, converter o que aprendemos numa linguagem compreensível para os departamentos financeiros.

Nesse processo, o principal dado é o input por cliente, algo que pode ser medido numa amostra de qualquer tamanho. Terá o mesmo valor, esteja você analisando 1, 10 ou 100 clientes. E o mais importante: você pode mostrar mudanças nesse dado ao longo do tempo muito antes de conseguir apresentar outros números brutos relevantes.

Entre as métricas de aprendizagem por cliente, incluem-se:

- Taxa de conversão (tal como a porcentagem de clientes que usam a amostra grátis de um produto e depois se tornam clientes pagantes).
- Receita por cliente (a quantia de dinheiro que pagam por um produto, em média).

- Valor do ciclo de vida por cliente (a quantia de dinheiro que a empresa acumula de um cliente típico ao longo de todo o relacionamento dele com a marca).
- Taxa de retenção (a porcentagem de clientes que ainda estão usando o produto depois de certo período de tempo).
- Custo por cliente (quanto custa atender um cliente, em média).
- Taxa de indicação (a porcentagem de clientes que indicam o produto a novos clientes e, em média, quantas indicações eles fazem por unidade de tempo).
- Adoção de canal (a porcentagem de canais de distribuição relevantes que comercializam o produto).

Diversas startups começam com um plano de negócios complicado. Analisam projeções numa planilha pomposa e tentam trabalhar de trás para a frente a partir dela. Um meio mais eficaz de pôr em prática a contabilidade para inovação é começar com um painel simples. Nesse estágio inicial, as equipes podem escolher as métricas que preferirem, desde que sejam simples e acionáveis.

Precisa de ajuda para propor as métricas iniciais? No mínimo, cada painel de CI deve tentar responder às quatro "perguntas-chave" descritas na seção "Contabilidade para inovação em grande escala", que começa na página 262.

Nesse momento, as métricas nem precisam ter relação uma com a outra. A ideia é começar com algo administrável, analisar os números ao longo do tempo e ter um plano. Por exemplo: nesta semana, tenha como meta entrar em contato com três clientes, fazendo-lhes diversas perguntas que esclareçam os seus objetivos e as necessidades deles. Na próxima semana, cinco clientes; e, na terceira semana, sete. Depois, avalie esses números numa base percentual, para ver se estão melhorando ou não. Isso é semelhante à obsessão da Y Combinator de medir o crescimento de suas startups a cada semana.[4]

O painel, embora simples, é poderoso. Em primeiro lugar, ele permite que os clientes sejam vistos pela fábrica de experimentações como um "fluxo". Em vez de dizer: "Vamos fazer o produto e depois mostrá-lo a x clientes", acostume-se a dizer: "Testamos nosso último produto com cinco clientes toda semana. Quando estivermos preparados, podemos aumentar para dez clientes por semana ou até continuar com cinco." A questão é estabelecer uma cadência de lançamentos regulares e contatos regulares com clientes. Nunca é bom para o cálculo da taxa deixar o número cair para zero, mas tudo bem recuar se necessário. Algumas coisas acabam dando errado quando subimos uma escala, e isso é esperado. Simplesmente reduza a taxa.

O segundo poder desse painel é seu efeito de concentração. Se os clientes nem sequer testam nosso produto, não faz diferença qual é sua taxa de recompra. Não importa como é sua retenção de 90 dias nem qualquer coisa que aconteça depois. O painel dá uma noção básica do que está funcionando e do que não está.

Para usar um painel do Nível 1 para cobrar responsabilidade de uma equipe, simplesmente faça esta pergunta: que métricas estão melhorando ao longo do tempo? Por exemplo: uma equipe que está tentando provar que pode cobrar um preço maior por um novo produto pode fazer um MVP inicial que ninguém está disposto a comprar. Assim, no primeiro teste, a receita por cliente é igual a zero. Depois de algumas revisões do produto, talvez a receita tenha crescido para 1 dólar. Isso é progresso, mesmo que o objetivo seja elevá-la para 10 dólares, 100 dólares ou mais.

PAINEL DO NÍVEL 1
MVP 1 da BLH: Barraca de limonada na esquina / Mesas e cadeiras

Marcos:			Lançamento da campanha no Instagram	Redução de preços	Introdução da linha de alimentos	Contratação de estagiário de marketing	Novo local	
	Semana 1	Semana 2	Semana 3	Semana 4	Semana 5	Semana 6	Semana 7	Semana 8
Nº de transeuntes	100	100	125	150	175	200	400	450
Nº de clientes	0	0	5	20	35	45	60	75
Taxa de conversão	0%	0%	4%	13%	20%	23%	15%	17%
Preço por limonada	9	9	9	5	6,5	6,5	7	7
Nº de pedidos por cliente	0	0	1	1	1	2	2	2

Nível 2: Estudo de caso

O Nível 1 não precisa ser abrangente. De certa forma, é um primeiro passo necessário para ajudar as equipes a entender o processo de contabilidade para inovação. Com o Nível 2, vamos um pouco mais fundo. O Nível 2 depende de ter um plano de negócios bem pensado e de identificar as suposições do tipo salto de fé que o movem (ver o Capítulo 4). Agora é hora de começar a ver aquelas suposições como inputs que impulsionam o estudo de caso.

Pense no momento em que o cliente conhece um produto até ele efetuar a compra de fato. Na contabilidade para inovação no Nível 2, um painel é construído para representar a interação completa com o cliente, contendo um conjunto completo das métricas de input que constituem o plano de negócios.

Por exemplo, um painel comum do Nível 1 só terá métricas relacionadas com a receita, e não com os custos ou a retenção a longo prazo. Como qualquer vendedor sabe, você sempre pode aumentar a receita fazendo promessas irreais ou insustentáveis logo de saída. Um painel do Nível 2 tem a intenção de impedir esse tipo de erro.

Esse painel deve propiciar um entendimento amplo do que está acontecendo num negócio. Além disso, deve ser detalhado e claro o suficiente para que qualquer pessoa do financeiro consiga entendê-lo. O mais importante é que esse conjunto de inputs corresponda aos propulsores da planilha por trás do plano de negócios.

Cada métrica exposta no painel deve corresponder a uma suposição salto de fé específica do plano de negócios, e não se deve incluir métricas desnecessárias. Um erro comum do Nível 1 é escolher apenas métricas que fazem a equipe ficar com uma boa imagem. Por exemplo: é fácil impulsionar as vendas se você prometer demais no marketing inicial e baixar bem os preços. Porém, isso inevitavelmente repercutirá em retenção, recompra ou margem ruins. Um painel do Nível 1 pode não incluir essas variáveis avançadas, mas um painel do Nível 2 tem que incluí-las.

Especificamente, é fundamental que o painel inclua a hipótese de valor e a hipótese de crescimento (do Capítulo 4). Tornar quantitativos esses dois conceitos é uma grande melhoria em relação ao modo comum pelo qual investidores e empreendedores falam da adequação do produto ao mercado. Para a hipótese de valor: qual é o comportamento específico do cliente que indica *deleite* com o produto?[5] No Nível 1, podemos utilizar uma variável substituta para isso, como o net promoter score (taxa líquida de promoção ou NPS)[6] ou a pesquisa de "muito decepcionado" de Sean Ellis, fundador e CEO da GrowthHackers.[7] Ambos são bons indicadores da satisfação do cliente, mas são difíceis de converter em dinheiro. Como sabemos qual pontuação NPS é boa o suficiente para convencer pessoas a investir mais tempo e dinheiro num projeto? Em contraste, um indicador de hipótese de valor de Nível 2 deve medir comportamentos como recompra, retenção, disposição para pagar um preço maior ou indicação. Que limite é bom o suficiente? Isso é fácil de responder agora: qualquer número que feche a conta em nossa planilha do plano de negócios.

Motores do crescimento

Da mesma maneira, a hipótese de crescimento pode ser convertida em uma base quantitativa segura. Podemos perguntar: considerando que um cliente gostou do nosso produto, que comportamento específico do consumidor causará a obtenção de mais clientes? Estamos procurando comportamentos que sigam a *lei do crescimento sustentável*: os novos clientes vêm das ações dos clientes anteriores. Isso pode acontecer de três maneiras:

1. O "motor de crescimento recorrente" – o boca a boca é maior que a taxa de atrito natural (e, assim, o crescimento é estabelecido).
2. O "motor de crescimento pago" – podemos pegar a receita que obtemos de um cliente e reinvestir na aquisição de um novo cliente.
3. O "motor de crescimento viral" – novos clientes podem ser recrutados como efeito colateral do uso normal, como acontece com Facebook e PayPal, e até com produtos da moda ou que estejam em alta.

Para cada um desses "motores de crescimento" há um número específico que indica que eles podem crescer de maneira sustentável, e esse número define o limite para a adequação do produto ao mercado. Ao contrário do que se costuma dizer sobre essa adequação – "você vai reconhecer quando vê-la" –, esse número nos permite responder a uma pergunta mais difícil: como sei quão perto estou?

PAINEL DO NÍVEL 2
MVP 2 da BLH: Página inicial do site simples com botão de compra

Marcos:			Lançamento da campanha no Instagram	Redução de preços	Introdução da linha de alimentos	Contratação de estagiário de marketing	Garantia de entrega em até 30 minutos	
	Semana 1	Semana 2	Semana 3	Semana 4	Semana 5	Semana 6	Semana 7	Semana 8
Nº de visitantes do site	500	250	1.750	1.800	2.750	3.000	5.000	7.500
Nº de clientes	0	0	100	500	1.200	1.250	2.500	5.000
Taxa de conversão	0%	0%	6%	28%	44%	42%	50%	67%
Preço por limonada	9	9	9	7	7	7	8,5	8,5
Nº de pedidos por cliente	1	1	1	1	2	3	3	3
Indicações por cliente	0	0	0	1	2	2	3	3
Custo por limonada	2	2	2	2	4,5	4,5	4,5	4,5
Desenvolvimento web	1.000	250	500	0	250	0	750	0
Transporte da entrega	100	100	100	100	100	100	2.500	2.500
Orçamento de marketing	0	0	500	150	500	1.000	1.000	1.000

Nível 3: Valor Presente Líquido

Na contabilidade para inovação do Nível 3, o objetivo é converter aprendizagem em dinheiro, reexecutando o estudo de caso completo após cada novo ajuste nos dados.

Acho válido manter uma planilha com um modelo de negócios inicial: se feita da forma adequada, ela mostra como certos comportamentos do cliente resultam num impacto futuro positivo. Raramente nós a revisamos ao longo do projeto para atualizá-la com o que está de fato acontecendo.

No entanto, isso é necessário nesse nível de contabilidade para inovação. O objetivo aqui é reexecutar aquela planilha inicial com novos números aprendidos das experiências e ver como as coisas mudam. Muito provavelmente, quando fizermos isso com nosso primeiro MVP, o gráfico em forma de taco de hóquei se tornará uma linha horizontal (um primeiro passo deprimente, mas necessário). A partir daí, cada nova experiência significará um novo conjunto de inputs para esse modelo.

Cada nova execução do modelo produz um novo gráfico e um novo conjunto de projeções. Essas projeções podem então ser representadas em termos de valor presente líquido mediante o uso de ferramentas financeiras padronizadas. As mudanças nesse cálculo do VPL representam a conversão direta da aprendizagem em impacto financeiro.

Por exemplo, melhorias pequenas numa taxa de conversão importante levarão o negócio de x para $2x$ ou $10x$ em termos de dólares. De repente, o plano se torna muito mais claro – e mais empolgante. Com cada nova aprendizagem, a informação se converte em termos financeiros por meio da reexecução do modelo. O resultado final é um sistema de prestação de contas pelo qual o financeiro se interessa. Tudo pode ser convertido em impacto futuro e no fluxo de caixa correspondente.

Vou repetir essa ideia fundamental: um painel do Nível 3 torna tudo o que aprendemos traduzível em termos de valor presente líquido. Se aprendermos a mudar nossa taxa de conversão do produto de 1% para 2%, poderemos dizer com precisão quanto isso vale se o produto ganhar escala do jeito que esperamos. Também poderemos atualizar estimativas quanto ao tempo necessário para alcançar essa escala. Ao longo do tempo, vamos efetivamente refinando a planilha do plano de negócios para que fique cada vez mais exata (à medida que inserimos dados novos).

Mais importante, isso estabelece um "campo" que nos permite ver o progresso ao longo do tempo. Imagine se nosso primeiro MVP voltar com uma má notícia e o novo cálculo do VPL resultar em zero. Eu já passei por isso! Em vez de enxergar como uma má notícia, podemos considerar isso como o estabelecimento de uma das *extremidades* do campo. A outra *extremidade* é o plano de fantasia do que prometemos quando começamos. Cada novo MVP, cada novo teste, revela um novo VPL, que é, com sorte, mais próximo do plano de fantasia.

E agora, quando negociarmos com o financeiro, com os investidores de risco ou com outros stakeholders, teremos uma maneira de mostrar o progresso. Só eles podem decidir se nosso progresso é rápido o bastante para passar a confiança de que estamos de fato mudando a probabilidade de sucesso (e eles ainda têm que avaliar se consideram que nosso progresso recente vai continuar). No entanto, pelo menos agora temos um arcabouço e uma linguagem comuns para que essa avaliação seja realizada com rigor. A maioria das equipes com que trabalho – do Vale do Silício ao chão de fábrica – está completamente paralisada, trabalhando muito, despachando novos produtos e novos recursos. Mas se você observar com atenção, verá que elas não estão mexendo nas métricas principais que importam para seu negócio. Isso pode parecer triste, mas na verdade é algo maravilhoso de se descobrir, porque as equipes que têm essa percepção são capazes de pivotar com mais facilidade do que aquelas que não têm certeza se suas estratégias atuais estão funcionando. Em outras palavras, nesse caso, a área financeira tem um papel construtivo a desempenhar, pois, em vez de ser apenas uma guardiã que retarda os procedimentos, ajuda os integrantes das equipes a serem mais eficazes.

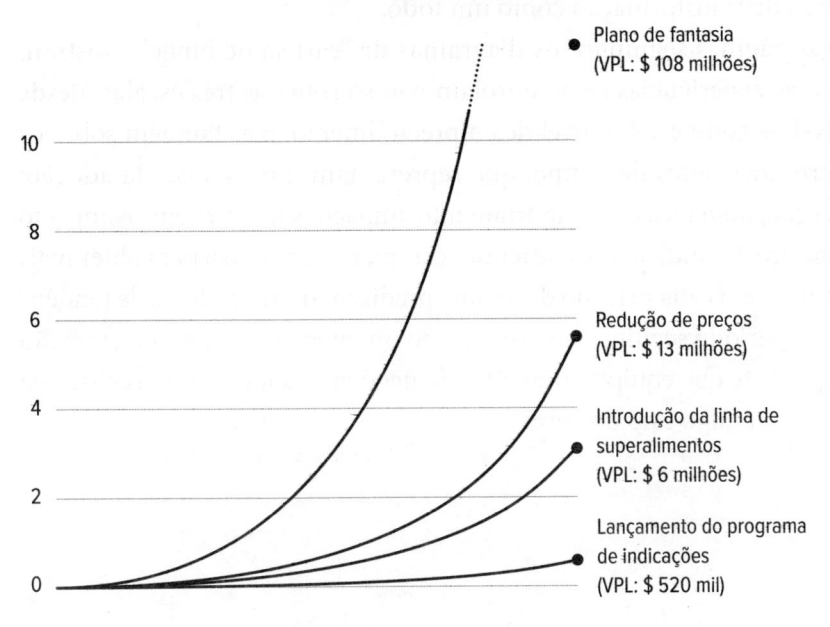

PAINEL DO NÍVEL 3
Receita líquida, em milhões

- Plano de fantasia (VPL: $ 108 milhões)
- Redução de preços (VPL: $ 13 milhões)
- Introdução da linha de superalimentos (VPL: $ 6 milhões)
- Lançamento do programa de indicações (VPL: $ 520 mil)

>>

Até aqui, falei sobre a contabilidade para inovação simplesmente como uma maneira de as equipes individuais relatarem seu progresso e se comunicarem em termos financeiros, mas a CI também é bastante útil para observar como projetos, portfólios de projetos ou até empreendimentos estão mudando ao longo do tempo. E, mais importante, dá o poder de sintetizar essas iniciativas díspares por meio de um vocabulário e um arcabouço de prestação de contas comuns.

CONTABILIDADE PARA INOVAÇÃO EM GRANDE ESCALA: AS "CARTELAS DE BINGO"

Outra vantagem de utilizar a contabilidade para inovação é que ela possui um vocabulário e um conjunto de padrões de prestação de contas que podem ser empregados para projetos de inovação em toda a organização. Lembre-se das três escalas que formam um eixo no diagrama de progresso na introdução da Parte 2 (página 136). A CI permite desenvolver painéis e padrões por meio delas. Podemos utilizá-la até para julgar o sucesso do esforço de transformação como um todo.

Nas páginas seguintes, os diagramas de "cartela de bingo" mostram como as experiências se desenrolam não só sobre as três escalas, desde o nível de equipe até o nível de empreendimento, mas também sobre os quatro horizontes de tempo, que representam o progresso da adoção: execução, mudança de comportamento, impacto sobre o cliente e impacto financeiro. Os indicadores de tendências (ver o Capítulo 6 para obter mais detalhes), em cada período de tempo, predizem os indicadores de tendências do período seguinte, atuando como um mecanismo de concentração que permite que equipes, unidades de negócios e empresas percebam de imediato se algo saiu do rumo.[8]

"CARTELA DE BINGO" DAS PERGUNTAS-CHAVE

	EXECUÇÃO	MUDANÇA DE COMPORTAMENTO	IMPACTO SOBRE O CLIENTE	IMPACTO FINANCEIRO
	"Fizemos o que prometemos?"	"Nosso pessoal está trabalhando de maneira diferente?"	"Os clientes (internos ou externos) reconhecem uma melhoria?"	"Estamos liberando novas fontes de crescimento como empresa?"
EQUIPES DE PROJETO	Criamos equipes para o sucesso (recursos dedicados, líder bem definido, multifuncionalidade, financiamento mensurado, etc.)?	O treinamento chegou ao pessoal que de fato realiza o trabalho?	Os clientes estão sentindo alguma diferença?	Quais são os indicadores de tendências do desempenho financeiro ou da produtividade?
UNIDADE DE NEGÓCIOS / DIRETORIA DE CRESCIMENTO	As divisões e as áreas funcionais implementaram o processo de diretoria de crescimento?	Vistos como portfólio, os projetos dessa unidade de negócios estão usando o processo com êxito?	Como demonstramos que a divisão/ área funcional está melhorando a satisfação do cliente e os resultados?	Estamos liberando novas fontes de crescimento, participação de mercado ou reduzindo custos drasticamente?
CORPORATIVO / TRANSFORMACIONAL	Quem foi treinado e tem seus líderes envolvidos no sistema?	Tornou-se "a forma como trabalhamos" para os nossos funcionários?	A empresa está entregando para os clientes de uma forma mais simples e rápida?	A empresa está alcançando crescimento e produtividade?

"CARTELA DE BINGO" DAS MÉTRICAS-CHAVE DA AMOSTRA

	EXECUÇÃO >	MUDANÇA DE COMPORTAMENTO >	IMPACTO SOBRE O CLIENTE >	IMPACTO FINANCEIRO
	"Fizemos o que prometemos?"	"Nosso pessoal está trabalhando de maneira diferente?"	"Os clientes (internos ou externos) reconhecem uma melhoria?"	"Estamos liberando novas fontes de crescimento como empresa?"
EQUIPES DE PROJETO	Equipe de projeto treinada Líder e apoiador executivo bem definidos Projeto estruturado para vencer	Tempo de ciclo menor Engajamento do cliente mais cedo e mais forte Decisão mais rápida de pivotar/perseverar Suposições salto de fé mais claras	Tempo menor para entrar no mercado/primeira receita Maior satisfação do cliente Indicações de clientes	ROI / margem / participação de mercado VPL do modelo de negócios (avaliação auditada) Ganhos de produtividade
UNIDADE DE NEGÓCIOS / DIRETORIA DE CRESCIMENTO	% de financiamento alocada por meio de diretorias de crescimento % de projetos adotando diretorias de crescimento	Taxa de sucesso do projeto Moral dos funcionários Identificação e eliminação de projetos ineficazes Custo por projeto pré/pós-lançamento	Taxa de ganho Satisfação do cliente em relação aos concorrentes Participação de carteira Tempo menor para entrar no mercado Custo menor para entrar no mercado	Crescimento Produtividade / SG&A (vendas, administrativo e gerais) Desempenho do portfólio (ROI total) Liderança de mercado Avaliação auditada do portfólio
CORPORATIVO / TRANSFORMACIONAL	% da empresa (áreas funcionais, funcionários, unidades de negócios) adotando o novo método % de pessoal treinado por nível % de coaches de alta qualidade	Taxa de sucesso do novo produto Mudança de comportamento das áreas funcionais guardiãs Simplificação em todos os processos Moral dos funcionários	Impacto sobre a marca Satisfação do cliente em relação aos concorrentes Divisão e áreas funcionais se movendo na velocidade do mercado	ROI SG&A Crescimento Preço da ação

Cada coluna e cada linha do primeiro diagrama servem como indicadoras de tendências para a seguinte. As equipes fornecem indicadores de tendências para mudança no nível de divisão, e as divisões, para o nível corporativo. A fim de utilizar os diagramas para identificar e enfocar uma área problemática, responda à pergunta em cada célula, sucessivamente, até que não consiga responder a alguma delas. Em seguida, volte para a célula anterior, de modo a determinar a mudança necessária para seguir adiante.

Cada uma dessas perguntas-chave dá origem a um conjunto de métricas projetadas para respondê-las. Essas métricas, que constituem o segundo diagrama de "cartela de bingo", sem dúvida dependem de cada equipe, da divisão e da escala. Contudo, esse arcabouço permite que uma empresa crie um painel para toda a organização, mostrando como está o desempenho entre os diversos portfólios de equipes.

Como vimos, esses diagramas atuam como ferramenta de concentração. Vi muitas equipes de processos internos (como TI) que implementam um novo "produto", decretam seu uso em toda a empresa e tentam mensurar seu impacto sobre a produtividade. Porém, como ignoraram algumas perguntas-chave, não se deram conta de que ninguém estava usando o novo sistema. Se ninguém o estiver usando, qualquer coisa que mensurarmos nos estágios seguintes – como satisfação do cliente ou melhoria da produtividade – será inválida.

Também observei o problema oposto: equipes que nunca encontram tempo para medir o impacto sobre o negócio. Pense em todos os programas de treinamento corporativo que adoram mostrar as métricas de vaidade das pessoas que concluíram o treinamento; isso independe do fato de elas terem ou não mudado o comportamento após o treinamento.

Ao criar um arcabouço comum, que funciona em todos os tipos de empreendedorismo, a contabilidade para inovação oferece à área funcional ausente um manual de estratégias para utilizar numa série de lugares (e também algumas surpresas, que serão discutidas no próximo capítulo).

O papel do financeiro

Algumas das métricas necessárias para essa abordagem já estão sendo acompanhadas no desenrolar normal das operações da unidade de negócios. Algumas vão exigir trabalho adicional, que servirá apenas para mensurar se os novos métodos estão funcionando. De quem é a responsabilidade de desenvolver essas métricas e estabelecer consistência em todo o portfólio ou até em toda a empresa? Se fosse qualquer outro tipo de projeto, a resposta seria óbvia: o financeiro. Uma área funcional de finanças que queira estimular a inovação (em vez de impedi-la) terá que fazer esse trabalho, preferencialmente em parceria com a nova área funcional de empreendedorismo. Em organizações maiores, também será necessário criar um processo de "auditoria para inovação", para assegurar que esse novo tipo de trabalho padrão esteja sendo adotado em todos os lugares.

Por esse motivo o lançamento inicial do FastWorks, na GE, envolveu a Equipe de Auditoria Corporativa (CAS, na sigla em inglês). Não era uma iniciativa apenas das áreas de engenharia, RH ou marketing. Desde o início, a área de finanças também estava participando. Cada um dos primeiros projetos do programa FastWorks possuía um líder com grande potencial designado pela CAS. À primeira vista, isso pode parecer estranho: quem quer um contador numa equipe de startup?[9] No entanto, construir os modelos necessários à contabilidade para inovação foi de grande ajuda para as equipes multifuncionais iniciais.

Uma auditoria de CI funciona de modo diferente de uma auditoria financeira tradicional. Ela assegura que as equipes estão realizando a contabilidade para inovação num nível adequado ao estágio de seu projeto. As equipes em estágio inicial, com orçamentos mais baixos, podem se virar com um painel que acompanhe somente de três a cinco métricas-chave em relação aos seus marcos de aprendizagem. No entanto, para projetos com níveis maiores de investimento, as equipes devem ter um estudo de caso totalmente desenvolvido e um painel de Nível 3 de CI que mostra o valor financeiro da aprendizagem validada alcançada até aquele momento.

O fundamental nisso não é comparar o progresso de um período curto com o plano de fantasia do estudo de caso, mas compará-lo com o marco anterior. Dessa maneira, as equipes conseguem mostrar o progresso ao longo do tempo. As diretorias de crescimento podem avaliar o valor total de seu portfólio, e a empresa pode ter a confiança de que seus investimentos tendem a dar retorno no futuro.

Da mesma forma que o portfólio de uma empresa de capital de risco é avaliado com base na avaliação hipotética de cada empresa (por meio de financiamentos subsequentes), o portfólio de uma empresa pode ser avaliado com base no valor presente líquido auditado do que ela aprendeu. E isso nos traz a uma técnica que venho citando ao longo deste livro, o sistema que permite que a liderança cobre responsabilidade da equipe e forneça financiamento para crescimento de longo prazo (em vez de ganhos contábeis de curto prazo), e que pode funcionar em uma divisão inteira: a diretoria de crescimento.

O QUE É UMA DIRETORIA DE CRESCIMENTO?

Uma diretoria de crescimento é simplesmente a versão interna de uma diretoria de startup: um grupo que se reúne regularmente para avaliar o progresso das equipes e tomar decisões de financiamento. "As diretorias de crescimento são fundos de capital de risco operacionalizados", explicou David Kidder, cofundador e CEO da Bionic, empresa que instala uma solução integrada de diretorias de crescimento e metodologia enxuta dentro de grandes empresas. (Kidder e eu trabalhamos juntos para ajudar a criar diretorias de crescimento na GE.) "A diretoria de crescimento introduz um arcabouço de decisão para a liderança executiva, que lhe permite gerenciar um portfólio de startups em estágio inicial tal como um investidor de risco gerenciaria."

Numa startup, a diretoria costuma ouvir os fundadores da empresa. Numa organização maior, uma diretoria interna de crescimento cria um ponto único de responsabilização para equipes que estão atuando como startups. As diretorias de crescimento são o ponto de encontro de todas as técnicas de contabilidade para inovação.

A diretoria de crescimento da Dropbox

No Capítulo 1, contei como a Dropbox passou pelo seu momento de segunda fundação e teve de reaprender algumas lições empreendedoras, a fim de encontrar o sucesso por meio do desenvolvimento de produtos revolucionários, como o Paper. A adoção de uma estrutura de diretoria foi fundamental para essa transformação.

"A ideia de ter uma diretoria de autoridade e chamá-la de diretoria foi muito poderosa", afirmou Aditya Agarwal, vice-presidente de engenharia da empresa. A Dropbox está sempre com sete ou oito iniciativas de inovação em andamento. Cada um desses projetos tem um líder de engenharia, um de produto e um de design. Então, dependendo da situação, uma diretoria composta por líderes dessas áreas funcionais, junto com alguns altos executivos da empresa – Agarwal, Todd Jackson e os cofundadores Drew Houston e Arash Ferdowsi –, reúne-se com cada equipe a cada dois meses. "Cobramos responsabilidade delas e lhes damos orientação estratégica de como evoluir ou simplesmente enfatizamos a necessidade de evoluir ou mudar de plano", explicou Agarwal. Para os projetos que, na visão da liderança, têm necessidade de orientação mais regular, essas reuniões são realizadas uma vez por mês. A diretoria também decide quais projetos recebem mais financiamento para continuar explorando suas ideias e quais equipes precisam descartar o que estão fazendo e tentar algo novo.

Algumas vezes, a Dropbox experimentou tratar essas diretorias internas mais como diretorias de startup externas, incluindo participantes externos (análogos a diretores independentes numa diretoria). Vi esse modelo funcionar em outras empresas também, por meio do "empreendedor residente". Porém, do ponto de vista da maioria das startups internas, alguém que não está na cadeia de comando direta dos líderes de equipe é um "diretor externo". Assim, trazer conhecimento de outros domínios, como do principal patrocinador executivo nas outras áreas funcionais, é algo muito poderoso. E a maioria das empresas possui ao menos algumas pessoas com experiência em capital de risco ou startup externa (sobretudo em áreas funcionais de licenciamento ou desenvolvimento corporativo), cujas opiniões também podem desempenhar o papel "externo" muito bem.

O que importa não é a composição da diretoria, mas que seu quadro de membros seja o mesmo em toda reunião. É melhor se reunir com menos frequência do que ter encontros sem algum dos membros. Da mesma forma que numa diretoria de investidores de risco, o atributo mais importante dos diretores de crescimento é a convicção. Eles devem ser indivíduos com posições firmes sobre seus investimentos, que se manterão fiéis às equipes – desde que estejam mostrando progresso real – mesmo quando as métricas forem pequenas. Os diretores de crescimento também possuem uma opinião clara a respeito de que tipos de indicador de tendências são importantes e motivarão retornos muito melhores (como o executivo, no Capítulo 6, que percebeu que o tempo de ciclo menor levaria necessariamente a produtos melhores e clientes mais satisfeitos).

COMO AS DIRETORIAS DE CRESCIMENTO FUNCIONAM

Além de suas obrigações legais e de conformidade, uma diretoria de startup possui três responsabilidades básicas:

1. Ser uma caixa de ressonância para os fundadores e executivos, ajudando-os a traçar estratégias e promovendo reuniões pivotar-ou--perseverar (ver o Capítulo 4).
2. Atuar como órgão centralizador de informações a respeito da startup, assumindo, em nome dos fundadores, o encargo de prestar contas aos principais stakeholders financeiros, como sócios solidários e sócios comanditários da empresa de investimentos (ver o Capítulo 3).
3. Ser guardiã do financiamento futuro, assinando cheques ou estimulando (ou rejeitando) fontes de financiamento externo (ver o Capítulo 3).

Devemos nos lembrar do patrocinador executivo que fazia checagens regulares com uma de suas equipes de startup interna (Capítulo 4) que estava passando por treinamento do método da startup enxuta e acabou aplicando os métodos que ele utilizou nessas reuniões em um telefonema problemático a respeito de um projeto que havia falhado. Não foi um exercício institucional; ninguém fora de sua divisão sequer tinha consciência da existência da diretoria. Mas ele queria ter um espaço onde pudesse fazer perguntas-chave: *O que vocês aprenderam? Como sabem que aprenderam?*

Ao longo do tempo, essa diretoria de crescimento improvisada se tornou um modelo para a empresa replicar. E, quando o processo ficou mais arraigado à trama da organização, tornou-se mais sofisticado. Essa evolução espelha a estrutura das Fases I, II e III discutida entre os Capítulos 6 e 8, mas vi esses elementos sendo adotados de diferentes maneiras.

Então, uma diretoria de crescimento possui mais estas três responsabilidades:

1. Ser o ponto único de responsabilização corporativa para uma startup interna. Algumas diretorias de crescimento são feitas sob medida para atender a apenas uma equipe. Outras têm vida longa e/ou prestam serviços para diversas equipes ao mesmo tempo. Há até aquelas que trazem grupos de equipes para a diretoria simultaneamente, como numa aceleradora de startups.

   Independentemente de sua formação, todas devem ter como objetivo ser o espaço para decisões de pivotar ou perseverar para as startups internas que supervisionam. As melhores diretorias conseguem incentivar os fundadores a refletir sobre seu progresso e questionar se realmente alcançaram a aprendizagem validada ou se apenas iludiram a si mesmos. É diferente de uma avaliação do tipo *stage-gate* (continuar/descartar) e não é eficaz se for antagônica ou arrogante.

2. Atuar como órgão centralizador único de informações a respeito da startup para o resto da corporação. Essa responsabilidade exige uma dose de trabalho real dos diretores, e diversos executivos e equipes levam meses ou até anos para se sentirem confortáveis nesse papel.

   O fundamental é que cada equipe que possui uma diretoria de crescimento se sinta à vontade para rechaçar os infinitos pedidos de atualização de status que recebem dos gerentes de nível médio. Não é que os membros da equipe se recusem a responder; é que eles foram informados que quaisquer pedidos devem ser encaminhados ao alto executivo X, integrante de sua diretoria de crescimento. Os gerentes de nível médio raramente pedem atualizações de status à toa; esses pedidos são quase sempre um prenúncio de pedidos por uma mudança no plano. Fazer esses pedidos a gerentes de nível e posição inferiores na empresa é relativamente livre de custos. Porém, fazer os mesmos pedidos a um alto executivo é muito mais oneroso, politicamente falando. A existência de uma diretoria de crescimento força os gerentes de nível médio a pensar com cautela se eles de fato têm um problema que precisa ser resolvido, ao mesmo tempo que lhes dá um caminho claro e direto para resolvê-lo se ele realmente existir.

3. Fornecer financiamento mensurado para as equipes. No Capítulo 7, discuti os benefícios do financiamento mensurado, em contraste com o tradicional financiamento por direito corporativo. Para as diretorias de crescimento mais avançadas, o financiamento mensurado é a ferramenta definitiva para promover a mudança cultural numa organização. Uma startup interna que é financiada e orientada por uma diretoria de crescimento possui uma verdadeira mentalidade de escassez. Para que o financiamento mensurado funcione, as decisões de financiamento da diretoria de crescimento precisam ser simples: denominadas num orçamento fixo de tempo ou dinheiro. Por exemplo: uma das estratégias de Todd Park foi utilizar um orçamento fixo de "90 dias" no governo. Após 90 dias, as equipes eram dissolvidas, a menos que mostrassem potencial.

Eu recomendo: a startup pode gastar o dinheiro de sua diretoria de crescimento no que quiser, e sem microgerenciamento, mas deve arcar com todos os custos do que utiliza: salários, equipamentos, instalações. Também não é uma questão de alocar custos parciais de despesas gerais da organização controladora. Do Capítulo 6, devemos lembrar que as únicas pessoas que devem trabalhar numa startup são os funcionários dedicados em tempo integral ou os voluntários em meio período. Não devem existir custos de meio período, a menos que a startup decida contratar mão de obra em meio período ou terceirizada. Já vi startups internas buscarem fornecedores externos, como de TI, quando os guardiões internos eram intransigentes. Desde que estejam gastando o próprio dinheiro, tudo bem.

No entanto, a regra inquebrável da diretoria de crescimento deve ser: o dinheiro é seu, mas você *não vai ganhar um centavo a mais* se não mostrar aprendizagem validada. Por isso essa é uma técnica avançada. A maioria das equipes não acredita nessa regra até vê-la sendo aplicada. Contudo, a *maioria dos executivos* também não consegue se controlar e continua jogando dinheiro fora. E lembre-se: grande parte dos subordinados elevou à condição de grande arte a tarefa de convencer seus chefes a financiar seus projetos. Os argumentos a favor de mais uma tentativa são sempre convincentes. Ainda assim, o objetivo máximo da contabilidade para inovação é que essas decisões sejam tomadas com rigor. No processo da diretoria de crescimento, tanto as equipes como os executivos precisam aprender e crescer para atingir esse objetivo.

Assim como duas empresas de capital de risco não têm exatamente o mesmo processo, duas empresas também não encaram as diretorias de crescimento da mesma maneira. E, da mesma forma que um processo de empreendedorismo rigoroso (como o da startup enxuta) não remove o julgamento humano das startups, as diretorias de crescimento também dependem basicamente das pessoas que as constituem. São um mecanismo de concentração que ajuda as equipes e as diretorias a melhorar aquilo que fazem. Ao longo do tempo, vi executivos passarem a tomar decisões de financiamento muito melhores, enquanto suas equipes se tornavam mais eficientes na utilização do financiamento ao estilo startup.

David Kidder, da Bionic, que dirigiu mais de uma centena de diretorias de crescimento para a GE, o Citi e outras grandes empresas, oferece estas dicas para empresas que queiram criar diretorias de crescimento:

1. **Grupo pequeno, pessoas certas:** as diretorias de crescimento devem ser compostas por seis a oito membros do escalão executivo mais alto. O grupo deve ser ágil, ter autoridade para agir e projetar para a organização que esse trabalho é não só permitido como altamente valorizado.

2. **Reuniões frequentes:** as diretorias de crescimento devem se reunir ao menos uma vez por trimestre; se a quantidade de equipes aumentar, um subgrupo pode se reunir com uma frequência maior.

3. **Ação orientada:** na reunião, as diretorias de crescimento devem tomar decisões do tipo *stage-gate*. Os pedidos de acompanhamento, opiniões adicionais, etc., devem ser a exceção, não a regra.

4. **Baseada em fatos:** as diretorias de crescimento devem superar seus vieses a respeito de qual é a resposta "certa" e utilizar a evidência descoberta pelas equipes para tomar decisões.

5. **Sem presença, sem voto:** apenas os diretores presentes podem votar; não são permitidos representantes ou procuradores.

GE Oil & Gas

Eric Gebhardt, atualmente vice-presidente de gestão de produto da GE Energy Connections, foi um defensor do programa FastWorks na GE Oil & Gas no período de lançamento. Enquanto observava as equipes terem sucessos e fracassos e adotarem novas estratégias, ele e sua equipe de executivos fizeram uma descoberta. "Percebemos que deveria haver um mecanismo operacional para executar o FastWorks", recordou ele. "Então, recuamos um pouco e dissemos: 'Se considerarmos o FastWorks um meio de fazer com que projetos individuais se comportem como startups, precisamos de um modelo que seja semelhante ao do capital de risco.'" A pergunta passou a ser a seguinte: "Como podemos colocar um modelo de capital de risco em cima do modelo de startup para todos os projetos individuais, de modo que asseguremos a manutenção de nosso foco estratégico e também de nosso espírito empreendedor?"

A resposta chegou depressa: diretorias de crescimento. A divisão de Gebhardt migrou de diretorias de equipe individuais para o que denominou "líderes de portfólio", que esquematizariam uma tese de crescimento para cada portfólio e, depois, avaliariam como os diversos projetos se encaixavam na tese.

Com algum capital inicial fornecido por Lorenzo Simonelli, presidente e CEO da Oil & Gas, e também com todo o seu apoio, a equipe empreendeu a primeira rodada de diretorias. O arranjo inicial designou uma diretoria de crescimento para cada um dos segundos níveis da área de lucros e perdas da Oil & Gas: superfície, submarino, medição e controle, turbomáquinas e pós-produção. Em seguida, cada grupo definiu uma tese de crescimento ao longo do tempo; por fim, a diretoria analisou o portfólio do projeto como era no dia da criação e como estava o fluxo de entrada.

A pergunta que tentaram responder, Gebhardt explicou, foi: "Como você consegue que seu fluxo de entrada corresponda tão fielmente à tese de crescimento? Foi uma mudança fundamental em nossa forma de atuar."

Além de mudar o modo de trabalhar no nível financeiro, o novo arranjo serviu como uma ótima maneira de educar equipes e líderes nos princípios do FastWorks. (Falaremos mais a respeito disso no Capítulo 10, que discute como a transformação de cada processo interno deve ser executada como uma startup em si.)

"Um dos benefícios foi que encaramos as diretorias de crescimento ao estilo FastWorks. Fizemos suposições sobre o que seria uma boa diretoria de crescimento e pensamos como poderíamos validar as suposições em cada rodada e aprender ao longo do caminho. Consideramos que teríamos cinco minutos de pitch, dois minutos de perguntas e cinco minutos de conversa, e então conseguiríamos tomar uma decisão. O que descobrimos foi que a diretoria não tinha ideia de como os projetos se encaixariam. Foi assim que surgiu toda a ideia de ter uma tese de crescimento: mostrar 'como isso se encaixa num portfólio.'"

Também havia algumas aprendizagens práticas e diárias sobre as melhores maneiras de fazer apresentações para a diretoria: "A princípio, dizíamos: 'Seja livre, e escolheremos o que produzir de melhor'; depois, criamos alguns modelos e formas de estruturar melhor a discussão", continuou Gebhardt. "Trouxemos especialistas externos para obter diversidade de pensamento. Acho que foi muito positivo termos sido humildes em dizer às equipes logo de início que não seria perfeito, e também o fato de elas terem testemunhado nossa melhoria. Não foi fácil, mas, como costuma acontecer, conforme cada equipe ia passando pelo processo e compartilhava sua experiência, a equipe seguinte fazia o mesmo."

A equipe da Oil & Gas realizou mais uma rodada de diretorias de crescimento, com resultados excelentes. O que aconteceu a seguir é um exemplo perfeito de como a transformação se dissemina. A terceira rodada de financiamento foi dada diretamente às equipes de produto dentro da divisão, e a equipe disse: "Vocês dirigem uma diretoria de crescimento. Invistam o dinheiro. Depois, nos procurem e digam como estão direcionando os gastos."

Ao empoderar as pessoas no próximo nível, a equipe depositou sua confiança nelas (embora permanecendo de prontidão como coach, é claro). Os resultados foram imediatos. "Movemos a cadeia de comando para baixo e isso gerou muita inovação", afirmou Gebhardt.

Métricas e resultados da Oil & Gas

Analisemos as duas métricas muito simples que a equipe da Oil & Gas utilizou para medir seu progresso.

1. Que porcentagem de projetos é cancelada, e quanto tempo leva até que sejam interrompidos?
   - *Antes das diretorias de crescimento:* apenas 10% dos projetos da divisão estavam sendo liquidados. Isso significa que 90% dos projetos entregavam algo, não importando se alguém queria essa entrega ou não.
   - *Primeira rodada de diretorias de crescimento*: 20% dos projetos foram eliminados após um ciclo de 90 dias, e por muito menos dinheiro.
   - *Segunda rodada de diretorias de crescimento*: 50% dos projetos foram interrompidos, muitos deles após um ciclo de apenas 60 dias.

2. Como os projetos estão sendo liquidados?
   - *Antes das diretorias de crescimento:* geralmente, não estavam sendo cancelados, por todos os motivos que discutimos até aqui.

- *Primeira rodada de diretorias de crescimento*: os projetos passaram a ser extintos pela diretoria de crescimento.
- *Segunda rodada de diretorias de crescimento*: a responsabilidade passou para as equipes, que "chegavam e apresentavam o caso quase como se quisessem que cancelássemos o projeto".
- *Terceira rodada de diretorias de crescimento* (após o capital inicial ter sido entregue às equipes de produto): as equipes procuravam a diretoria e diziam: "Já interrompemos o projeto." Sob vários aspectos, esse foi um passo muito importante, de acordo com Gebhardt. "O fato era que as equipes se sentiam cada vez melhores por conseguirem tomar aquela decisão. Sabiam que era a coisa certa a fazer e se davam conta de que estavam economizando dinheiro da empresa e que ficaríamos gratos."

Tudo isso levou apenas nove meses. Um período que começou com projetos zumbis, caros e intermináveis, e terminou com equipes de produto autossuficientes, decidindo por si sós se deveriam prosseguir ou não.

A partir daí, o programa continuou a se expandir, feito sob medida para as necessidades da divisão Oil & Gas. Ela desmembrou seus investimentos em três fases:

FASE DE CONSTITUIÇÃO: aprenda o máximo possível a respeito de mercado, modelo de negócios e tecnologia.

FASE DE LANÇAMENTO: desenvolva tecnologia. (Nessa fase, alguns produtos eram rastreados por meio do processo de *stage-gate*, sobretudo os grandes, como sistemas de prevenção de fluxo descontrolado ou turbinas a gás, que têm um processo de segurança crítico.)

FASE DE CRESCIMENTO: expanda as aprendizagens e a produção.

"Discover 10X" do Citi

Baseado na disciplina do capital de risco e nos princípios da startup enxuta, o programa Discover 10X (D10X), do Citi, busca identificar soluções que são, no mínimo, dez vezes melhores para seus clientes. O D10X foi concebido, lançado e moldado pelo Citi Ventures para criar um portfólio rico de conceitos de crescimento validados nas unidades de negócios do Citi. O Citi implementou essa forma de trabalho no nível mais alto, e o D10X virou uma entidade à parte, incluindo múltiplos portfólios, supervisionados por seis diretorias de crescimento. David Kidder, da Bionic, trabalhou junto com Debby Hopkins, ex-diretora de inovação do Citi, para instalar e gerenciar as diretorias de crescimento dentro do programa D10X. Vanessa Colella, atual diretora de inovação do Citi e chefe do Citi Ventures, braço de inovação e capital de risco da empresa, explica que a maioria das ideias é executada dentro de cada unidade, mas que algumas chegam através da diretoria de crescimento, sobretudo quando se aplicam a toda a empresa.

Cada uma dessas diretorias de crescimento promove uma reunião – denominada Deal Day – a cada seis a oito semanas. São encontros em que as equipes podem apresentar suas ideias a um comitê. É um processo contínuo, o que significa que há um Deal Day quase todas as semanas em alguma parte da empresa.

Por meio dos Deal Days, a diretoria de crescimento dá sinal verde e um pequeno financiamento a algumas equipes. Ao contrário de muitas outras empresas com esse tipo de inovação, o Citi não tem um determinado número de horas ou semanas atribuído ou uma verba orçada – ambos variam de acordo com o projeto. Para uma equipe que está progredindo, cada Deal Day representa um passo a mais no caminho. Cerca de 30 a 40% das ideias sobrevivem à primeira rodada, e essas ideias passam então por estágios subsequentes de validação.

Em relação ao financiamento desses novos empreendimentos de risco, Colella afirmou que a visão de longo prazo é a de que o custo será totalmente incorporado às unidades de negócios. As diretorias de crescimento oferecem financiamento na fase de constituição. Quando as ideias se dirigem para a fase de lançamento e quando estão gerando renda ou passos seguintes para as unidades de negócios, migram de volta para essas unidades em busca de financiamento.

O processo de validação do cliente que o Citi pôs em prática é bastante barato. "Estamos falando de muitas de nossas equipes gastando alguns poucos milhares de dólares na validação", afirmou Colella, "porque até você chegar aos estágios posteriores de desenvolvimento de produtos e lançamento, os testes devem ter um custo baixo. É um ciclo razoavelmente curto de financiamentos muito pequenos para avançar. Uma das coisas que conseguimos criar ao desenvolver o D10X foi um processo rigoroso que permite a experimentação com baixo risco."

Por exemplo: Colella revelou que uma equipe teve a ideia de oferecer a clientes corporativos um produto que já fazia parte dos serviços para o investidor institucional. Muitos dos grandes clientes corporativos do Citi têm, como os investidores institucionais, diversas necessidades iguais, como contas bancárias diferentes e operações globais. Os clientes podem achar complexo gerenciar uma ou mais contas em diversos países, mercados e moedas.

Essa ideia da equipe do D10X foi recebida com grande entusiasmo pela diretoria de crescimento. "Dissemos: 'Ótimo, vamos financiar sua ideia. Procurem alguns clientes corporativos e conversem com eles'", recordou Colella. Contudo, o que a equipe aprendeu foi que, embora os clientes concordassem que seus negócios eram complexos, eles utilizavam diversas contas bancárias – algo que aquela iniciativa eliminaria – justamente para lidar melhor com a complexidade e as respectivas regulamentações locais. Rapidamente, a equipe validou a hipótese de que aquela não era uma necessidade para os clientes corporativos do Citi. Ela não estava no caminho para construir uma solução que resolveria o problema de seus clientes. Assim, o projeto foi encerrado.

De acordo com Colella, a maior mudança nas diretorias de crescimento desde que foram criadas foi ver as pessoas de todos os níveis à vontade para não saberem todas as respostas, porém confiantes de que podem encontrá-las. "Isso é importante, e vimos nossos líderes se esmerarem para pressionar, incitar e questionar suas equipes", revelou Colella. "Ainda mais importante é que o questionamento se tornou aceitável em níveis hierárquicos mais baixos."

As diretorias de crescimento também elevaram o poder do Citi de atuar de acordo com seu compromisso de servir ao cliente. "Esse processo nos deu a linguagem para falar de validação a clientes de uma maneira completamente diferente do que apenas dizer 'Vamos focar no cliente'", contou Colella. "Temos um processo e um sistema para validar as necessidades dos nossos clientes, mesmo que em muitos casos eles ainda não saibam quais são."

DIRETORIAS DE CRESCIMENTO CORPORATIVAS

Deixei este capítulo ser complicado de propósito, porque quis dar uma noção de toda a teoria da contabilidade para inovação, ainda que restrições de espaço (e da sanidade dos não matemáticos entre nós) exigissem que eu ignorasse muitos detalhes. Quero deixar claro que nem toda empresa que adota essa nova forma de trabalho enfrenta tanta complexidade. Algumas organizações, muitas delas conhecidas empresas de capital de risco, são administradas por meio de painéis do Nível 1. Dependem muito mais do julgamento e do caráter das pessoas que tomam as decisões de investimento. Não é por acaso que até mesmo as sociedades de capital de risco mais bem-sucedidas são bastante pequenas em termos de padrões corporativos. Para manter essas práticas em escalas cada vez maiores, é necessário mais da teoria apresentada neste capítulo.

Cada organização terá de encontrar o próprio caminho. O que quero é que você esteja munido de respostas mais complexas caso precise delas.

E quero fazer uma última sugestão.

Um dos flagelos das equipes de inovação internas é que divisões existentes da empresa impõem "taxação sem representatividade". Muitas vezes, querem controlar o projeto (porque receiam que haja consequências negativas para o *status quo*), mas não concedem financiamento para o projeto (porque prefeririam investir em coisas de curto prazo que estão funcionando hoje). Essa combinação dá origem ao problema descrito em *O dilema da inovação*, de Clayton Christensen.

A contabilidade para inovação sugere um caminho possível para solucionar esse problema. Junto com diretorias de crescimento nos níveis de divisão e de área funcional, que alocam financiamento e cobram responsabilidade das equipes dentro das estruturas existentes, eu sugeriria uma diretoria de crescimento no nível da corporação, que poderia financiar e acelerar novas startups que nenhuma divisão existente quisesse custear, e criar "Fusões e Aquisições" e "IPOs" (ofertas públicas de ações) equivalentes, exatamente como numa startup externa. Se em algum momento uma divisão quiser exercer controle sobre o destino de uma startup interna, deixe-a adquiri-la por meio de seu orçamento de fusões e aquisições. A CI dará à área de finanças uma metodologia rigorosa para fixar um preço justo. E, se nenhuma divisão quiser pagar esse preço, crie um mecanismo para que a startup faça uma "IPO" e se torne uma divisão autônoma, caso seus resultados justifiquem isso.

Se você chegar tão longe, por que não usar esses eventos de "Fusões e Aquisições" e "IPOs" para estimular a área de finanças a criar participação acionária na startup interna que esteja ligada ao sucesso do projeto? Não por meio de bônus pagos para marcos temporários de curto prazo, mas de participação acionária real ligada apenas ao desempenho de longo prazo.

Para a maioria das organizações, essas ideias são muito radicais para sequer serem consideradas. No entanto, sobretudo para a próxima geração de fundadores, que estão definindo qual é o tipo de organização que querem deixar como legado, por que você não gostaria que seus melhores funcionários aproveitassem as recompensas, o foco e o crescimento resultantes do verdadeiro empreendedorismo de alto risco?

O que naturalmente suscita estas perguntas: quais funcionários devem ser considerados empreendedores? E, se criarmos essa nova área funcional ausente, qual deverá ser seu escopo? Ela deverá ser responsável por quais atividades? As respostas podem surpreendê-lo. São o assunto da Parte 3.

PARTE 3

O QUADRO GLOBAL

Pode parecer razoável perguntar: como são as Fases IV e V do estilo startup? Ou ainda: como saber se a transformação está concluída? As duas perguntas são razoáveis, mas, pela minha experiência, não são exatamente apropriadas.

Uma vez que se incorpora à trama cotidiana de uma organização, essa forma de trabalho deixa de ser considerada uma transformação, o que não quer dizer que novas ferramentas e técnicas não serão introduzidas. No entanto, precisamente porque o estilo startup de trabalho é bastante flexível, com equipes se auto-organizando em torno de novas ideias e os coaches difundindo as práticas que funcionam, esses processos subsequentes não serão tão disruptivos ou desafiadores quanto a transformação original que criou a plataforma de difusão. O ciclo de inovação contínua ficará completamente arraigado e será capaz de absorver mudança e crescimento.

Então, o que acontece a seguir?

A organização precisa migrar da inovação contínua para a *transformação contínua*: um ciclo permanente de mudança, que pode afetar não só uma área funcional, um projeto ou uma equipe, como a própria estrutura da organização.

A TRANSFORMAÇÃO CONTÍNUA REQUER UMA ABORDAGEM CRITERIOSA

Os fundadores que construíram uma cultura empresarial do zero têm uma imensa vantagem quando chega a hora de transformar: a autoridade moral que trazem como fundadores e as habilidades e a musculatura que desenvolveram para fazer isso acontecer.

O lado bom de revigorar uma organização com os métodos que expus é que você efetivamente funda a empresa novamente (ver o Capítulo 8 para obter mais detalhes sobre a segunda fundação). Isso significa que as pessoas que promoveram a mudança são um recurso bastante importante. Como mostra a história de Janice Semper à frente da startup Performance Development na GE, líderes que se encarregam desse tipo de processo são permanentemente afetados. Eles aprendem a pensar de uma forma nova e mais experimental. São capazes de empoderar equipes para testar projetos mais arrojados e cobrar responsabilidade por meio do criterioso processo de contabilidade para inovação. No futuro, quando a grande mudança se aproximar, será a eles que qualquer liderança sensata vai recorrer para orientação. As pessoas que trabalham com eles tendem a ser líderes de transformações futuras.

Cada organização deveria ter um programa ativo de experimentação de novos métodos gerenciais e formas organizacionais. Esses programas deveriam ser MVPs, iniciados com cautela e com responsabilidade bem definida, e dirigidos pelos tipos de pessoa capazes de liderar a próxima transformação em toda a empresa.

TRANSFORMAÇÃO CRITERIOSA É EMPREENDEDORISMO

Então, quem são essas pessoas? São empreendedores. Uma transformação corporativa se assemelha muito ao processo de criação de uma startup, pois possui o mesmo tipo de risco, crescimento rápido e impacto profundo. Apesar de o ROI dessas transformações ser gigantesco, elas também requerem o mesmo tipo de administração, financiamento e modelo de processo; além disso, para alcançar uma transformação excelente, é necessário um conjunto de habilidades semelhante ao que é necessário para construir uma startup do zero.

Se seguir essa linha de raciocínio, espero que você perceba que precisamos tratar a mudança organizacional como parte fundamental da área funcional ausente, além de desenvolver planos de carreira e sistemas de prestação de contas para executar esse tipo de função. E temos que fornecer treinamento multifuncional para pessoas cuja principal experiência empreendedora resida na construção de novos produtos ou de novos tipos de empresa. A propósito, esse treinamento multifuncional não é necessário só em empresas tradicionais, sendo parte considerável do poder do Vale do Silício (ver a tese de Reid Hoffman, cofundador do LinkedIn, sobre *blitzscaling*). Até agora, o treinamento multifuncional assumiu a forma de conhecimento esotérico transmitido pelos investidores e fundadores para a próxima geração. No entanto, todos nós podemos nos beneficiar ao sistematizar esse método e trazê-lo à luz (como acho que *A startup enxuta* demonstrou).

O QUADRO MAIS AMPLO

Na Parte 2, enfocamos e analisamos detalhadamente os mecanismos para a transformação e os resultados que podem surtir disso. Na Parte 3, quero analisar questões mais amplas. Onde deve ficar o motor da transformação contínua numa organização? E, uma vez que esteja em pleno funcionamento, como pode ser utilizado para mudar não só as práticas empresariais, como também os sistemas e leis que apoiam todos nós? Como funciona uma economia constituída dessas organizações de fato modernas?

Acredito que esse tipo de transformação possui implicações que vão além dos cenários que já consideramos. Uma vez que nos sentirmos à vontade com a mudança contínua na escala mostrada neste livro, poderemos começar a pensar fora dos limites das organizações individuais, a considerar como a inovação e a transformação afetariam a sociedade em geral. Como podemos utilizá-las para mudar nossa forma de dar apoio às pessoas, desenvolver políticas e criar uma base operacional não só para empresas, mas para o nosso país? Como gerar um ciclo de transformação contínua na sociedade? Como seria um mundo cheio de instituições trabalhando dessa forma?

Essas são, é claro, questões com implicações enormes. O que não significa que não possam ser enfrentadas. Lembre-se: no início do livro, você provavelmente achou que transformações culturais como as da GE e do Serviço de Cidadania e Imigração dos Estados Unidos eram impossíveis. Então, façamos mais uma experiência juntos: vamos pensar de modo ainda mais abrangente sobre o que o estilo startup – e seus empreendedores – pode realizar.

CAPÍTULO 10

Uma teoria unificada do empreendedorismo

Posso ser realista por um momento?

Quais são as chances de que, sentado aqui na Califórnia, escrevendo este livro, eu tenha inventado o Único e Verdadeiro Sistema de Gestão de Todos os Tempos? Quais são as chances de que disrupções futuras nas comunicações, no trabalho, na manufatura e até na própria ciência sejam facilmente satisfeitas com essa estrutura única? Um olhar superficial na taxa de mudanças induzidas por tecnologias exponenciais deve nos fazer pensar bem antes de cantar vitória. E quantos ambiciosos "gurus" da administração não apareceram e desapareceram nos últimos 50 anos, cada um prometendo um tipo de nirvana permanente se você simplesmente seguisse seus conselhos?

Não quero ser um "guru". Para mim, essa é uma forma muito tola de encarar a questão. Permita que eu proponha outro jeito de ver as coisas.

Uma das empresas para as quais prestei consultoria voltou a me procurar depois de anos realizando diversas revisões importantes em seu sistema de startup enxuta. A empresa seguiu mais ou menos a trajetória que esquematizei na Parte 2, substituindo a versão "1.0" pela "2.0" e assim por diante. Quando estava preparando a versão "4.0", quis discutir o que aconteceria nos anos seguintes, depois que refinasse o que tinha aprendido ou até adicionasse novas técnicas, emprestadas de outras fontes que não o modelo startup enxuta. Acho que estavam sendo cuidadosos, torcendo para que eu não ficasse chateado com sua falta de ortodoxia. Mas é claro que nada poderia me deixar mais feliz do que ver novas ideias integradas à estrutura da empresa – desde que realmente funcionassem.

Essa é a verdade nua e crua para todos os fundadores de transformações e também de startups. A certa altura, quando sua transformação estiver poderosa o bastante para ser efetuada em toda a empresa, quando tiver prevalecido sobre qualquer outra cultura vigente até então, ela também será *muito grande* para mudanças radicais subsequentes. Na GE, por exemplo, qualquer modificação no programa FastWorks precisa alcançar centenas de milhares de funcionários para ser bem-sucedida. É da natureza humana enxergar qualquer modificação como um movimento arriscado que pode custar caro se não estiver correto.

Já discutimos a solução para esse problema, embora em outros domínios. Depois que uma transformação alcança escala, a abordagem correta é *iniciar uma nova transformação*, com um novo fundador e uma nova equipe startup. Testar, experimentar e aprender. Ver como – ou se – a nova abordagem aprimora a anterior. E, dependendo do que esses experimentos mostrarem, integrar a nova abordagem ao sistema existente ou substituir esse sistema por completo. Como sempre, os experimentos nos dão o luxo de pensar com ousadia sem corrermos risco excessivo, mas também a capacidade de aumentar a escala rapidamente se nossas ousadas apostas compensarem.

Em outras palavras, da mesma forma que *A startup enxuta* defendeu uma mudança no pensamento de inovação para *inovação contínua*, espero que este livro o deixe ávido não só por transformação, mas por *transformação contínua*. Ou, como Viv Goldstein afirmou, com apetite para criar um ciclo de processo infinito que envolva "mudança constante. Porque envolve desafiar a si mesmo e ao *status quo* constantemente".

De fato, acho que seria melhor para todos nós enxergar a transformação como uma realidade no futuro próximo. Prevejo que os administradores do século XXI conhecerão tantas transformações organizacionais quantas plataformas de novos produtos e verão as formas organizacionais da mesma maneira que vemos nossos smartphones – ou seja, como algo que é top de linha por algum tempo, mas é logo superado. As palavras finais da paródia intitulada "Uma carta aberta às pessoas do mundo", de autoria do "Fake Steve Jobs", escrita à época do lançamento do primeiro iPad, expressam bem a situação: "Segure seu iPad. Olhe para ele. Reze para ele. Deixe-o transformá-lo. E faça isso logo, porque, antes que você se dê conta, vamos lançar a versão 2, que fará com que este pareça uma porcaria total. Que a paz esteja convosco."

Porém, ao contrário das intermináveis reorganizações da administração do final do século XX, as organizações do amanhã não poderão arcar com o imenso desperdício, a política e a burocracia resultantes de se fazer mudanças de maneira desdenhosa. Temos que buscar a disciplina para implementarmos mudanças rigorosas, assegurando sempre que o desempenho da nova estrutura supere o da antiga.

Eis a boa notícia que me pegou de surpresa há alguns anos: as diversas habilidades necessárias para a realização da transformação ao estilo startup são bastante transferíveis e melhor entendidas como uma capacidade organizacional permanente do que como um evento único.

EMPREENDEDORISMO CORPORATIVO

Pense novamente na definição original de startup que elaborei por volta de 2012: uma instituição humana projetada para criar novos produtos ou serviços sob condições de incerteza extrema.

Como tenho certeza de que você já inferiu a esta altura, o contexto em que você trabalha é que o torna um empreendedor, e não alguma qualidade superficial.

Assim, em qualquer organização, quem atende a essa definição? Acho que existem alguns candidatos óbvios, como gestores que lideram equipes de projeto que desenvolvem e lançam produtos ou serviços radicalmente novos. Nesse caso, a incerteza é causada pela própria equipe: não sabemos se os clientes vão querer esses novos produtos. Mas é fácil aplicar essa lógica a casos parecidos. E quanto à introdução de um novo produto num novo mercado? Certa vez trabalhei com uma equipe que tentava levar uma série de produtos fabricados nos Estados Unidos para o Iraque do pós-guerra. O plano parecia bastante razoável, baseado em sucessos anteriores em outros países do Oriente Médio, como Arábia Saudita e Catar, ou com um nível semelhante de desenvolvimento. Mas era o Iraque do pós-guerra! A realidade era extremamente complexa e a política era nebulosa, então muitas das regras bem elaboradas do manual de estratégia não funcionaram muito bem.

A mesma situação ocorre em inovações de modelo de negócios, como foi o caso do Dollar Shave Club. Qualquer novo projeto que procure experimentar uma nova abordagem estratégica introduz incertezas.

Até aqui, basicamente repeti tudo o que expus nos capítulos anteriores. Agora, quero me aventurar num terreno mais exótico.

Se você concordar com minha afirmação de que diversas organizações – incluindo muitas startups recentes – possuem o mesmo defeito estrutural, então acho que entenderá por que me dediquei tanto à tarefa de tentar promover a evolução de organizações mais antigas para o novo formato de empresa moderna.

E se eu lhe dissesse que tenho uma ótima ideia de negócio? Um sistema de TI novo e radical que melhorará de forma considerável a produtividade corporativa num determinado setor de atividade. Basta que os clientes se comprometam a integrar esse novo software ao seu atual fluxo de trabalho, por um custo elevado e ao longo de muitos anos. Mas, no fim, o benefício será tão grande que estou convencido de que eles ficarão felizes por terem se esforçado tanto, e a empresa ficará satisfeita em absorver o custo de dezenas de funcionários que serão desviados para esse novo projeto em tempo integral. (Essa descrição hipotética corresponde perfeitamente a um disruptor de TI de itens de grande valor, como a Palantir.)

Nessa história, sou claramente um empreendedor. Esse cenário também descreve uma quantidade razoável de projetos de TI puramente *internos*. Todo desenvolvimento de software em grande escala é inerentemente incerto, sobretudo se atua no domínio além dos "requisitos", tal como algo que altera radicalmente o fluxo de trabalho existente. Além disso, em inúmeras organizações a melhoria da produtividade é uma senha para demissões em massa ou reduções da força de trabalho; então, ela inclui a bela surpresa da incerteza extra trazida pelos funcionários relutantes. O gestor de TI responsável por esse projeto também pode ser considerado um empreendedor.

Agora, considere a parábola do parágrafo anterior e substitua a área funcional por outra, como, por exemplo, recursos humanos. Recordemos a história do Capítulo 8 sobre Janice Semper, líder do novo projeto de Desenvolvimento de Desempenho da GE. Esse projeto possui todos os atributos distintivos de uma verdadeira aventura startup, apesar de não ter nenhuma de suas características aparentes.

Por isso, tentei com afinco estabelecer conexões entre a modernização de uma organização mais antiga e o desenvolvimento de uma startup começando do zero. Na realidade, são dois lados da mesma moeda.

Então, como denominamos esse trabalho de "evolução" de uma organização para se adaptar melhor ao mundo? Muitas das melhores práticas para reorganização se enquadram no título *gestão da mudança*. No entanto, essa evolução específica requer algo diferente. Ao longo dos anos, venho explicando a duras penas por que essa mudança em particular é tão difícil e exaustiva que precisa de um tipo específico de pessoa para ter sucesso. Além disso, requer:

- Habilidades de liderança do tipo mais peculiar, já que a transformação coloca seu líder diante de reações hostis de pessoas experientes, cujas vida e carreira se baseiam intensamente no *status quo*.
- Experimentação audaciosa, pois, além do arcabouço geral que apresentei até agora, toda organização precisa encontrar a própria forma, as próprias adaptações ao contexto específico em que atua.
- A ousadia de investir na mudança ampla de toda a empresa, e a paciência de esperar até o momento certo para assumir esse compromisso. A disciplina para começar com pequenos e lentos experimentos que talvez acelerem a chegada do momento certo.
- O tipo mais difícil de colaboração multifuncional: recrutar líderes funcionais na criação de áreas funcionais novas e conflitantes, quebrando silos funcionais antigos e exigindo que inimigos antigos assumam uma causa comum.

E, mesmo depois de todo esse esforço extenuante, *pode ser que não funcione*. Os motivos são vários: patrocinadores executivos que se acovardam, mudanças de mercado, reorganizações internas conflitantes, contra-ataque coordenado de inimigos poderosos dentro da empresa ou, mais importante, mudanças na concorrência externa e nas condições de mercado que podem abalar até os melhores planos.

Isso lhe soa familiar?

Chamo a transformação corporativa – a revisão completa da estrutura existente de uma organização – de *empreendedorismo corporativo*. E é tão difícil, incerto e potencialmente recompensador quanto qualquer outro tipo de empreendedorismo.

UMA TEORIA UNIFICADA DO EMPREENDEDORISMO

Eis uma forma ótima de colocar todas essas ideias juntas. Hoje, a maioria das organizações (não importa o tamanho) realiza, em alguma escala, as atividades a seguir:

- Criar produtos novos e buscar novas fontes de crescimento.
- Criar novos "produtos internos", como sistemas de TI e políticas de RH.
- Realizar desenvolvimento corporativo: compra de outras empresas e startups, de empresas derivadas, investimento de capital de risco em startups, licenciamento e transferência de tecnologia.
- Realizar reestruturação ou transformação corporativa, como a criação de uma equipe corporativa (como a responsável pelo programa FastWorks) para a introdução de uma nova forma de trabalho.

Acredito que essas quatro atividades têm mais em comum do que se imagina. Na verdade, são tão afins que devem ser gerenciadas de forma centralizada e com o apoio de uma única área funcional abrangente. Esses são os pilares da área funcional ausente do empreendedorismo. Ao buscar a excelência em todas essas quatro atividades, uma empresa moderna começa a de fato se diferenciar do que existia antes.

No entanto, como afirmei no Capítulo 2, quando apresentei pela primeira vez o termo área funcional ausente, isso não tinha a ver apenas com organogramas e cartões de visita. Não tenho certeza se é importante que uma empresa crie formalmente o cargo de diretor de empreendedorismo.

Em alguns lugares, a "inovação corporativa" fica com a área de marketing; em outros, sob a responsabilidade do diretor de tecnologia. Esses detalhes não são essenciais. O importante é que a organização faça o seguinte:

1. Atribua a alguém a responsabilidade sobre a área funcional de empreendedorismo (muitas delas não têm nenhum responsável).
2. Dê a essas pessoas uma responsabilidade operacional real em vez de nomeá-las apenas para tentarem prever o futuro ou serem instigadoras (como o são muitos "diretores de inovação").
3. Crie um plano de carreira e um processo especializado de desenvolvimento de desempenho para o talento empreendedor (isso vai gerar um padrão que poderá ser utilizado em todas as frentes, não importando que área funcional ou divisão seja afetada).
4. Facilite o treinamento multifuncional dos empreendedores em todos os pilares. (Eis por que os investidores de risco que tiveram experiências operacionais como fundadores são altamente valorizados, embora eu deva mencionar que muitos tiveram êxito mesmo sem ter tido essa experiência. O que importa é a mentalidade, não o currículo.)
5. Ofereça treinamento, orientação, suporte, coaching e melhores práticas projetados para fomentar a excelência no empreendedorismo em toda a organização.
6. Assuma (embora isso contrarie um pouco o senso comum) a responsabilidade de educar os *não empreendedores* da organização, que, apesar de não necessariamente atuarem como propulsores da mudança, ainda assim precisarão adotar uma forma de trabalho mais empreendedora.
7. Dê uma chance ao empreendedorismo quando outras áreas funcionais – sobretudo aquelas que atuam como guardiãs – estiverem definindo a política da empresa. Isso é ainda mais importante para as áreas financeira, jurídica, de recursos humanos e de TI.

Juntos, esses compromissos constituem a estrutura abrangente do empreendedorismo como área funcional corporativa. Na página 295, um organograma mostra todos os elementos da *teoria unificada do empreen-*

dedorismo. Preste atenção especial nas nove atividades gerenciadas pela área funcional de empreendedorismo.

TRANSFORMAÇÃO CONTÍNUA

As pessoas corajosas que você conheceu nos capítulos anteriores – como Janice Semper e Viv Goldstein, da GE; Jeff Smith, da IBM; Ben Blank, da Intuit; e Todd Park, ex-diretor de tecnologia dos Estados Unidos – são exemplos de empreendedores corporativos, exatamente como os fundadores de startups mostrados em capas de revistas. Discutimos a insensatez de enviar equipes de novos produtos para lutar de mãos atadas contra os concorrentes. Também é insensato mandar paladinos da transformação lutarem internamente sem apoio.

Eles precisam das mesmas coisas de que todo empreendedor precisa: para começar, financiamento limitado, mas seguro; acesso livre a recursos escaláveis (quando a necessidade é comprovada); padrões apropriados para prestação de contas efetiva; dados verídicos sobre a funcionalidade da transformação; equipe multifuncional dedicada; e uma diretoria de crescimento à qual possam relatar seu progresso. Como já vi em muitas organizações, elas realmente se beneficiam de uma comunidade de empreendedores com ideias afins, trabalhando em startups distintas, mas sob o mesmo guarda-chuva corporativo.

Assim, se os líderes da empresa não tiverem alguém trabalhando agora numa transformação da organização, trata-se de um descuido que deverá ser corrigido imediatamente. Se esse agente de mudança estiver em atividade, mas não estiver sendo tratado com o respeito e a autoridade de um empreendedor real (talvez esse agente só possa dedicar parte de seu tempo a impulsionar a mudança; ou pode ser que não esteja experimentando, apenas implementando diretrizes da matriz em toda a empresa), isso será remediável se a liderança intervier de imediato.

Mas digamos que você já trabalhe numa das empresas apresentadas neste livro. O empreendedorismo já foi adotado como a área funcional ausente e há uma transformação importante em andamento, como o programa FastWorks. Você tem um conselho multifuncional de altos execu-

CEO

ALTA ADMINISTRAÇÃO ❻ ❼ ❽ ⑨

Divisão 1 — Divisão 2 — Divisão 3

Engenharia ❸ ❸ ❸

Vendas e marketing ❷ ❷ ❷

Tecnologia da Informação ❹

Recursos Humanos ❺

Finanças

Área funcional empreendedora ⑨

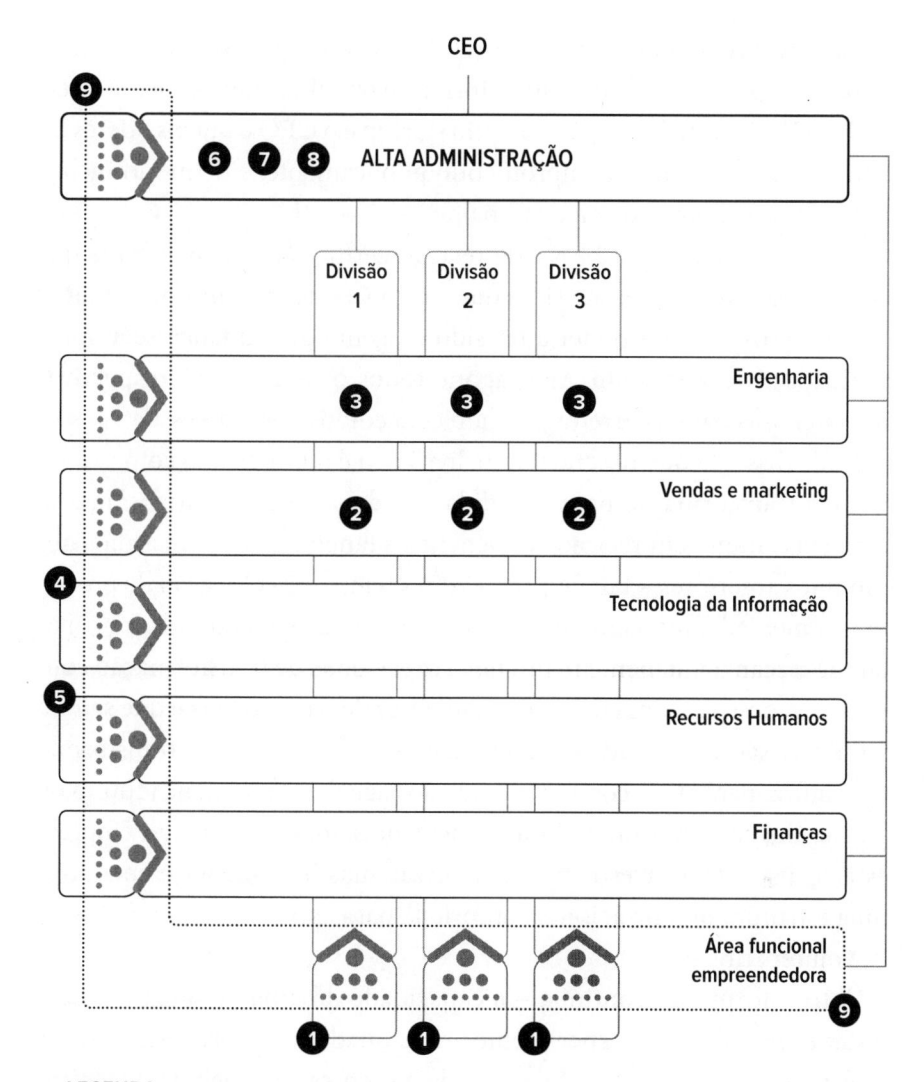

❶ ❶ ❶

LEGENDA

❶ Novos produtos
❷ Produtos existentes em novos mercados
❸ Produtos que atuam como proteção contra futuras disrupções
❹ Novos sistemas de TI
❺ Novas políticas e iniciativas das áreas funcionais que atuam como guardiãs (recursos humanos, financeiro, jurídico)
❻ Investimento e aquisição de novas empresas, licenciamento de propriedade intelectual, empreendimentos conjuntos
❼ Instauração de possíveis novas divisões
❽ Promoção da transformação corporativa nos moldes do estilo startup
❾ Defesa da transformação contínua para adaptação a um futuro incerto

Diretorias de crescimento

Equipes startup internas

tivos supervisionando os fundadores de startups, que estão buscando o impacto exponencial de uma nova forma de trabalho. Talvez você já esteja na Fase III da transformação ao estilo startup e o CEO e outros líderes do alto escalão tenham se comprometido publicamente, e de modo incontestável, com a nova forma de trabalho.

Sorte sua! Acho que é hora de relaxar, certo? Não há mais nada que você possa fazer. Talvez até sinta que chegou a este livro um pouco tarde demais: você mesmo poderia ter sido o agente de mudança se a oportunidade tivesse surgido. Mas, agora, todos os louros e as respectivas recompensas para a carreira já foram concedidos a outra pessoa.

Nada disso. O que descrevi neste livro não é o fim. É só o começo.

Uma transformação bem-sucedida tem dois pontos positivos: não só compensa muito em relação aos benefícios tangíveis que discutimos nos capítulos anteriores – tais como melhores tempo de colocação de produtos no mercado, margem de lucro, produtividade e lucratividade –, mas também planta a semente para a nova capacidade de transformação contínua. As pessoas com cicatrizes resultantes dessas batalhas e que saíram vitoriosas são as mais adequadas para integrar a diretoria de transformação futura, para atuar como mentoras dos agentes de mudança futura ou até mesmo se tornar fundadoras reincidentes, mas *somente se* a empresa estiver disposta a investir nelas, valorizar suas habilidades e encontrar uma estrutura organizacional apropriada para apoiá-las.

Vou repetir.

A transformação contínua – a capacidade de uma organização para testar e aprender com experimentos relacionados à própria estrutura e a seus processos, promovendo, por toda a empresa, as melhores técnicas comprovadas, limitando ou descartando o resto – é o que dará a essa organização a capacidade de prosperar na era moderna. É a minha última sugestão do que acrescentar à caixa de ferramentas da área funcional de gestão empreendedora.

Vamos formalizar e sistematizar essa abordagem para construirmos uma massa crítica de empreendedores com ideias afins, capazes de enfrentar a imensa variedade de desafios que precisamos encarar no século XXI e daí em diante.

>>

Essa é a verdadeira promessa do estilo startup: um sistema de gestão que contém as sementes da própria evolução, propiciando uma oportunidade para que qualquer funcionário se torne um empreendedor. Dessa maneira, o estilo startup cria oportunidades de liderança e mantém na empresa as pessoas mais adequadas para liderar; reduz o desperdício de tempo e energia; e cria um sistema para solução de desafios com rapidez e flexibilidade, levando a melhores resultados financeiros.

Porém, o uso mais importante do estilo startup não é criar empresas cada vez melhores e mais lucrativas, mas servir como um sistema para construir uma sociedade mais inclusiva e inovadora. Esse é o foco dos dois últimos capítulos.

CAPÍTULO 11

Rumo a políticas públicas pró-empreendedorismo

Espero, do fundo do coração, que este livro seja lido pelos formuladores de políticas presentes e futuros. Alguns deles podem ficar tentados a ignorar os capítulos iniciais e vir direto para este (bem-vindos!), e por mim tudo bem. Poucos formuladores de políticas que tive o privilégio de conhecer – tanto políticos quanto servidores públicos – pensam em si mesmos como empreendedores. Espero que aqueles que leram os capítulos anteriores revejam essa autoavaliação.

Um tema recorrente deste livro foi a importância de enxergar o empreendedorismo como ferramenta para o desenvolvimento de ecossistemas empresariais. Dentro de uma empresa, isso significa criar estruturas e incentivos para desenvolver a próxima geração de líderes empreendedores. Na Sand Hill Road, isso significa construir uma comunidade de profissionais de investimento capazes de identificar e orientar a próxima geração de fundadores de startups de tecnologia. Nas páginas anteriores, sustentei que esses dois ecossistemas não são tão diferentes quanto parecem. Agora, eu gostaria de acrescentar mais um ecossistema à mistura: o das políticas públicas.

Os princípios empreendedores que discutimos podem e devem ser utilizados no desenvolvimento de políticas. Na verdade, vimos aqui diversos exemplos dessa mentalidade empreendedora aplicada em domínios políticos: histórias a respeito de agências governamentais que empregaram métodos enxutos para criar os meios de *entregar* políticas já formuladas, tais como a Lei de Proteção e Cuidado ao Paciente, o College Scorecard e a documentação de imigração no USCIS. É um passo importante, e encorajo todos os formuladores de políticas a seguirem esses exemplos.[1]

Este capítulo trata de como podemos realizar experimentos frutíferos de formulação de políticas que ajudarão os líderes a enfrentar seu desafio atual: criar condições que permitam à próxima geração de empreendedores prosperar. A ideia de inovação em qualquer lugar não deve se aplicar apenas a produtos e processos de unidades de negócios. Como a economista Mariana Mazzucato escreveu:

> É óbvio dizer que os vencedores escrevem a história. Os vencedores do Vale do Silício – os investidores de capital de risco e os empreendedores – escrevem os enredos das histórias que justificaram as recompensas que receberam. Mas suas histórias não são um guia útil para formulação de políticas em outros lugares. Para isso, é necessário olhar para baixo, para aqueles que os sustentaram, e conceber ecossistemas simbióticos entre atores públicos e privados que reconheçam a criação de riqueza como um esforço coletivo. Porque uma sociedade empreendedora precisa, antes de tudo, de um Estado empreendedor.[2]

É UMA QUESTÃO DE POLÍTICA, NÃO DE POLITICAGEM

Uma política pública pró-empreendedorismo embaralha nossas categorias políticas tradicionais. De certo modo, para fomentar o crescimento econômico estimulado por startups, são necessárias políticas pró-empresa, que são a tradicional área de atuação do conservadorismo: menos regulação, mais competição, mais parcerias público-privadas. No entanto, também precisamos de políticas pró-trabalhador, que são comumente conduzidas pela esquerda: medidas de proteção para o ambiente de trabalho (como a abolição da cláusula de não concorrência), portabilidade de seguro-saúde, imigração sensata. Então, você tem uma série de reformas que, em teoria, deveriam desfrutar de ampla apreciação suprapartidária, pois beneficiam a todos. Mas o que acontece, na prática, é que elas tendem a se perder numa guerra sectária e espalhafatosa.

Se você quiser que mais pessoas se tornem empreendedores, precisa pensar no que elas estavam fazendo cinco minutos antes da fundação da empresa em que trabalham. Alguns titãs lendários da indústria conseguem fundar uma nova empresa bem-sucedida, mas a lei dos grandes números afirma que a grande maioria dos criadores de startups bem-sucedidas não era CEO ou fundador antes. Quem eram eles? Estudantes, trabalhadores comuns, imigrantes e gerentes de nível médio.

Os empreendedores não podem se dar ao luxo de esperar para ver essas reformas acontecerem: todo o nosso ecossistema empresarial viverá e morrerá pelas escolhas que fizermos nessa geração, pois estas se refletirão na próxima.

Como cidadão do mundo, tenho bastante confiança de que o ecossistema empreendedor florescerá. A democratização do conhecimento startup e as ferramentas de baixo custo para fazer experimentações em grande escala praticamente garantem isso. Para cada reforma há *pelo menos uma* jurisdição no planeta fazendo testes baseada nela. Prova disso é a ideia do "visto de fundador de startup", que se originou no Vale do Silício mas foi implementada em diversos outros países muito antes de termos uma versão precária nos Estados Unidos.[3]

Como cidadão americano, eu me preocupo com nossa capacidade de manter a liderança dos Estados Unidos em sua área mais crítica. As startups são, num sentido muito rudimentar, compostas de três ingredientes: produtos, capital e mão de obra. Se o início do século XXI nos mostrou alguma coisa, é que tanto os produtos quanto o capital têm extrema mobilidade entre fronteiras, mas a mão de obra não. Considere a próxima geração de avanços tecnológicos e seus respectivos produtos. Como consumidor global, desfrutarei dos resultados desses avanços, não importa o país em que forem produzidos. Os sócios comanditários que financiam o grupo de ativos de capital de risco não terão dificuldade de ter seu dinheiro investido nesses produtos, como mostrou uma experiência recente em economias em desenvolvimento, como as da Índia e da China. Porém, os empregos gerados por essas startups – e, portanto, os efeitos econômicos consequentes – serão principalmente locais, vinculados ao país que estimula seu desenvolvimento. Há muito tempo que o Vale do Silício, na Califórnia, Estados Unidos, tem sido alvo de inveja do mundo, porque aproveitamos esses efeitos em benefício dos americanos. Agora, estamos numa corrida contra o tempo. Se não investirmos de modo proativo em políticas públicas que nos permitam manter essa posição, vamos perdê-la.

É através dessa lente que quero compartilhar algumas ideias sobre como pode ser uma política pública de fato pró-empreendedorismo, que não só incentive os cidadãos a inovar, mas também possa ser utilizada para entregar melhores resultados de políticas.

O QUE MOTIVA OS EMPREENDEDORES?

O que induz alguém a dar o salto especulativo necessário para começar uma nova empresa ou trabalhar de uma nova forma? Atuei como coach de centenas de pessoas nesse exercício de reflexão. Vi muitas e muitas delas avaliando os mesmos três conjuntos de fatores.

1. Visão e lado positivo

O desejo de melhorar o mundo é decisivo; isso é visão. Mas de onde as pessoas tiram as ideias que levam a uma mudança real e valiosa? E que exemplos as fazem acreditar que são qualificadas para seguir essas ideias? Qualquer coisa que pudermos fazer para ajudar pessoas a encontrar ideias potencialmente boas e acreditar nelas vai aumentar a taxa de empreendedorismo.

Naturalmente, para alguém disposto a suportar a dor do empreendedorismo, o resultado final deve ser proporcional ao esforço despendido (embora nem sempre seja um resultado financeiro, como vimos no Capítulo 3 a respeito da "participação no resultado"). Isso tem implicações para as políticas educacional e fiscal.

2. Habilidades e recursos

A visão pode ser intimidante. Muitas pessoas jamais vão atrás de seus sonhos porque não conseguem enxergar uma maneira de começar. Proporcionar um caminho é um dos grandes impactos que o movimento da startup enxuta tem exercido até agora, estimulando empreendedores aspirantes à máxima do "Pense grande. Comece pequeno. Cresça rápido". Qualquer política que ajude as pessoas a dar esses primeiros passos terá grande impacto sobre a taxa de empreendedorismo, mesmo se a maioria das experiências fracassar.

Também é importante reconhecer que, embora a inovação às vezes seja barata (no início), é um privilégio ter os recursos necessários para começar. Os empreendedores famosos da história, como Henry Ford, eram da classe média alta por um motivo: tinham inúmeras conexões familiares às quais podiam recorrer caso fracassassem e fácil acesso aos fundos de startup e aos equipamentos necessários para começar.[4] Como o empreendedor e investidor Jason Ford escreveu: "É hora de outros empreendedores como eu pararem de contar a história de como chegaram ao topo. De pararem de assumir sozinhos o crédito de terem chegado à Lua, como se toda a estrutura de apoio em que nasceram não tivesse nada a ver com isso. E chegou a hora de todos nós encontrarmos maneiras de empoderar mais empreendedores com alto potencial em todo o mundo, de dar-lhes seus próprios foguetes para que possam nos mostrar as estrelas."[5] Acredito que a genialidade está amplamente distribuída. As oportunidades, não.

3. Riscos e responsabilidades

Todos os empreendedores, quer admitam ou não, são obcecados pelo fracasso. É impossível não pensar em tudo que pode dar errado em seu empreendimento de risco e no grande número de consequências, pessoais e profissionais, que podem vir em seguida. É claro que parte da arte do empreendedorismo é avaliar os riscos racionalmente, separar os que são suportáveis (como o constrangimento) dos mais sérios (como fraude ou um produto defeituoso) e manter a confiança diante dessas realidades.[6]

Quanto à responsabilidade, poder largar seu emprego e começar uma empresa sem salário é um luxo possível apenas para algumas pessoas. Há um motivo para a cultura pop ter construído aquele famoso estereótipo do fundador de empresa de tecnologia de 20 e poucos anos (não por acaso, branco e do sexo masculino), trabalhando na garagem da casa dos pais. É muito mais fácil começar uma empresa se você não tem dependentes nem aluguel para pagar.[7] E é definitivamente mais fácil se você não precisa se preocupar muito caso o fracasso manche seu currículo. Em certas culturas, uma startup que não deu certo não só é um episódio embaraçoso no início da vida adulta (como foi para mim), mas também é uma sentença de morte profissional, que torna impossível encontrar um bom emprego no futuro.

Como resultado, qualquer coisa que amorteça as consequências do fracasso empresarial pagará dividendos expressivos em termos da taxa de empreendedorismo. No entanto, esse amortecimento não é fácil de ser alcançado sem a criação de risco moral, como diversos críticos dos programas governamentais apontaram ao longo dos anos. Temos de estar cientes disso.

>>

Para uma política pública ser considerada de fato pró-empreendedorismo, ela deve afetar ao menos um dos três conjuntos de fatores que acabei de descrever. Para convencer pessoas a tentar o empreendedorismo, temos de afetar a vida delas antes que precisem fazer uma escolha, senão a escolha não existe de verdade. Essas são as alavancas que precisamos mover para criar não só empresas inovadoras, mas uma *cultura* inovadora. Muitas políticas pró-negócios atuais se resumem a lucratividade, mas esse não é o único aspecto de uma economia saudável. E nem toda lucratividade leva a um maior dinamismo na economia: pense nos diversos comportamentos do tipo *rent-seeking* (busca de ganhos utilizando recursos de terceiros, sem criação de riqueza para a sociedade) que tornam mais difícil a criação de novas empresas.

Ouvimos falar muito sobre empresas unicórnio – startups que cresceram e alcançaram no mínimo 1 bilhão de dólares –, mas a verdade é que essas histórias de sucesso quase míticas não são as que criam um sistema de oportunidades em evolução contínua. O que de fato acontece é que o arranjo atual da política desestimula pessoas a testarem suas novas ideias. De acordo com o Departamento do Censo dos Estados Unidos, entre 2005 e 2014, 700 mil empresas a menos foram criadas em comparação com o período entre 1985 e 1994. A quantidade de startups que contribuem de forma desproporcional para o crescimento do emprego e da produtividade tem caído desde 2000.[8]

Podemos fazer melhor que isso. O que se segue é um conjunto de ideias que são um esboço do que um ambiente verdadeiramente pró-empreendedorismo deve ser. Não é minha intenção criar uma lista completa. Evitei reproduzir as sugestões mais óbvias e me limitar a ideias que estão um pouco fora do discurso convencional sobre startups. E fiz o máximo possível para manter a politicagem fora deste capítulo. Acredito que um dos benefícios de desenvolver uma política pública pró-empreendedorismo é a oportunidade de nos desvencilharmos do sectarismo atual.

CULTIVANDO O CAPITAL HUMANO

Seguro-saúde

Ao longo dos anos, tentei convencer um número considerável de pessoas a darem o salto para o empreendedorismo. Antes da aprovação da Lei de Proteção e Cuidado ao Paciente, em 2010, o seguro-saúde era um potente fator inibitório. Muitos aspirantes a empreendedor têm doenças preexistentes ou dependentes que precisam de um sistema de prestação de serviços de saúde. Essas não são preocupações pequenas (ver "Riscos e responsabilidades", na página 303).

Não é mero boato o efeito inibitório da incerteza a respeito do seguro-saúde. Por exemplo: um estudo da RAND Corporation examinou a taxa de empreendedorismo na população americana pela coorte etária. A taxa se mantém constante para a maioria das faixas etárias, mas eis o que acontece entre os americanos mais velhos: a taxa de empreendedorismo cresce vertiginosamente assim que as pessoas fazem 65 anos e passam a ter direito à cobertura do seguro-saúde patrocinada pelo governo na forma do Medicare.[9] Pense nessa estatística por um instante: você acha que pessoas de 65 anos são mais criativas ou empreendedoras que as de 64 anos?

Prestação de serviços de saúde

Uma nova geração de empreendedores está fazendo experiências com novos sistemas de prestação de serviços de saúde, que prometem tratamento e prevenção de alta qualidade com um custo menor e um nível muito maior de satisfação de pacientes e médicos. Como qualquer disrupção liderada por startups, essas inovações enfrentam grande resistência por parte de interesses arraigados e antigos modelos de negócios. Empresas que oferecem serviços ligados à saúde podem ser aceleradas ou bloqueadas por causa de escolhas políticas. Acredito que seja melhor para nós estimulá-las. O sistema de saúde que temos atualmente é caro, perdulário e desigual. Por meio da experimentação e da inovação, podemos encontrar maneiras melhores de levar serviços melhores a mais pessoas – se os formuladores de políticas estiverem dispostos a apoiar esses experimentos.

Incluindo habilidades empreendedoras no currículo escolar

Nos ensinos fundamental e médio, fala-se pouquíssimo sobre habilidades empreendedoras; com essa mesma frequência, ensinam às crianças que o fracasso não só é aceitável, como pode ser uma oportunidade de aprender algo que você pode usar quando tentar de novo (algo que adultos têm dificuldade de aceitar, como vimos). Abordar esses assuntos com mais regularidade pode parecer radical num ambiente em que as notas são o foco do currículo e a excelência está vinculada a ser admitido em universidades, mas é fundamental para criar uma nova geração de cidadãos que estejam dispostos a experimentar para atingir resultados incríveis. A criação daquilo que os psicólogos chamam de "mentalidade de crescimento" é crucial para estimular crianças a assumir riscos e aprender com seus erros – o que se parece muito com a mentalidade que um empreendedor deve ter.[10]

No nível superior, testemunhei algumas mudanças de perto. Passei algum tempo como empreendedor residente na Harvard Business School, onde Tom Eisenmann introduziu os princípios da startup enxuta no currículo. Começou em 2011, com um curso denominado "Lançando empreendimentos de tecnologia", e acabou se transformando no Startup Bootcamp (Campo de Treinamento de Startup), obrigatório para alunos do primeiro ano do MBA e para os cursos de vendas e marketing para empreendedores e de gestão de produto.

Em Stanford – há muito tempo um centro de inovação –, Steve Blank criou, no início de 2016, um curso chamado "Hacking para defesa", em que os estudantes aplicavam os métodos da startup enxuta para construir protótipos complexos e fundamentais para itens como sensores vestíveis para mergulhadores da Marinha e detectores de bombas de última geração. O corpo docente compartilhou, on-line, todos os materiais e planos de aula para uso de outras universidades. Como Blank explicou: "Nosso objetivo era expandir esse curso para todo o país, dando aos alunos a oportunidade de prestar um serviço à nação, solucionando problemas reais de defesa e diplomacia por meio dos métodos enxutos." Até 2017, 23 outras faculdades e universidades planejavam oferecer o curso.

Isso também inspirou outros cursos, como "Hacking para diplomacia", em Stanford, e "Hacking para energia" – que enfoca a inovação no setor energético –, em Columbia, na Universidade de Nova York e na Universidade da Cidade de Nova York.[11]

Blank também é fundador de um programa governamental de educação denominado I-Corps, na National Science Foundation, que levou as práticas da startup enxuta a pesquisadores para lhes ensinar a converter suas descobertas em negócios. Como Blank afirmou: "O I-Corps faz a ponte entre o apoio público à ciência básica e o financiamento de capital privado a novos empreendimentos comerciais. É o modelo de um programa de governo que encontrou o equilíbrio correto da parceria público-privada."[12] Mais de mil equipes já passaram pelo programa. O êxito foi tão grande que em 2016, no último dia de sessão, o Congresso americano aprovou um projeto de lei intitulado American Innovation and Competitiveness Act (Lei da Inovação e Competitividade), que tornava o programa permanente. De acordo com a lei (promulgada pelo presidente Obama em janeiro de 2017), o I-Corps será adotado em mais agências federais, governos estaduais e municipais e instituições acadêmicas.

E não podemos esquecer de que formas os empreendedores estão testando a aplicação de técnicas empreendedoras para melhorar a educação em si. Empresas como AltSchool, Panorama Education e Summit Public Schools estão usando a inovação para construir novos sistemas escolares, medi-los e, em seguida, aprender e aplicar essa aprendizagem em benefício dos estudantes de todo o país.

Imigração

Quarenta e quatro por cento das startups do Vale do Silício possuem fundadores imigrantes.[13] Cinquenta e um por cento das startups que valem 1 bilhão de dólares foram fundadas por imigrantes.[14] Muitas outras das mais bem-sucedidas startups americanas têm ao menos um fundador imigrante. A abertura aos imigrantes é um dos valores culturais que estimulam o crescimento econômico futuro das cidades (um dos diversos índices baseados em dados que o Vale do Silício oferece com frequência). Como Richard Florida escreveu em *The Flight of the Creative Class* (A fuga da classe criativa), os Estados Unidos "não têm nenhuma vantagem intrínseca na produção de gente criativa, novas ideias ou startups. Sua vantagem reside em seu poder de atrair esses impulsionadores econômicos de todo o mundo. No último século, o enorme influxo de talento global foi de importância decisiva para o sucesso americano".[15]

No entanto, os Estados Unidos não têm uma categoria de vistos que considere a criação de startups e, em geral, os fundadores de startups têm achado bastante difícil permanecer no país. E é por isso que os fundadores imigrantes mais bem-sucedidos tiveram que descobrir uma maneira de obter acesso a outra categoria de visto. Isso demonstra que a política imigratória americana é bastante míope em relação aos empreendedores.

Diversos imigrantes aspirantes a fundadores já moram nos Estados Unidos, como estudantes ou como trabalhadores qualificados com visto especial H-1B. Considere um caso comum: um doutorando em alta tecnologia numa das universidades de elite do país. Essa pessoa, entre seus vários cursos de graduação e pós-graduação, pode ter passado até 12 anos nos Estados Unidos. Após a formatura, tendo investido um valor enorme em sua educação, vai ser mandada de volta para seu país de origem no momento em que gostaria de deixar de ser uma consumidora de recursos financeiros para ser uma criadora de empregos. Não faz sentido.

Vale lembrar: se essas pessoas fundarem uma empresa em seu país de origem, provavelmente terão acesso fácil ao mercado americano para vender seus produtos. E também devem ter acesso fácil ao capital de risco americano. Seremos seus clientes. *Mas os empregos serão criados no exterior.*[16]

Relações trabalhistas

Uma das afirmações mais marcantes em *Princípios de administração científica*, de Frederick Winslow Taylor, publicado em 1915, é a de que nenhum local de trabalho organizado segundo os princípios da administração científica já fizera uma greve, porque, quando os trabalhadores são tratados "da melhor forma possível", não há necessidade de luta trabalhista. Com a vantagem da visão retrospectiva, agora sabemos que essa afirmação é equivocada: inúmeras empresas organizadas de acordo com esses princípios tiveram greves ao longo dos anos. No entanto, perdura a ideia utópica de que um estilo de administração mais evoluído impediria conflitos entre a mão de obra e os chefes. Essa ideia é predominante sobretudo no Vale do Silício, onde pouquíssimas empresas são filiadas a sindicatos e onde a minoria, pelo menos entre aqueles bem pagos que trabalham nos escritórios, nutre muita simpatia pelos sindicatos.

É difícil falar de sindicatos sem acabar entrando na seara do mundo hiperpolarizado da política partidária, mas tentarei misturar as coisas o mínimo possível. Acredito que um novo tipo de relacionamento entre sindicatos e gestores seja possível para organizações dispostas a romper os padrões e tentar alguns experimentos. Penso nisso como um sindicato "pró-produtividade": mais flexibilidade em troca de mais investimentos nos trabalhadores; vinculação de salários e benefícios a melhorias de produtividade na empresa; e uma agenda proativa para criação de oportunidades empreendedoras para todos os membros sindicalizados. O objetivo de um sindicato "pró-produtividade" é alinhar financeiramente seus membros à saúde da empresa e estimular a flexibilidade gerencial, para aumentar a lucratividade de longo prazo.

Ou ainda... E se o próprio sindicato administrasse incubadoras para estimular seus membros a dar esse salto sempre que tiverem uma boa ideia? Como condição de participação, os fundadores da empresa podem concordar em ter representação sindical no local de trabalho se a ideia der certo. Com o tempo, esse sistema pode se tornar permanente.[17]

SEGURO-DESEMPREGO E STARTUPS

Num programa de entrevistas na C-SPAN, um canal a cabo focado em assuntos de interesse coletivo, fui convidado a opinar sobre diversos tópicos relacionados a empreendedorismo e políticas públicas. Em nosso atual sistema,[18] alguém que perde o emprego tem direito a seguro-desemprego por determinado tempo (as condições variam por estado). A ideia é proporcionar uma proteção para os trabalhadores até conseguirem recolocação.

No entanto, esse programa de renda universal apresenta alguns problemas evidentes de incentivo. O primeiro é que quanto antes você consegue um novo emprego, menos dinheiro recebe. Algumas pessoas sustentam que o programa está, na verdade, pagando às pessoas para *não* encontrarem outro emprego.

Da perspectiva empreendedora, a situação é ainda pior. E se você decide criar uma empresa enquanto está desempregado? É improvável que a empresa tenha muitos recursos para lhe pagar, mas não importa: o governo o considera empregado e, portanto, inelegível para receber o seguro. Assim, nesse caso, temos uma situação em que pagamos aos cidadãos para *não* abrirem uma empresa.

Propus, na entrevista, que os cidadãos tivessem a opção de converter os valores do seguro num empréstimo para pequenas empresas, em condições generosas, se quisessem abrir um negócio. Acho que essa política seria ainda mais sensata em épocas de desemprego em massa. Uma comunidade repleta de desempregados carece de renda e recursos, e ao mesmo tempo não faltam necessidades que podem ser atendidas de maneira lucrativa por novas startups. Além disso, durante o curto período de tempo em que houvesse grande incidência de pagamentos do seguro-

-desemprego naquela comunidade (atuando como um estabilizador macroeconômico), novas startups específicas para aquela situação teriam clientes prontos para serem atendidos.

Mesmo sem a situação de desemprego em massa, dar ao desempregado "médio" a oportunidade para ingressar no empreendedorismo satisfaria diversos objetivos políticos importantes: ajudar as pessoas na transição para uma nova carreira, encontrar maneiras novas para reutilizar suas habilidades profissionais e – até para as startups que fracassam – promover o aumento da dignidade das pessoas, que, em vez de receber um benefício, estariam atuando de maneira produtiva. Há muitas evidências de que o trabalho melhora a autoestima e a satisfação com a vida, além de amenizar a depressão de forma considerável.[19] A medida também propiciaria grande oportunidade para fornecer treinamento profissional empreendedor, instalações de *coworking* ou outros benefícios ao estilo de aceleradoras, a fim de estimular essa comunidade de fundadores aspirantes.

Na C-SPAN, essas ideias não tiveram uma recepção calorosa. Algumas das respostas seguiram a linha do "E se as pessoas não pagarem os empréstimos?" e assim por diante, apesar do fato de o dinheiro ser "perdido" de qualquer maneira com o pagamento do seguro. Mesmo se apenas uma pequena porcentagem de indivíduos pagasse o empréstimo, haveria um ganho líquido para o balanço patrimonial do governo. Além disso, esses mesmos empreendedores poderiam se tornar importantes criadores de novos postos de trabalho.

EMPRÉSTIMOS PARA PEQUENAS EMPRESAS

Se os governos quiserem aumentar drasticamente a quantidade de experiências empreendedoras, o jeito mais fácil será colocar capital para startups diretamente nas mãos dos cidadãos comuns. Inúmeros países possuem programas assim: o Estado fornece financiamentos para programas públicos de capital de risco ou se torna sócio comanditário principal de fundos privados. No entanto, o sucesso desse modelo é limitado, porque se depara com o mesmo problema de todo investimento direcionado pelo governo: a política.

Como podemos solucionar esse problema e ao mesmo tempo catalisar uma grande quantidade de startups? Que tal disponibilizar para todo cidadão um sistema de microcrédito público? Poderia começar de modo bastante modesto, talvez até com um crédito a partir de 100 dólares. Mas, cada vez que a dívida fosse quitada, o valor do crédito disponível poderia aumentar, talvez dobrando a cada rodada. A falta de pagamento acarretaria a perda de acesso ao programa, mas não a falência. Mesmo se o total de crédito disponível para cada indivíduo fosse relativamente pequeno, a quantidade de startups que poderiam ser financiadas seria bastante grande. Em épocas passadas, um programa dessa grandeza teria sido muito difícil de gerenciar logisticamente, mas, com a tecnologia moderna, é muito simples. E, é claro, o programa poderia ser administrado pela iniciativa privada, em nome do Banco Central (BC), da mesma maneira que os bancos hoje já atuam como intermediários privados entre o BC e os cidadãos.

Sinceramente, não sei quantas pessoas deixam de realizar seus sonhos empreendedores porque não têm mil dólares que poderiam se dar ao luxo de perder. Acho que o número deve ser bastante grande. O custo de descobrir seria muito baixo, e, para testar a hipótese, o programa poderia ser facilmente transformado em projeto-piloto numa comunidade ou numa cidade.

RENDA BÁSICA DE CIDADANIA

No Vale do Silício, neste momento, uma ideia política em voga é a da renda básica de cidadania (UBI, na sigla em inglês): os governos podem garantir a cada cidadão uma renda segura, desvinculada de sua capacidade para trabalhar.[20] Provavelmente, até uma UBI modesta pagaria grandes dividendos na forma de novas startups, pelo simples fato de reduzir o risco inerente de fracasso. Se não há como você ficar desempregado e, assim, com menos dinheiro, o pior cenário, ou aquele que mais assusta os aspirantes a empreendedor, seria irrelevante.

A cidade de Oulu, na Finlândia, está realizando uma experiência para ver como a UBI pode estimular os empreendedores. A Finlândia apresenta o problema que já mencionei: como oferece benefícios generosos aos desempregados, os trabalhadores demitidos se dão melhor financeiramente descontando os cheques do governo do que tentando criar uma startup. No início de 2017, o governo selecionou cerca de 2 mil trabalhadores desempregados de diversos setores, incluindo tecnologia e construção civil, e os cadastrou num programa-piloto de UBI para ver o que aconteceria.[21]

A Y Combinator também está realizando uma experiência com renda básica, tendo selecionado 100 famílias em Oakland, na Califórnia, que receberão de mil a 2 mil dólares por mês como parte de um programa quinquenal projetado para analisar como o dinheiro vivo afeta "a felicidade, o bem-estar e a saúde financeira" das pessoas e "também como elas passam o tempo". Os dados e os métodos da pesquisa serão compartilhados no fim do projeto, para que outros estudiosos possam aprender e usar o sucesso da experiência – que é testar a ideia de que uma renda básica pode "dar às pessoas a liberdade de buscar educação ou formação adicional, encontrar ou criar um emprego melhor e planejar-se para o futuro", como afirmou Sam Altman, presidente da Y Combinator.[22]

Na França, uma experiência que permitiu que as pessoas mantivessem seu seguro-desemprego e, ao mesmo tempo, iniciassem um novo negócio levou a um aumento de 25% ao mês na criação de empresas.[23] E os holandeses e os canadenses não ficaram para trás: os dois países lançaram experiências em 2017.[24]

ALÍVIO REGULATÓRIO PARA STARTUPS

Normas do tipo "escala móvel"

As normas podem destruir startups sem querer. Em diversas jurisdições, é assustadora a quantidade de exigências para abrir uma empresa: licenças comerciais, registros de empregos, cobrança de impostos, treinamento obrigatório, etc. Além do custo do cumprimento dessas normas, há o ônus psicológico de: 1) ter que aprender todas elas; e 2) se preocupar com a possibilidade de ter deixado escapar uma delas e ser responsabilizado por isso. Na maioria dos lugares, desconhecer as leis não é uma defesa válida, mas as leis atuais se tornaram tão abstratas e complexas que é necessário trabalho em tempo integral para que se consiga pleno conhecimento delas. A maioria das empresas apoiadas por capital de risco pode se dar ao luxo de pagar uma assessoria jurídica competente para evitar esses problemas (e, cada vez mais, um diretor financeiro trabalhando em meio período também é obrigatório), mas e as startups que ainda não estão prontas para o financiamento de capital de risco? Hoje, limitamos rigidamente o fluxo de startups que podem buscar financiamento de capital de risco ao aumentarmos, de forma não intencional, os atritos que impedem as pessoas de começar.

Na Califórnia, diversas leis foram cuidadosamente redigidas para isentar de diversas normas empresas com poucos funcionários. Limiares específicos variam por categoria, mas diversos patamares importantes entram em ação somente quando a empresa atinge a marca de 50 funcionários. Esse é um bom meio-termo: em geral, as empresas muito pequenas podem causar um número limitado de danos, e, uma vez que tenham sucesso, podem custear um advogado para garantir que cumpram suas obrigações.

Acho que essa ideia pode ser estendida e atualizada em grande medida para uma economia do século XXI. Em primeiro lugar, um número arbitrário de funcionários não é mais tão útil, graças à vantagem cada vez maior que discutimos no Capítulo 3, em que pequenas equipes podem ter um impacto desproporcional. E, em diversos casos, é difícil ter apenas um patamar a partir do qual muitas normas entram em ação. Acho que seria mais inteligente pensar em normas que funcionassem numa escala móvel, começando com padrões pouco rígidos para empresas muito pequenas (mensurados por uma combinação de número de funcionários, receita e valor de mercado), que então se tornariam mais rígidos conforme a empresa crescesse.

Um governo receptivo deveria querer *facilitar ao extremo* a abertura de uma empresa. Como a maioria dos países exige que as startups apresentem declarações de impostos (em geral, documentando suas perdas nos primeiros anos), por que não utilizar essas informações para se comunicar proativamente com os fundadores? Imagine um registro simples, on-line, para a pessoa jurídica começar sua vida junto a uma agência reguladora, que assume a responsabilidade de fornecer informações referentes a normas que a empresa precisa seguir em cada estágio e de estabelecer quais outras normas devem surgir com o crescimento da empresa. Ao facilitar a abertura de empresas e aliviar o ônus psicológico de tanta incerteza, mais startups surgirão, ponto.

Para levar essa ideia ainda mais adiante, acho que há uma série de "negócios" políticos que podem ser feitos, em que as startups de alto crescimento receberiam alívio regulatório específico, em troca de fazer os investimentos em capital humano que os formuladores de políticas desejam. Isso pode acompanhar uma ideia que tem circulado em Washington, de criar um novo tipo de entidade jurídica para "corporações de startups em crescimento", ou G-Corp, distinta das categorias existentes, tais como empresas tipo C (C-Corp – patrimônio pessoal e empresarial separados), LLC (sociedade de responsabilidade limitada) ou sociedades em nome coletivo. Esse novo tipo de entidade estaria disponível apenas para empresas que são intensivas no uso de capital humano, possuem participação acionária amplamente compartilhada com todos os funcionários, investem em treinamento do trabalhador e assim por diante. Em troca, só teriam que cumprir as diversas regras no momento em que se expandissem.

Cláusula de não concorrência e lei de patentes

Uma peculiaridade específica da legislação da Califórnia leva em conta um dos elementos-chave de uma cultura empreendedora próspera: a justiça não faz cumprir contratos que incluem cláusulas de não concorrência.[25] Isso significa que qualquer pessoa é livre, a qualquer hora, para levar suas ideias para outros lugares. O que poderia ser melhor para a inovação?

A reforma da lei de patentes também é urgentemente necessária. Embora a propriedade intelectual seja fundamental para os inovadores, as patentes também podem ser utilizadas de maneiras que reprimem a criatividade e a concorrência.[26] As ações judiciais de "estrangulamento", em que grandes empresas acusam de violação de patentes startups que não podem custear a própria defesa, precisam ser interrompidas ou, ao menos, postergadas.

Reforma da lei de falências

Quando visito um país que permite responsabilização pessoal no caso de fracassos empresariais, todos os empreendedores têm urgência em conversar comigo sobre esse assunto. Em alguns países, uma startup fracassada no currículo torna difícil conseguir um emprego, obter crédito e até abrir uma conta bancária. Essa limitação é bastante contraproducente. Quanto mais indulgente for a lei de falências, mais propensas as pessoas ficarão a tirar vantagem disso para assumir comportamentos mais arriscados. Isso pode irritar os formuladores de políticas, mas é exatamente a situação em que, em geral, assumir mais riscos vale a pena.

Reformas cívicas
Filantropia, organizações sem fins lucrativos e outros trabalhos pelo bem social

Você tomou conhecimento, no Capítulo 8, do uso dos métodos enxutos para ajudar a arrecadar dinheiro para a American Heart Association e, no Capítulo 7, do trabalho realizado pelo Fundo de Inovação Global. O estúdio Samara, do Airbnb, também está seguindo esse caminho com seu trabalho com refugiados. Não há nada que impeça que o estilo startup seja utilizado para todos os tipos de bem social. Um dos desdobramentos do movimento startup enxuta foi uma comunidade da sociedade civil denominada Lean Impact (Impacto Enxuto), dedicada a levar essas ideias para o setor social.

Ann Mei Chang foi diretora de inovação e diretora executiva do U.S. Global Development Lab, da Agência dos Estados Unidos para o Desenvolvimento Internacional (USAID). Estamos trabalhando juntos num livro intitulado provisoriamente *Lean Impact*. Com base em sua experiência no Vale do Silício e no setor social, ela acredita que uma mudança efetiva pode vir com a aplicação dos métodos enxutos em áreas que farão grande diferença para as pessoas, inclusive salvando vidas. Suas experiências na USAID se mostraram construtivas. "A forma tradicional de doação reforça o modelo de desenvolvimento em cascata", afirmou ela. "De saída, você tem que projetar uma solução completa e, em seguida, executá-la por um período de três a cinco anos." Entre as questões que Chang vem analisando estão como equilibrar a experimentação e a necessidade de certeza dos financiadores, maneiras de acelerar a mensuração do que funciona em termos de impacto social e caminhos para o crescimento que permitam que as inovações sociais alcancem grande escala; além disso, em relação aos financiadores, como financiar com base mais em resultados do que na atividade. "A USAID propicia ajuda humanitária nos Estados Unidos, além de apoio ao desenvolvimento em países bastante pobres", explicou Chang. "O U.S. Global Development Lab foi criado para observar como ferramentas e abordagens modernas podem acelerar o nosso progresso. Os princípios para o laboratório estão em perfeita sincronia com os princípios da startup enxuta, pois acreditamos que a experimentação orientada por dados é igualmente aplicável no desenvolvimento global da promoção da inovação. Assim, podemos gerar intervenções mais impactantes em grande escala."

Dados abertos

Neste livro, vimos muitos exemplos – inclusive neste capítulo – de pessoas compartilhando publicamente suas descobertas e seus sistemas para outras pessoas usarem, adaptarem e aprenderem. Se quisermos estimular todos a inovar, precisamos dar o exemplo no nível mais elevado. O projeto governamental de dados abertos – conhecido como "Government 2.0" – trata disso. Tim O'Reilly escreveu: "Como o próprio governo se torna uma plataforma aberta, permitindo que as pessoas de dentro e de fora do governo inovem? Como projetar um sistema para que todos os resultados não sejam especificados de antemão, mas que evoluam por meio de interações entre o provedor de tecnologia e sua comunidade de usuários?"[27]

Em 2009, o governo Obama criou o Data.gov, que contém conjuntos de dados em evolução constante sobre diversos temas, incluindo clima, agricultura, educação, etc. No decreto de 2013 que Obama assinou, tornando a abertura de dados o modo padrão do governo, ele escreveu: "A transparência no governo fortalece nossa democracia, promove a prestação de serviços eficientes ao público e contribui para o crescimento econômico. Como benefício fundamental do governo aberto, tornar as fontes de informação fáceis de encontrar, acessíveis e utilizáveis pode alimentar o empreendedorismo, a inovação e a descoberta científica, melhorando a vida dos americanos e contribuindo para uma criação de empregos exponencial."[28]

Essa é uma verdade que precisamos defender daqui para a frente. Informação boa, verídica, é a base da inovação – é a base do estilo startup, assim como do método startup enxuta. As áreas que os dados reais podem afetar são ilimitadas, incluindo segurança pública, assistência médica e assuntos globais. Como Todd Park disse: "Estar nesses espaços e não saber que essas coisas estão disponíveis é como estar no ramo da navegação e não saber que existe o GPS... Os empreendedores podem transformar os dados abertos em algo incrível."[29]

Mercados de capitais, governança corporativa e imediatismo

Há um tempo, encontrei um executivo responsável pelo portfólio de investimentos de uma grande companhia de seguros. Como há contratos de seguro que vencem em décadas ou até séculos, essa empresa naturalmente possui uma perspectiva de longo prazo ao investir. Quando perguntei como a companhia investia seus recursos, o executivo me surpreendeu ao revelar que apenas uma pequena porcentagem de seu portfólio era investida em títulos públicos. Segundo ele, a companhia preferia investir em ativos fixos ou imobilizados, que requeriam um modelo administrativo e pagavam sem falta ao longo de dezenas ou centenas de anos. "Como o quê?", perguntei. "Silvicultura, por exemplo", respondeu ele.

Supus que se referisse a empresas agrícolas ou talvez madeira serrada como commodity. Ele precisou de alguns minutos para me ajudar a entender que o sentido era, literalmente, *florestas*. Então, ficou claro para mim que ter esses ativos em seu portfólio dava à companhia uma perspectiva única a respeito da doença que aflige nossos mercados. Numa floresta, você pode facilmente – a qualquer hora – maximizar seus rendimentos trimestrais. Basta cortar todas as árvores. Claro que essa é uma solução definitiva e de curto prazo, porque depois disso a floresta não terá quase nenhum valor remanescente.

Mas isso é o que muitas de nossas empresas de capital aberto estão fazendo: canibalizam seu valor de longo prazo ao destruir a própria marca, pressionam fornecedores, enganam os clientes, não investem nos funcionários e usam seus recursos para enriquecer acionistas com informações privilegiadas e investidores ativistas via engenharia financeira. Todas essas atividades têm o mesmo problema: *consideram apenas o curto prazo*. Em empresas que cultivaram uma "floresta" suficientemente grande e produtiva ao longo de anos ou décadas, há uma imensa quantidade de lenha para ser cortada antes que os danos fiquem evidentes.

Esse é o resultado inevitável de tratar as empresas como se sua obrigação de *maximizar o valor para o acionista* significasse *maximizar os rendimentos trimestrais*.

Como discuti em *A startup enxuta*, esse tipo de mau incentivo se alastra pelos mercados e contagia tudo o que as empresas de capital aberto tocam, incluindo o meio ambiente, a política, a segurança pública e, de particular interesse para mim, todo o ecossistema empreendedor. Se o objetivo inicial de uma startup é ser adquirida por uma dessas empresas de capital aberto, sujeitas a pressões de curto prazo, ou fazer uma IPO e, depois, ficar sujeita a essas pressões diretamente, então os fundadores inevitavelmente enfrentarão pressão para maximizar a atratividade de sua empresa para esses sistemas.

Ainda pior: os departamentos de desenvolvimento corporativo das empresas de capital aberto acabam "abençoando" a próxima geração de líderes em polos de startups pelo simples fato de serem eles que vão decidir quais companhias serão adquiridas para avaliações superdimensionadas. É corrosivo.

Após a LinkedIn aceitar a oferta de compra pela Microsoft, um dos executivos da empresa me contou que achava que eles teriam mais liberdade para inovar e menos pressão para mostrar resultados de curto prazo agora que eram uma subsidiária integral. Apenas certos megaconglomerados possuem tamanho suficiente para resistir a essas pressões. E, se as tendências atuais continuarem, dentro de alguns anos restarão apenas as megacorporações nas bolsas de valores. Nos Estados Unidos, o número total de empresas de capital aberto caiu quase pela metade desde 1997, e essa tendência prossegue ano após ano.[30]

As empresas que fazem IPO estão realizando isso mesmo após muitos anos de existência, o que está provocando uma série de problemas:

1. **Muito mais financiamento privado, sem demonstrações financeiras auditadas ou transparência.** Nossos avós aprenderam, da maneira mais difícil, o que acontece quando muito dinheiro está rendendo de forma exponencial sem supervisão, governança e divulgação de informações. Embora tenha havido poucas ocorrências de fraude documentadas até agora, as tentações são inúmeras.
2. **Falta de liquidez para sócios comanditários.** Sem um mercado secundário sólido, regido por algum tipo de governança e padrões de divulgação, todas as transações ocorrem nas sombras. Esse é outro mercado repleto de oportunidades para fraudes: se o fundador de uma empresa quiser vender suas ações, pergunte-se o que ele sabe que você não sabe.
3. **Falta de liquidez para funcionários.** Considerando que os funcionários têm que esperar ainda mais tempo por liquidez, há agora novas maneiras de privá-los de qualquer participação acionária vinculada ao sucesso futuro da empresa. Por exemplo: atualmente, a maioria das opções de compra de ações é definida com duas características ruins de nascença: expiração em dez anos e período de exercício de 90 dias. No tempo em que as empresas abriam o capital no período aproximado de quatro a sete anos de existência,[31] essas condições eram razoáveis. Contudo, à medida que o tempo para fazer a abertura se ampliou, essas condições viraram duas maneiras de os funcionários acabarem com opções que não podem honrar. A partir do momento em que a empresa alcança um valor de mercado extremamente alto, optar por compra de ações fica caro demais. E, como veremos logo a seguir, mesmo para os funcionários que podem bancar o preço dessa compra, as consequências fiscais podem ser severas. Se não houver mercado líquido para ações subjacentes, o funcionário pode ser levado à falência por falta de liquidez para pagar esses impostos. É péssimo.

4. Falta de acesso ao crescimento para investidores comuns. Do ponto de vista político, essa talvez seja a pior consequência de todas. Os investidores comuns ficam inteiramente excluídos desse ecossistema. Num mundo de oportunidades de investimento de baixo crescimento e temores de "estagnação secular",[32] parece até cruel impedir que cidadãos comuns acessem mais rápido as oportunidades de investimento de crescimento – sobretudo os mais jovens, que investem na aposentadoria e têm boa margem de tempo para aproveitar ao máximo os riscos envolvidos em empresas assim (com gestão adequada do portfólio). Mas, como essas empresas não têm ações negociáveis em bolsa de valores, todas as oportunidades de investimento ficam limitadas aos "investidores qualificados", que são, para todos os efeitos, aqueles já ricos. É simplesmente injusto.

Parte da solução desse conjunto de problemas é o novo tipo de sistema de gestão descrito neste livro. Porém, por melhor que seja um sistema de gestão, os desafios a serem enfrentados diariamente levarão de volta ao pensamento de curto prazo. A fim de lidar com esses desafios, temos que, antes, bater de frente com o problema político por trás deles.

Se as empresas permanecerão privadas por mais tempo, precisamos criar uma nova condição entre financiamento em estágio avançado e IPO. Chamo essa condição de "pré-oferta pública de ações" (PPO, na sigla em inglês). A PPO possibilitaria que as empresas iniciassem o processo de engajamento com grandes investidores institucionais mais cedo em seu ciclo de vida. Isso permitiria alguma liquidez inicial, mas só quando os investidores divulgassem dados financeiros reais. Tanto os investidores iniciais quanto os funcionários devem poder converter uma parcela de sua participação acionária num título financeiro bem definido, com direitos sólidos, e vendê-lo em épocas bem definidas. A empresa pode supervisionar leilões, possivelmente uma vez por trimestre ou duas vezes por ano, em vez de manter negociações contínuas. Mais importante: apenas aqueles que recebessem os dados financeiros teriam permissão para negociar, eliminando as tentações de fraude permitidas pelo sistema atual.

A BOLSA DE VALORES DE LONGO PRAZO

Em 2010, quando estava escrevendo *A startup enxuta*, pesquisei muito sobre a Toyota. Tudo o que li deixou claro que a base do sucesso da empresa é sua filosofia de pensamento de longo prazo, que é possibilitada por sua estrutura de governança corporativa bem específica (e, para os padrões modernos, incomum). Não por acaso, é o mesmo tipo de pensamento que, como mencionei aqui, suporta CEOs bem-sucedidos, como Jeff Bezos, e a filosofia de investidores como Warren Buffett e Andreessen Horowitz.

Enquanto realizava meu trabalho ao longo dos anos, continuei pensando naquela filosofia e no fato de que o que realmente recomendei em *A startup enxuta*, junto com todo o jargão cativante e os primeiros e movimentados dias com startups, foi que as pessoas tentassem emular a Toyota, construindo empresas que durassem décadas ou até séculos.

Contudo, construir uma empresa que vai durar gerações não é compatível com a atual forma de estruturação de nossos mercados. A ênfase é no curto prazo, e é imensa a pressão que se põe sobre as empresas. Em meu trabalho com gestores de todo o mundo, vejo de perto essa pressão e todas as suas formas de ação como força gravitacional nociva, deformando e distorcendo o sistema de gestão de uma organização.

Não basta melhorar as práticas de gestão. Também temos que solucionar esses desafios. Muitos gestores que conheci e com quem trabalhei sabem que estão sendo solicitados a fazer a coisa errada, mas continuam a fazê-la porque se sentem aprisionados num sistema de incentivos que torna impossível fazer qualquer outra coisa. Não me surpreende que o sistema atual esteja em declínio, resultando em muito menos empresas abrindo seu capital – e aquelas que o fazem levam mais tempo para fazê--lo. Isso acontece porque as empresas estão sendo desviadas da criação de valor fundamental. E *se as empresas são desviadas da criação de valor fundamental, empiricamente elas são menos valiosas*. O resultado é que não apenas as empresas sofrem, mas também seus investidores, porque elas não estão fazendo o que é necessário para prosperar. Além disso, num mundo com baixo crescimento, isso também é consequência de uma política ruim, já que o público em geral está impedido de assumir os tipos de risco prudentes que geraram crescimento nas gerações anteriores. Vale lembrar: a IPO da Amazon arrecadou apenas 54 milhões de dólares.[33]

No último capítulo de *A startup enxuta,* apresentei algumas ideias sobre como avançar que eu esperava que as pessoas selecionassem e executassem em diversas áreas: educação, políticas públicas, pesquisa, etc. Uma delas era projetada para abordar o problema que acabei de expor: uma bolsa de valores de longo prazo que funcionaria como um novo espaço para abertura de capital e criaria um novo contrato social para orientar, ao mesmo tempo, o comportamento das empresas e o dos investidores.

Quase todas as ideias que sugeri no fim de *A startup enxuta* foram testadas ao longo dos anos. Porém, há uma exceção notável, uma ideia que deve parecer tão radioativa que ninguém quer chegar perto dela. É a mesma que não me deixa em paz e que me mantém acordado à noite desde a publicação do livro: uma nova bolsa de valores. Assim, há alguns anos, decidi assumir essa ideia sozinho e criei uma empresa que incorporaria os novos princípios. Ela se chama Long-Term Stock Exchange (Bolsa de Valores de Longo Prazo, ou LTSE na sigla em inglês).

A Long-Term Stock Exchange é uma bolsa de valores que utiliza seus padrões de admissão para fazer com que os incentivos para gestores e investidores tenham um longo prazo maior. Damos mais poder de governança corporativa aos investidores de longo prazo, que têm mais voz do que os de curto prazo. Corrigimos a compensação dos executivos para que os gestores fiquem alinhados com seus investidores no longo prazo, e fazemos diversas reformas de boa governança e divulgação de informações, permitindo que as empresas se concentrem nos fundamentos em vez de no trimestre.

Essa é uma startup num setor altamente regulamentado. Assim, há limites a respeito do que posso falar sobre nosso progresso. Se quiser obter mais detalhes (e torço para que você queira!), acesse LTSE.com.

Política mínima viável

Acredito que somos capazes de aderir a todas as reformas deste capítulo, para ajudar os Estados Unidos a avançar rumo àquilo que Samuel

Hammond, analista de pobreza e bem-estar do *think tank* Niskanen Center, chamou de um sistema de "política mínima viável": um tipo inteiramente novo de MVP. Precisamos encontrar uma maneira de diminuir a distância entre o pluralismo e os muitos interesses variados, ambos partes da sociedade americana. Como Hammond escreveu: "A pequena área de sobreposição que permanece (…) representa o conjunto compartilhado de valores ou possíveis regras compatíveis com a sociedade liberal." Porém, o que é minimizado não é o governo em si ou a quantia de dinheiro que ele gasta, mas "o poder de um indivíduo ou grupo de utilizar o processo político para impor aos outros suas contestáveis visões morais ou metafísicas".[34] Isso nos leva de volta àquilo que falei no início deste capítulo, sobre como uma política pública pró-empreendedorismo embaralha nossas posições políticas, porque se baseia em elementos dos dois lados do espectro político, procurando abranger as necessidades e as preocupações de todos em nossa sociedade em vez de apenas certos eleitorados. Em termos de visão, nada é mais valioso do que isso.

EPÍLOGO
Uma nova religião cívica

O estilo startup foi dedicado a ajudar gestores e líderes empresariais a enfrentar os desafios do século XXI. No entanto, o que enfrentamos até agora não é nada perto da mudança que está por vir.

Precisamos estar prontos para esse novo futuro, por mais incerto que seja. Ao longo deste livro, procurei repetidas vezes enfatizar que o organograma que defendo aqui não é o fim da administração. Tampouco é o sistema de gestão definitivo. Na verdade, é o primeiro que contém em si mesmo as sementes da própria evolução.

Ao estimular as estruturas organizacionais a fazer experimentações com frequência, estaremos muito mais propensos a utilizar os novos avanços tecnológicos para criar formas organizacionais novas e mais poderosas. Para isso, devemos considerar o empreendedorismo como um requisito básico de todos os funcionários, porque nunca sabemos de onde virão ideias surpreendentes.

E vamos precisar dessa adaptabilidade nos próximos anos, pois corremos o risco de enfrentar os quatro pilares da estagnação econômica:

EPIDEMIA DE IMEDIATISMO: A falta de investimento sustentável, empresas que permanecem privadas e fraca circulação de rendimentos ilíquidos resultam em redução de investimentos na próxima geração. O imediatismo se intensifica pelo excesso de financeirização da economia e pela ascensão da gestão por meio de engenharia financeira, e não mediante a criação de valor para o cliente.

FALTA DE OPORTUNIDADE EMPREENDEDORA: A ascensão de startups de hipercrescimento coincide com a grande redução de oportunidades para pequenas empresas. Os degraus tradicionais de avanço estão sendo bloqueados, e os novos não estão tomando seu lugar com rapidez suficiente. O conhecimento a respeito de startups está amplamente difundido, mas a oportunidade de aproveitá-lo não está.

PERDA DE LIDERANÇA: Os líderes empresariais e políticos estão mais concentrados em preservar os resultados dos investimentos passados do que em investir no futuro. Temo a falta de pesquisa, desenvolvimento e ciência, a falta de prosperidade compartilhada, o falso ímpeto de proteger o capital em vez de expandir a oportunidade e a falta de avanços em ciência e tecnologia que possam nos salvar.

BAIXO CRESCIMENTO E INSTABILIDADE: O que acontece com nosso contrato social quando apenas indivíduos com grau de instrução mais alto são qualificados para trabalhar no novo gênero de empresa que gera a maior parte do crescimento econômico? Com a mudança das estruturas corporativas, não ficará claro como as pessoas vão encontrar novas oportunidades. Um recuo da globalização e baixos rendimentos sobre o investimento em todas as categorias de ativos contribuirão para uma sensação crescente de desespero entre aqueles que ficaram para trás.

A perda de liderança está ligada diretamente à má gestão, e as pesquisas mostram que a má gestão está diretamente relacionada com o baixo crescimento e a baixa produtividade. Precisamos desenvolver e compartilhar melhores práticas gerenciais que abracem o futuro, entre as quais incluo o tipo de sistema empreendedor descrito neste livro. Como Noah Smith escreveu: "A gestão estruturada revelou-se responsável por 17% das diferenças de produtividade entre empresas – metade do impacto das diferenças nos níveis de competência dos funcionários e duas vezes mais importante que o uso de tecnologia da informação."[1]

Não quero dar a entender que o empreendedorismo é a solução mágica de todos os problemas que listei aqui, mas acredito que é, sim, um componente importante para ajudar a resolvê-los.

Nos próximos anos, nosso projeto será promover uma visão positiva daquilo que a democracia liberal pode gerar com as novas ferramentas que a tecnologia está colocando à nossa disposição. Seus pilares devem ser:

- Prosperidade amplamente compartilhada.
- Responsabilização democrática.
- Investigação científica e dados verídicos.
- Pensamento de longo prazo.
- Oportunidade empreendedora universal.
- Investimento sério em bens públicos que beneficiem todo e qualquer indivíduo: ciência básica, P&D, educação, assistência médica, infraestrutura.

Devemos investigar quais soluções tendem a funcionar para o bem maior da sociedade e aproveitar todas as ferramentas da cultura e da criatividade humanas para essa visão: artes, retórica, liderança e educação. E, é claro, temos que abraçar a mudança e a disrupção. Precisamos entender o desenvolvimento tecnológico como uma fonte constante de renovação e possibilidades ampliadas.

Devemos plantar as sementes dessa nova visão agora mesmo. Espero que este livro ajude a mostrar como o empreendedorismo pode ser parte dessa solução:

- Criando novas fontes de crescimento e prosperidade.
- Cultivando uma nova legião de líderes que, independentemente de sua geração, não estejam presos a convenções ou a ideias do passado, mas unidos, por meio de incentivos e mentalidade de longo prazo, às possibilidades do futuro.
- Integrando o pensamento científico a todo tipo de trabalho.
- Proporcionando novas oportunidades de liderança a pessoas de todos os contextos e origens.
- Ajudando as políticas públicas a terem objetivos de longo prazo maior.

A boa notícia é que essa nova forma organizacional é mais eficaz, trata o talento e a energia como recursos de alto valor e é projetada para aproveitar a verdadeira fonte de vantagem competitiva para os próximos anos: a criatividade humana. Toda organização deve garantir a cada um de seus membros:

1. O direito de saber que o trabalho que realiza todos os dias é importante para mais pessoas além do chefe.
2. O direito de ter a ideia convertida num produto mínimo viável e avaliada de modo criterioso e justo.
3. O direito de se tornar um empreendedor a qualquer momento, desde que esteja disposto a trabalhar duro para fazer as coisas acontecerem com recursos limitados.
4. O direito de permanecer envolvido com sua ideia enquanto ela se expande, desde que contribuindo produtivamente para o desenvolvimento da mesma.
5. O direito de participação acionária no crescimento que ajudar a criar, independentemente de seu cargo.

As organizações que não conseguirem incorporar essas tecnologias e práticas gerenciais de modo rigoroso e científico darão lugar àquelas que conseguem.

Nosso objetivo como movimento deve ser este: mudar a prática gerencial para torná-la mais adaptável, mais humana, mais criteriosa e mais eficiente. Se formos bem-sucedidos, acredito que os benefícios serão imensos para a sociedade como um todo. Haverá:

1. Uma mudança dos incentivos de curto prazo para os de longo prazo.
2. Aumento do número de novas empresas, tornando o empreendedorismo mais acessível a todos.
3. Desburocratização das grandes organizações e, portanto,
4. Maior crescimento por meio de avanços orgânicos no deleite do cliente em vez de fusões, reorganizações e engenharia financeira.
5. A oportunidade de reestruturar nossa economia, deixando-a mais inclusiva, mais sustentável e mais inovadora. Tudo isso ao mesmo tempo.

Alcançar esses objetivos em todo tipo de organização não é só tarefa de políticos, gestores, fundadores ou investidores. Vai exigir um vasto movimento de idealistas e visionários com ideias afins, para integrar esses valores à trama de suas organizações, em cada ramo de atividade, setor e área geográfica. A transformação levará muitos anos para gerar um resultado visível. Enfrentará resistência de todos os lados. Procure aliados e inovadores – eles estão ao seu redor. Não se esqueça de quão longe chegamos e até onde ainda temos que ir. E, principalmente, acredite que é possível alcançar as mudanças que buscamos. Testemunhei inúmeras delas com meus próprios olhos, aos trancos e barrancos, nas dezenas de exemplos que compartilho neste livro. Espero que você se inspire neles e os use como plataforma de lançamento para superar em muito o que alcançamos até agora.

Então vá. Comece agora.

ANEXO 1
Recursos adicionais

LIVROS

Série *Lean*

Nos anos posteriores ao lançamento de *A startup enxuta*, diversas obras foram lançadas para ajudar os gestores a converter os princípios gerais em áreas funcionais específicas. Por meio de uma parceria com a O'Reilly Media, publicamos uma série de livros com esse propósito: theleanstartup.com/the-lean-series.

Alvarez, Cindy. *Lean Customer Development: Build Products Your Customers Will Buy* (2014).

Busche, Laura. *Lean Branding: Creating Dynamic Brands to Generate Conversion* (2014).

Croll, Alistair; e Yoskovitz, Benjamin. *Lean Analytics: Using Data to Build a Better Startup Faster* (2013).

Gothelf, Jeff; e Seiden, Josh. *Lean UX: Applying Lean Principles to Improve User Experience* (2013).

Humble, Jez; Reilly, Barry; e Molesky, Joanne. *Lean Enterprise: How High-Performance Organizations Innovate at Scale* (2015).

Klein, Laura. *UX for Lean Startups: Faster, Smarter User Experience Research Design* (2013).

Maurya, Ash. *Running Lean: Iterate from Plan A to a Plan That Works* (2012).

Leituras adicionais

Chopra, Aneesh P. *Innovative State: How New Technologies Can Transform Government*. Nova York: Atlantic Monthly Press, 2014.

Blank, Steve. *Do sonho à realização em 4 passos – Estratégias para a criação de empresas de sucesso*. São Paulo: Évora, 2013.

Blank, Steve; e Dorf, Bob. *The Startup Owner's Manual: The Step-By-Step Guide for Building a Great Company*. Palo Alto, CA: K&S Ranch, 2012.

Christensen, Clayton M. *O dilema da inovação – Quando as novas tecnologias levam empresas ao fracasso*. São Paulo: M. Books, 2011.

Cooper, Robert G. *Produtos que dão certo*. São Paulo: Saraiva, 2013.

Ellis, Sean; e Brown, Morgan. *Hacking Growth: How Today's Fastest-Growing Companies Drive Breakout Success*. Nova York: Crown Business, 2017.

Florida, Richard. *The Flight of the Creative Class: The New Global Competition for Talent*. Nova York: HarperBusiness, 2005.

Gabler, Neal. *Walt Disney – O triunfo da imaginação americana*. São Paulo: Novo Século, 2016.

Gallagher, Leigh. *A história da Airbnb*. São Paulo: Buzz, 2018.

Gothelf, Jeff; e Seiden, Josh. *Sense and Respond: How Successful Organiza-*

tions Listen to Customers and Create New Products Continuously. Boston: Harvard Business Review Press, 2017.
- Jeff Gothelf também trabalha como consultor do método enxuto, enfocando principalmente a criação e o treinamento de equipes executivas e de produto centradas nas evidências e no cliente. Muitas vezes, essas equipes utilizam os princípios do método enxuto e do desenvolvimento ágil de software. jeffgothelf.com

Horowitz, Ben. *O lado difícil das situações difíceis*. Rio de Janeiro: Martins Fontes, 2015.

Klein, Laura. *Build Better Products: A Modern Approach to Building Successful User-Centered Products*. Brooklyn, NY: Rosenfeld Media, 2016.
- Laura também trabalha como consultora de gerentes de produto, designers ou empreendedores com dificuldade para tomar decisões a respeito do que construir para entregar valor aos clientes. usersknow.com. Ou escute o podcast dela (em inglês), se você gosta de ouvir pessoas discutindo sobre os detalhes do design de experiência do usuário.

Liker, Jeffrey K. *O modelo Toyota*. Porto Alegre: Bookman, 2005.

Maurya, Ash. *Scaling Lean: Mastering the Key Metrics for Startup Growth*. Nova York: Portfolio, 2016.
- Ash Maurya é empreendedor há mais de uma década e, ao longo desse tempo, tem procurado a melhor e mais rápida maneira de desenvolver produtos de sucesso. Ele começou compartilhando a aprendizagem em seu blog, que virou um livro e, depois, uma série de produtos com o objetivo de ajudar empreendedores a aumentar suas chances de sucesso. ashmaurya.com

McChrystal, Stanley. *Team of Teams: New Rules of Engagement for a Complex World*. Nova York: Penguin.

McGrath, Rita Gunther. *O fim da vantagem competitiva*. Rio de Janeiro: Elsevier, 2013.

Moore, Geoffrey A. *Crossing the Chasm: Marketing and Selling Disruptive Products to Mainstream Consumers*. Nova York: HarperBusiness, 2014.

Ohanian, Alexis. *Without Their Permission: The Story of Reddit and a Blueprint for How to Change the World*. Nova York: Grand Central, 2016.

Olsen, Dan. *The Lean Product Playbook: How to Innovate with Minimum Viable Products and Rapid Customer Feedback*. Hoboken, NJ: Wiley, 2015.

Osterwalder, Alex; e Pigneur, Yves. *Business Model Generation – Inovação em modelos de negócios*. São Paulo: Alta Books, 2011.

Pound, Edward S.; Bell, Jeffrey H.; e Spearman, Mark L. *A ciência da fábrica para gestores*. Porto Alegre: Bookman, 2015.

Reinertsen, Donald G. *The Principles of Product Development Flow: Second Generation Lean Product Development*. Redondo Beach, CA: Celeritas, 2009.

Saxenian, AnnaLee. *Regional Advantage: Culture and Competition in Silicon Valley and Route 128*. Cambridge, MA: Harvard University Press, 1994.

Shane, Scott Andrew. *A General Theory of Entrepreneurship: The Individual-Opportunity Nexus*. Northampton, MA: Edward Elgar, 2003.

Sloan Jr., Alfred P. *Meus anos com a General Motors*. São Paulo: Negócio, 2001.

Taylor, Frederick Winslow. *Princípios de administração científica*. São Paulo: Grupo GEN, 1990.

CONFERÊNCIAS STARTUP ENXUTA

As Conferências Startup Enxuta pegam as grandes ideias desenvolvidas nos livros de Eric Ries e mostram como estão sendo colocadas em prática em organizações de todo o mundo. Entendemos que há um nível de aprendizado que se alcança por meio da leitura e outro por meio da realização do trabalho, e também ao saber como outras organizações semelhantes estão interpretando e realizando esse trabalho.

Seja um empreendedor ou um inovador corporativo, você aprenderá a implementar e desenvolver a metodologia da startup enxuta para além da fase de startup – a expansão – em empresas, governos, organizações sem fins lucrativos e em áreas que menos espera.

Além de palestras e estudos de caso em nosso evento principal, a Lean Startup Week, em São Francisco, oferecemos workshops e sessões de mentoria, em que é possível ter experiências mais imersivas, praticar um pouco e analisar essa prática com os nossos especialistas. Claro, nossa comunidade também adora interagir e compartilhar suas histórias e seus desafios. O conhecimento que se obtém alcança todos os níveis, do inspirador ao pessoal.

Esses eventos são produzidos pela Lean Startup Company, que ajuda empreendedores e inovadores a construir produtos melhores por meio da metodologia startup enxuta e de técnicas gerenciais modernas. Durante todo o ano, a empresa compartilha ideias educacionais, histórias e lições com indivíduos e organizações de todos os tamanhos e setores.

Saiba mais em: leanstartup.co.

ORGANIZAÇÕES E CONSULTORES

Bionic: bionicsolution.com

Desde sua fundação, em 2013, precisei da Bionic em vários projetos. David Kidder e Anne Berkwitch foram fundamentais para o desenvolvimento do programa FastWorks, da GE, e estabeleceram "sistemas operacionais de crescimento" semelhantes em diversas empresas da lista Fortune 500.

Hoje, a Bionic é uma equipe de empreendedores e investidores de capital de risco que acreditam que grandes empresas podem crescer quando adotam os métodos de financiamento e os comportamentos de gestão do mundo das startups. O CEO da Bionic e sua equipe ajudam a identificar oportunidades de crescimento importantes e orientam empreendedores empresariais enquanto fazem experimentações, constroem e ampliam seus negócios. A Bionic desenvolveu um modelo rigoroso e abrangente para a "instalação" do ecossistema empreendedor, regido por diretorias de crescimento sólidas e uma arquitetura de decisão de investimento exclusiva, que é bastante compatível com os princípios e a filosofia que explorei em *O estilo startup*.

Pivotal: pivotal.io

A Pivotal está mudando o mundo com a construção de incríveis empresas de software. Só a Pivotal combina o melhor do estado de espírito do Vale do Silício com os valores essenciais e o conhecimento empresarial para inovar e promover a disrupção. A Pivotal utiliza décadas de conhecimento no ramo, combinando experiência tradicional com capacidades e infraestrutura líderes do setor, para remodelar o mundo.

Moves the Needle: movestheneedle.com

Formada por "arquitetos de transformação para a inovação", sua missão é transformar empresas globais, empoderando pessoas para descobrir e criar novos valores para seus clientes.

Mark Graban: markgraban.com

Consultor reconhecido internacionalmente, autor, palestrante e blogueiro do setor de "assistência médica enxuta". Também é vice-presidente de serviços de melhoria e inovação da empresa de software KaiNexus.

Strategyzer: strategyzer.com

O objetivo da Strategyzer é pôr ferramentas úteis nas mãos de todo praticante de estratégia empresarial.

Para chegar lá, eles reuniram uma equipe incrível de profissionais criativos, técnicos e corporativos de todo o mundo. Adoram desenvolver produtos e criar experimentos que beneficiam indivíduos, organizações e a sociedade.

Corporate Entrepreneur Community: corpentcom.com

Rede de grandes empresas que compartilham entre si os melhores desafios e práticas para estimular o crescimento do empreendedorismo. A CEC facilita o desenvolvimento de habilidades empreendedoras por meio de uma comunidade selecionada de líderes de inovação em organizações renomadas.

ANEXO 2

Um catálogo de MVPs

MÉTODOS DE MVP NA INTUIT

Para fazer download de um PDF (em inglês) com exemplos de cada método de MVP, acesse thestartupway.com/bonus.

MÉTODO	QUANDO USAR	DICAS	VANTAGENS	CUIDADOS
1. Testes com esboço em ciclo rápido Simulação física de uma experiência, muitas vezes criada com objetos comuns, como papel, papelão, etc.	**Para soluções novas:** antes de qualquer codificação. Utilize para medir a aceitação do conceito geral (amor ou ódio) pelo cliente. **Para soluções existentes:** quando grandes melhorias são exigidas para o que existe hoje. Utilize para investigar direções novas e audaciosas (em marketing, desenvolvimento, etc.)	Concentre-se no comportamento real observado; siga o protocolo. Algumas equipes utilizam planilhas do Excel/Google para fazer protótipos rápidos em vez de esboços. Forneça caminhos para que o usuário se desvincule ou "desista" do protótipo. Considere registrar em vídeo cada sessão.	Muito barato. Diversas variações podem ser criadas em minutos com apenas lápis e papel. Rápido. Sem códigos. Evolução rápida; é possível conseguir quatro ciclos em uma tarde. Possibilidade de iteração rápida "ao vivo" em uma sessão.	Busque efeitos grandes! Efeitos pequenos não podem ser medidos. Embora essa técnica possa indicar se uma ideia é "ruim", não pode confirmar se é boa. Muitas vezes, os examinadores fazem entrevistas em vez de apenas observar. (Imponha o protocolo.)

MÉTODO	QUANDO USAR	DICAS	VANTAGENS	CUIDADOS
2. Testes de porta da frente Envolve uma apresentação mínima do benefício para o cliente, que é convidado a agir para indicar interesse. Costuma ser executado na forma de uma página de destino simples.	**Para soluções novas:** testa se o cliente deseja o benefício de uma solução proposta. Utilize para testar mensagens de marketing e canais eficazes, e também para estabelecer métricas de funil preliminares. **Para soluções existentes:** determina como os clientes responderão na prática aos possíveis novos recursos antes da geração de código para esses recursos.	Não deixe de descrever o benefício atrás da "porta" com clareza para que o cliente entenda. Apresente uma alternativa óbvia ou uma chamada à ação (*call to action*) que o usuário deve adotar. Exija que o usuário "pague" para prosseguir, como, por exemplo, informando seu endereço de e-mail ou outro dado valioso.	Um dos métodos mais baratos e mais rápidos, pode ser construído em poucas horas com ferramentas de software externas e muitas vezes gratuitas. Os provedores de SaaS oferecem modelos e sistemas de medição baratos para a execução desses testes. Dados quantitativos podem ser gerados a partir do comportamento real do usuário.	Depende da capacidade de descrição dos benefícios. Nem sempre fica claro se os usuários não entendem os benefícios ou se simplesmente não veem valor. Evite se concentrar em métricas de vaidade. Não se esqueça de construir no teste um mecanismo para descobrir o PORQUÊ dos comportamentos.
3. Testes de backend falso Inclui técnicas em que pessoas reais ou alternativas manuais são utilizadas para simular um backend ou sistema automatizado. Muitas vezes, combinados com testes de porta da frente.	**Para soluções novas e existentes:** determina se a solução proporciona valor real ao usuário, e o que pode ser requerido para projetar a solução.	Utilize técnicas manuais, mas entregue o benefício REAL ao cliente, como se fosse um processo automatizado. Pode ser flexível em relação a tempo, mas não em relação ao benefício. Considere outputs analógicos, como documentos em PDF, imagens estáticas, etc., que podem ser automatizados no futuro.	De certa forma, um método barato. Pode ser criado em poucas horas ou dias. Facilita capturar dados qualitativos adicionais por trás dos comportamentos do cliente *in loco*. Pessoas e processos manuais não precisam de reprogramação. Ajuda a determinar o que precisará ser automatizado.	Entrega valor de uma maneira que pode ser automatizada, se necessário. Seja um bom administrador dos dados do cliente, se coletados. Capacidade limitada para expandir o escopo das experiências e a quantidade de usuários num grupo. Não deixe os usuários saberem que estão participando de um experimento!

MÉTODO	QUANDO USAR	DICAS	VANTAGENS	CUIDADOS
4. Testes de ponta a ponta Muitas vezes chamados de produto mínimo viável (MVP), o objetivo é simular uma experiência de ponta a ponta para saber como o cliente responde. Frequentemente combina testes de porta da frente e de backend falso.	**Para soluções novas:** modela o fluxo de ponta a ponta, desde a conscientização do cliente até o momento em que ele recebe o benefício, e como ele interage com a solução ao longo do tempo. **Para soluções existentes:** mede a resposta a uma proposta detalhada de melhoria do produto, para permitir uma previsão relativamente exata do impacto a ser causado.	Adapte tecnologias produzidas em série, como aplicativos WordPress, e-mail, texto, interfaces conversacionais, Google Planilhas ou soluções tecnológicas "mínimas" semelhantes. Planeje refatorar tudo que é construído. Reduza o "escopo", mas não o impacto; isto é, concentre-se nos novos recursos, que têm grande impacto para o cliente.	A experiência parece real para o usuário. Esse método é um bom indicador do comportamento no "mundo real". A utilização repetidas vezes pode ser medida por horizontes de tempo maiores. Às vezes gera receita real. Em outras palavras, o teste se torna a coisa real, sem nenhum trabalho extra.	**ADVERTÊNCIA:** as equipes quase sempre projetam em excesso. Não construa em excesso! Não perca tempo "tornando isso real". Meça o que importa e evite métricas de vaidade. Aceite que será necessário refatorar. Se o teste é "expansível", NÃO é rápido.
5. Dry wallet (carteira vazia) Método que inclui opções de pagamento para testar modelos de receita. As opções podem ser falsas.	Utilize isso quando o modelo de receita ou de precificação precisar ser testado. Também é útil para validação mais forte de ideias. (Ver Kickstarter)	Crie uma experiência o mais real possível para emular o processo de checkout. A capacidade de processar pagamentos não é requerida. Simplesmente simule-a.	Como o pagamento é um grande obstáculo, o sucesso é um indicador positivo. Pode ser criado facilmente com sistemas de pagamento de terceiros ou com formulários.	Testar modelos de receita muito cedo pode limitar as ideias da equipe e influenciar negativamente as decisões, por concentrar-se em métricas comerciais/financeiras.
6. Judô Método em que um produto existente de um concorrente, ou experimento semelhante, é utilizado no lugar do próprio produto.	Quando já existe um experimento similar no mercado ou o comportamento do cliente com um produto concorrente precisa ser entendido.	Apenas observe os clientes utilizando o produto como ele é. Faça o rebranding ou ajuste a experiência, realizando a captura de tela e, depois, alterando-a.	Aprenda com o trabalho dos outros. Isso exige esforço mínimo.	Não simplesmente copie um produto concorrente. Busque descobrir por que os clientes gostam ou não do produto.

MÉTODO	QUANDO USAR	DICAS	VANTAGENS	CUIDADOS
7. Analógico/ Retrô Crie uma versão física do conceito, como, por exemplo, uma impressão em PDF ou um protótipo físico.	Quando uma versão digital precisar de muito tempo para ser criada e o conteúdo for adequado para entrega em formatos físicos.	Conecte outputs analógicos a portas da frente, tais como formulários. Tente formatos como livretos, guias, etc., como conteúdo.	Pode ser muito rápido, já que é relativamente fácil desenvolver conteúdo. Os clientes estão familiarizados com esses formatos físicos.	Os formatos físicos podem carecer de capacidade para rastrear o uso, sobretudo ao longo do tempo e após repetidos usos.
8. Loja pop-up Crie uma loja física, loja pop-up ou "barraca" que ofereça o benefício proposto.	Utilize esse método quando o trânsito de clientes estiver disponível e o benefício não puder ser fornecido em tempo real.	Utilize especialistas ou outras pessoas que possam proporcionar o benefício. Inclua maneiras de fazer perguntas ou conversar com os visitantes.	Grande quantidade de possíveis visitantes em curto espaço de tempo. Fácil de fazer perguntas de acompanhamento e aprender mais.	A natureza social da pop-up pode estimular um mau aproveitamento do experimento, como, por exemplo, se houver apenas conversa. Não esqueça de se concentrar no comportamento das pessoas, não no que elas dizem.

Comentários a respeito dos métodos de investigação

Todos os anos eu ajudo a organizar a Conferência Startup Enxuta, em São Francisco. Reunimos centenas de empreendedores e fazemos a transmissão simultânea do evento para centenas de cidades de todo o mundo. É uma celebração global do que esse movimento realizou e uma oportunidade para mais pessoas tomarem conhecimento do método startup enxuta e aplicá-lo em suas organizações.

Já recebemos inúmeros palestrantes de grande destaque – CEOs e célebres fundadores de startups –, mas você provavelmente nunca ouviu falar sobre grande parte deles. Isso acontece porque trabalhamos duro para encontrar praticantes dispostos a contar a história de como esse trabalho é desafiador na prática. (Você também pode ver vídeos de todos os palestrantes em leanstartup.co.)

Este livro segue uma filosofia semelhante. Incluí algumas vozes proeminentes, mas a maioria das histórias é de praticantes. Em alguns casos, consegui permissão para falar de empresas e seus produtos citando nomes. No entanto, uma coisa que aprendi é que muitos departamentos de comunicação corporativa agem com cautela ao contar histórias de "startups enxutas" em público. Afinal de contas, frequentemente envolvem muitos fracassos. (Gostaria de elogiar sobretudo a Intuit e a GE por serem bastante francas ao falar de suas jornadas.)

Desconfio quando leio sobre inovação em textos da grande imprensa. Assim, em geral, neste livro, utilizei histórias extraídas de minhas observações pessoais a respeito de empresas com que trabalhei e de dezenas de entrevistas detalhadas realizadas pela minha equipe de pesquisa.

Para proteger informações sigilosas de algumas empresas, misturamos algumas histórias, que foram cuidadosamente tornadas anônimas. Em todo caso, essas histórias também se baseiam em minhas observações pessoais ou em entrevistas diretas.

Ao longo dos anos, contei algumas dessas histórias misturadas em palestras. Não é incomum que membros da plateia se aproximem de mim depois e, com um sorriso maroto, afirmem que sabem exatamente de quem estou falando. Na verdade, em geral mais de uma pessoa me diz que identificou o protagonista. E, em seguida, cada uma menciona um suspeito distinto. Isso porque muitas dessas histórias são arquetípicas. Estruturas organizacionais comuns originam incentivos comuns e, portanto, comportamentos comuns.

Essa abordagem me permite trazer a você mais detalhes a respeito de como a vida realmente é nas trincheiras.

Transparência

Em *A startup enxuta*, procurei apresentar uma lista completa das empresas nas quais eu tinha participação acionária e interesses de relacionamento, assim como a rede de empresas de capital de risco, que também criam inúmeras chances para conflitos de interesse.

Desde então, esses conflitos se multiplicaram tanto que ficou impossível registrar todas as fontes. Basta dizer que me relaciono com quase todas as empresas mencionadas neste livro e que em muitas delas sou investidor direto ou temos investidores em comum.

Nos casos em que isso não acontece, mencionei as fontes externas das entrevistas e citações. Para todo o resto, as citações são tiradas de entrevistas realizadas por mim e por minha equipe de pesquisa. Embora tenha me esforçado para contar essas histórias com a colaboração de cada empresa, não pedi aprovação do texto final.

Agradecimentos

Pelo que lembro, escrever *A startup enxuta* foi um ato solitário. Mas, mesmo assim, fiz uma enorme lista de agradecimentos.

Em contraste, este livro é fruto de um verdadeiro esforço coletivo. Sem dúvida isso ocorreu, em parte, porque ele começou na comunidade que se desenvolveu em torno de *The Leader's Guide*, meu livro MVP, incluído na Kickstarter, plataforma de financiamento coletivo. Tenho uma grande dívida com as 9.677 pessoas que contribuíram para a campanha, tornando possível a investigação que acabou levando a *The Leader's Guide*, e também com todos que ingressaram e participam da comunidade Leader's Guide, no Mightybell, que se tornou um lugar ativo e dinâmico para discussões sobre os princípios do livro. Sou profundamente grato a Sarah Rainone, que fez grande parte da pesquisa e desenvolvimento do *The Leader's Guide*.

Na Lean Startup Company, quero agradecer a Melissa Moore, Heather McGough, Julianne Wotasik e Kristen Cluthe.

Agradeço a toda a equipe da Crown, editora americana que acreditou no meu trabalho e me deu apoio de forma integral: Roger Scholl, Tina Constable, Ayelet Gruenspecht, Campbell Wharton, Megan Schumann, Megan Perritt, Julia Elliott, Erin Little, Jill Greto, Elizabeth Rendfleisch, Heather Williamson, Terry Deal e Tal Goretsky.

Se você for um desses sábios escritores que folheia os livros de cabo a rabo para descobrir quem são os melhores agentes literários, vou lhe poupar esse trabalho: Christy Fletcher é a melhor. Ela é muito mais do que uma agente. Tornou-se minha parceira, traçando estratégias e improvisando em cada aspecto do meu negócio, sempre com suas inteligência e calma características. Sou imensamente grato a ela e a toda a sua organização por construírem esta nave espacial junto comigo.

Na Fletcher & Co., gostaria de agradecer a Grainne Fox, Veronica Goldstein, Erin McFadden, Sylvie Greenberg, Sarah Fuentes e Mink Choi.

Marcus Gosling é um colaborador de longa data, remontando aos nossos anos como cofundadores da IMVU. Ele fez a capa e os gráficos deste livro, assim como a capa de *A startup enxuta*. Também supervisionou uma extensa campanha de testes para o livro, o que demandou sua mistura única de conhecimento de produto e de design. E fez tudo isso enquanto trabalhava como chefe de produto da Long-Term Stock Exchange. Obrigado.

Este livro não existiria se não fosse por minha equipe de edição e pesquisa altamente dedicada e compreensiva: Melanie Rehak, Laura Albero, Laureen Rowland e Bridget Samburg. Melanie Rehak, em especial, carregou o peso da evolução desta obra ao longo de diversas iterações, indo muito além de suas obrigações repetidas vezes. Por isso, estou em dívida com ela. Laura Albero, que assumiu a imensa tarefa de gerenciar os diversos componentes deste projeto, também foi fundamental.

Foi empolgante trabalhar de novo com a Telepathy – os designers por trás do theleanstartup.com – no site da edição original de *O estilo startup*. Meu muito obrigado a Chuck Longanecker, Arnold Yoon, Brent Summers, Eduardo Toledano, Bethany Brown, Dave Shepard e Megan Doyle por converterem perfeitamente os conceitos do livro num belo design para a internet. Não deixe de conferir em thestartupway.com.

Meus agradecimentos à GE por me dar a oportunidade de trabalhar de uma nova forma e por permitir que eu contasse a história da quantidade incrível de trabalho que a empresa realizou. Todos que trabalham ali são inspiradores de verdade. Em particular, agradeço a Jeff Immelt, Beth Comstock, Viv Goldstein, John Flannery, Janice Semper, Jamie Miller, Shane Fitzsimons, Susan Peters, Eric Gebhardt, Ryan Smith, Brad Mottier, Cory Nelson, James Richards, Giulio Canegallo, Silvio Sferruzza, Terri Bresenham, Valerie van den Keybus, Jennifer Beihl, Lorenzo Simonelli, Michael Mahan, Brian Worrell, David Spangler, Anne McEntee, Wolfgang Meyer-Haack, Vic Abate, Guy Leonardo, Anders Wold, Carolyn Padilla, Aubrey Smith, Marilyn Gorman, Tony Campbell, Shona Seifert, Rakesh

Sahay, Chris Bevacqua, Kevin Nolan, Christopher Sieck e Steve Bolze. Meu agradecimento especial a Mark Little.

Leys Bostrom, da GE, fez tudo e mais um pouco para garantir que cada história e dado da empresa estivesse correto neste livro.

A Intuit também me permitiu contar sua história em detalhes. Por isso, meu muito obrigado a Scott Cook, Brad Smith, Hugh Molotsi, Bennett Blank, Rania Succar, Kathy Tsitovich, Steven Wheelis, Katherine Gregg, Michael Stirrat, Rachel Church, Mark Notarainni, Cassie Divine, Alaina Maloney, Catie Harriss, Greg Johnson, Allan Sabol, Rob DeMartini, Weronika Bromberg e Justin Ruthenbeck.

Em Washington, meus agradecimentos a Hillary Hartley, Aaron Snow, Haley van Dyck, Mikey Dickerson, Garren Givens, Dave Zvenyach, Brian Lefler, Marina Martin, Alan DeLevie, Jake Harris, Lisa Gelobter, Erie Meyer, Jennifer Tress, Jen Anastasoff, Eric Hysen, Kath Stanley, Mark Schwartz, Alok Shah, Deepa Kunapuli, Anissa Collins, Matt Fante, Mollie Ruskin, Emily Tavoulareas, Vivian Graubard, Sarah Sullivan, Wei Lo, Amy Kort, Charles Worthington e Aneesh Chopra.

Tive a ajuda e o apoio de pessoas de diversas empresas e entidades sem fins lucrativos. Muitas de suas histórias aparecem no livro, enquanto outras me influenciaram a refletir profundamente. Tudo isso contribuiu muito para as ideias que constituem *O estilo startup*. Na Bionic: Janice Fraser, David Kidder e Anne Berkowitch. Na Dropbox: Drew Houston, Todd Jackson e Aditya Agarwal. Na Asana: Emilie Cole, Dustin Moskovitz, Justin Rosenstein, Anna Binder, Sam Goertler e Katie Schmalzried. Na Twilio: Jeff Lawson, Roy Ng, Patrick Malatack e Ott Kaukver. Na IBM: Jeff Smith. Na Airbnb: Joe Zadeh e Maggie Carr. Na Cisco: Alex Goryachev, Oseas Ramirez Assad, Kim Chen e Mathilde Durvy. No Citi: Vanessa Colella. Na Adopt-A-Pet: David Meyer e Abbie Moore. Na Procter & Gamble: Chris Boeckerman. Na Code for America: Jennifer Pahlka. Na PCI Global: Chris Bessenecker. Na Pivotal: Rob Mee, Andrew Cohen, Edward Heiatt e Siobhan McFeeney. Na Gusto: Joshua Reeves, Jill Coln, Nikki Wilkin e Maryanne Brown. Na Area 120, da Google: Alex Gawley. No Seattle Children's Hospital: Cara Bailey e Greg Beach. Na Jeff Hunter Strategy: Jeff Hunter. Na Pearson: Adam Berk e Sonja Kresojevic. Na NSA: Vanee Vines, Mike Halbig e Matt Fante. Na Uber: Andrew Chen. Na Telefónica: Susana Jurado Apruzzese. Na Rise: Suneel Gupta. Na AgPulse (e anteriormente na Toyota): Matt Kresse. No Toyota Technology Info Center: Vinuth Rai. No ExecCamp: Barry O'Reilly. Na Liguori Innovation (e antes na GE): Steve Liguori. Na Panorama: Aaron Feuer. E no Fundo de Inovação Global (GIF): Alix Peterson Zwane.

Sou especialmente grato aos meus leitores da versão beta. O feedback deles tornou este livro muito melhor, e tenho certeza de que só restaram erros porque não os escutei o suficiente.

Minha gratidão a Morgan Housel, Mark Graban, Dan Debow, Al Sochard, Kanyi Maqubela, Dan Martell, Roy Bahat, Tom Serres, Dave Binetti, Andrey Ostrovsky, Laura Klein, Clark Scheffy, Art Parkos, Cindy Alvarez, Adam Penenberg, Kent Beck, Zach Nies, Jennifer Maerz, Ann Mei Chang, Nicole Glaros, Anna Mason, Ed Essey, Daniel Doktori e Tom Eisenmann.

Agradecimentos especiais a Arash Ferdowsi, Ari Gesher, Brian Frezza, Dan Smith, Greg Beach, Justin Rosenstein, Matt Mullenweg, Matthew Ogle, Pedro Miguel, Raghu Krishnamoorthy, Reid Hoffman, Samuel Hammond, Scott Cook, Marc Andreessen, Margit Wennmachers, Sean Ellis, Shigeki Tomoyama, JB Brown, Simeon Sessley, Giff Constable, Philip Vaughn, Andy Sack, Brian Singerman, Craig Shapiro e James Joaquin.

Agradeço a toda a equipe da LTSE, cujo compromisso diário de mudar o mundo para melhor, a despeito de enormes adversidades, me inspira mais do que vocês imaginam. Meu muito obrigado a Marcus Gosling, Tiho Bajic, Michelle Greene, Lydia Doll, Carolyn Dee, Hyon Lee, Bethany Andres-Beck, Pavitra Bhalla, Zoran Perkov, Amy Butte, John Bautista e, em especial, à minha chefe de equipe, Holly Grant, que é o cérebro de nossas operações e lida com a tarefa dificílima de coordenar uma startup de alto grau de dificuldade em três cidades (Holly também desenvolveu e modelou os exemplos da "Barraca de limonada em hipercrescimento" nos Capítulos 4 e 9).

Devo um agradecimento imenso a Brittany Hart, minha assistente executiva de longa data, que percorreu a montanha-russa desta jornada com desenvoltura e habilidade. Sou grato por ter ao meu lado alguém em quem posso confiar plenamente.

Na Outcast, quero agradecer a Alex Constantinople, Nicki Dugan Pogue, Sophie Fischman, Sara Blask e Jonny Marsh.

Meus agradecimentos a Quensella e Simone por ajudarem a fazer a vida seguir sem sobressaltos enquanto trabalhava nesse projeto. Sou profundamente grato a Irma por proporcionar tanta alegria e dar tanto apoio à nossa família.

Aos meus amigos, há muitos de vocês que não citei aqui. Tenho certeza de que sabem quanto valorizo seu apoio e sua generosidade.

Meus pais, Andrew Ries e Vivian Reznik, estabeleceram a base para tudo que realizei aqui. O apoio inabalável deles – desde minhas primeiras investidas absurdas em tecnologia e empreendedorismo até minha total falta de um plano de carreira tradicional – foi o que tornou possível tudo que você leu aqui. Como pai de primeira viagem, tenho um apreço renovado pelo sacrifício e o heroísmo deles. Obrigado.

Agradeço a minhas irmãs e meus cunhados, Nicole e Dov, Amanda e Gordon, e a suas famílias em rápido crescimento. Ofereço esses agradecimentos com muito amor à próxima geração: Everett, Nadia e Teddy.

Aos meus sogros, Harriet e Bill: obrigado pela generosidade, pelo apoio e por criarem a melhor filha do mundo.

Para minha esposa incrível, Tara Mohr: mal posso acreditar que tenho o privilégio de construir uma vida com você. Seu amor me apoia em todos os momentos e alimenta minha alma todos os dias. Sou uma pessoa muito melhor por ter conhecido você. Obrigado.

Desde que escrevi A *startup enxuta*, a maior mudança na minha vida foi o crescimento exponencial da minha família. Ao meu filho e à minha filha: obrigado por me introduzirem no fantástico clube da paternidade. Vocês me transformaram de um jeito que nunca vão entender completamente. Desde que vocês chegaram à minha vida, julgo cada oportunidade pensando se será algo de que sentirei orgulho de explicar para vocês algum dia. Cada pingo da minha energia é dedicado à esperança de que vocês herdarão um mundo melhor. Amo vocês.

Notas

Introdução

1. meetup.com/topics/lean-startup.
2. Desde maio de 2017, FastWorks é uma marca registrada da General Electric Company.
3. quora.com/What-causes-the-slack-at-large-corporations/answer/Adam-DAngelo.

PARTE 1
A EMPRESA MODERNA
"O hipercrescimento de uma empresa exige também o hipercrescimento de seu pessoal."

1. vanityfair.com/news/2016/11/airbnb-brian-chesky.
2. Ibid.
3. Ari Gesher se apresentou na Conferência Startup Enxuta de 2013 em São Francisco; youtube.com/watch?v=TUrkwAhv86k.

CAPÍTULO 1
Respeite o passado, invente o futuro: criando a empresa moderna

1. wsj.com/articles/SB10001424053111903480904576512250915629460.
2. 25iq.com/2017/03/10/you-have-discovered-productmarket-fit-what-about-a-moat/.
3. ibm.com/blogs/insights-on-business/gbs-strategy/cxos-set-sights-back-traditional-targets/.

4   marketrealist.com/2015/12/adoption-rates-dizzying-heights.
5   steveblank.com/2010/07/22/what-if-the-price-were-zero-failing-at-
    -customer-validation.
6   Jack Welch e John A. Byrne, *Jack: Straight from the Gut* (Nova York: Warner Business Books, 2001), p. 330.
7   forbes.com/sites/miguelhelft/2015/09/21/dropboxs-houston-were-building-
    -the-worlds-largest-platform-for-collaboration/#58f0ccd9125e; fortune.com/
    2016/03/07/dropbox-half-a-billion-users.
8   techcrunch.com/2013/11/02/welcome-to-the-unicorn-club/.
9   forbes.com/sites/howardhyu/2016/11/25/this-black-friday-jeff-bezos-makes-
    -amazon-echo-sound-better-than-google-home/#11dc97a66cc4;wired.
    com/2014/12/jeff-bezos-ignition-conference/; e fastcompany.com/3040383/
    following-fire-phone-flop-big-changes-at-amazons-lab126.
10 bloomberg.com/features/2016-amazon-echo.
11 fastcompany.com/3039887/under-fire.
12 sec.gov/Archives/edgar/data/1018724/000119312505070440/dex991.htm.

CAPÍTULO 2
Empreendedorismo: a área funcional ausente

1   Ver *Regional Advantage: Culture and Competition in Silicon Valley and Route 128* (Cambridge, MA: Harvard University Press, 1996), de AnnaLee Saxenian; a tese de *blitzscaling* de Reid Hoffman (Parte 3, Introdução, nota 1); e o TechStars Manifesto (Capítulo 7, nota 5).
2   O termo "organização ambidestra" foi criado por Robert Duncan em 1976, no artigo "The Ambidextrous Organization: Designing Dual Structures for Innovation", em *The Management of Organization Design: Strategies and Implementation*, organizado por Ralph H. Kilmann, Louis R. Pondy e Dennis P. Slevin (Nova York: North Holland, 1976). Para mais detalhes, veja a postagem de Steve Blank a respeito de inovação em gestão enxuta: steveblank.com/2015/06/26/lean-innovation-management-making-corporate-innovation-work/.
3   "Como as empresas tendem a inovar mais rápido do que a evolução das necessidades de seus clientes, com o tempo a maioria das organizações produz produtos ou serviços que acabam sendo muito sofisticados, caros e complicados para inúmeros clientes em seu mercado. As empresas correm atrás dessas 'inovações de sustentação' nos níveis mais altos de seus mercados porque isso já as ajudou a ter sucesso antes; cobrando os preços mais altos dos seus clientes mais exigentes e sofisticados, no topo do mercado, as empresas alcançarão a

maior lucratividade." Entre esses produtos ou serviços estão novas tecnologias e plataformas. claytonchristensen.com/key-concepts/.

4 Devo admitir que acho irônico que essas mesmas organizações tenham sido criticadas por demorarem a ampliar esse acesso a um conjunto maior de candidatos, além da faixa demográfica tradicional do Vale do Silício. Essa ampliação é fundamental se quisermos que o conceito de "meritocracia" signifique alguma coisa.

5 Depois desses eventos, a GE se desfez de sua divisão de eletrodomésticos, que foi adquirida pelo conglomerado chinês Haier, em 2016, e ainda funciona sob o nome GE Appliances. Ver geappliances.com/our-company.

6 Se seis semanas não parece tempo suficiente para salvar um negócio, note que o programa da Y Combinator, conhecida aceleradora de startups, dura 12 semanas.

CAPÍTULO 3
Um estado de espírito de startup

1 Para mais detalhes a respeito da história do Vale do Silício, ver *Regional Advantage: Culture and Competition in Silicon Valley and Route 128*, de Anna-Lee Saxenian (Cambridge, MA: Harvard University Press, 1994), e "The Secret History of Silicon Valley", de Steve Blank (steve-blank.com/secret-history).

2 Steve Case é presidente do conselho de administração e CEO da Revolution e cofundador e ex-CEO da AOL; riseofrest.com.

3 Em meu primeiro emprego no Vale do Silício, logo na recepção havia uma faixa com esse lema impresso.

4 hbr.org/2013/01/what-is-entrepreneurship.

5 Alexis Ohanian, *Without Their Permission: The Story of Reddit and a Blueprint for How to Change the World* (Nova York: Grand Central, 2016), p. 5.

6 quora.com/Amazon-company-What-is-Amazons-approach-to-product--development-and-product-management.

7 Jack Stack e Bo Burlingham. *A Stake in the Outcome: Building a Culture of Ownership for the Long-Term Success of Your Business* (Nova York: Doubleday Business, 2002).

8 Com as devidas desculpas aos nossos amigos de finanças, que afirmariam que essa estimativa simplista não é de todo correta: 1. Não estamos levando em conta o valor temporal do dinheiro; o resultado final é de apenas 1 bilhão de dólares em dólares futuros; precisamos de um cálculo do valor presente líquido (VPL). 2. Na realidade, é mais como uma opção, que deve ser calculada de acordo com a fórmula de Black-Scholes ou algo similar. Mas isso envolve

uma complexidade que poucos praticantes entendem. Alguns desses assuntos mais avançados são discutidos no Capítulo 9.
9 É por isso que chamamos de *produto* mínimo viável. Não é apenas pesquisa ou um protótipo autônomo. É uma tentativa de atender a um cliente real, mesmo que de maneira limitada.
10 É importante notar que esse sistema é vulnerável a abusos. É por isso que o movimento da startup enxuta é tão focado na "aprendizagem validada" científica como unidade de progresso.
11 steveblank.com/2010/11/01/no-business-plan-survives-first-contact-with-a--customer-%E2%80%93-the-5-2-billion-dollar-mistake/.
12 Comentários feitos na National Defense Executive Reserve Conference, 14 de novembro de 1957.
13 A maioria das diretorias é composta de representantes de três grupos: indivíduos pertencentes aos quadros da empresa (fundadores e funcionários), investidores e diretores independentes. Em minha experiência, a configuração mais comum é 2/2/1, num total de cinco diretores. Por muito tempo da vida inicial de uma startup, esse pode ser o número total de pessoas a quem o restante dos funcionários se reporta.
14 techcrunch.com/2011/11/19/racism-and-meritocracy; startuplessons learned.com/2010/02/why-diversity-matter-meritocracy.html; startuplessons learned.com/2012/11/solving-pipeline-problem.html.
15 journals.sagepub.com/doi/abs/10.2189/asqu.2010.55.4.543. Para uma discussão do estudo, ver sloanreview.mit.edu/article/achieving-meritocracy-in-the--workplace/.
16 mashable.com/2016/04/19/early-mark-zuckerberg-interview/#En6CWSe.EZqm.
17 Estou longe de ser a única pessoa que pensa sobre isso. É um tópico importante não só para o Vale do Silício, mas para a sociedade em geral, pois há outras falhas no conceito de meritocracia que precisam ser corrigidas. Para um exemplo, ver o texto de Chris Hayes sobre o assunto: thenation.com/article/why-elites-fail e boingboing.net/2012/06/13/meritocracies-become--oligarchi.html.
18 Bessemer Venture Partners; bvp.com/portfolio/anti-portfolio.
19 forbes.com/sites/larrymagid/2012/02/01/zuckerberg-claims-we-dont-build--services-to-make-money/#149d1db5370f.
20 McChrystal, Stanley. *Team of Teams: New Rules of Engagement for a Complex World* (Nova York: Penguin, 2015), p. 215.

CAPÍTULO 4
Lições da startup enxuta

1. jstor.org/stable/40216431?seq=1#page_scan_tab_contents; journal.sjdm.org/14/14130/jdm14130.html.
2. Há toda uma disciplina específica para isso, denominada "desenvolvimento de clientes" (*customer development*), termo cunhado por Steve Blank. Ver startuplessonslearned.com/2008/11/what-is-customer-development.html.
3. Parte da investigação que entrou neste livro veio de um projeto denominado *The Leader's Guide* (O guia do líder). Em 2015, iniciei uma campanha na plataforma de financiamento coletivo Kickstarter para publicar uma edição limitada de um livro de 250 páginas destinado a ajudar empreendedores, executivos e líderes de projeto a pôr em prática os princípios da startup enxuta. A campanha foi apoiada por 9.677 pessoas, que escolheram 30 níveis diferentes de recompensa, e arrecadou 588.903 dólares. O conteúdo do livro derivou de materiais que utilizei nos anos anteriores. O objetivo era fornecer um roteiro concreto para líderes que querem transformar sua prática gerencial e colocá-la numa direção empreendedora. Após a publicação, convidei todos os apoiadores que receberam um exemplar a ingressar numa comunidade no Mightybell, aplicativo de networking social voltado para a organização de comunidades com interesses em comum, e compartilhar comigo suas experiências de pôr em prática as ideias do livro.
4. Scott Cook, fundador da Intuit, foi o primeiro que sugeriu para mim que "deleitar" é o padrão correto para a hipótese de valor.
5. techcrunch.com/2012/02/01/facebook-ipo-letter.
6. pmarchive.com/guide_to_startups_part4.html.
7. medium.com/@davidjbland/7-things-i-ve-learned-about-lean-startup--c6323d9ef19c.
8. medium.com/blueprint-by-intuit/design-thinking-in-the-corporate-dna--f0a1bd6359db# .6i9u9o20w.
9. Para obter mais detalhes a respeito de ordenação de MVPs, ver *The Leader's Guide*, p. 156-57.
10. businessinsider.com/the-washington-post-is-growing-its-arc-publishing--business-2016-6.
11. Para mais detalhes a respeito de diretorias de crescimento, ver o Capítulo 9.

CAPÍTULO 5
Um sistema de gestão para a inovação em grande escala

1. Jeffrey K. Liker. *The Toyota Way* (New York: McGraw-Hill, 2003), p. 223. [No Brasil, *O modelo Toyota*. Porto Alegre: Bookman, 2005.]
2. O trabalho em andamento (Work in Process – WIP) é definido no fundamental *Factory Physics* como "o estoque entre os pontos inicial e final de uma rotina de procedimentos". Para mais detalhes, ver *Factory Physics for Managers: How Leaders Improve Performance in a Post-Lean Six Sigma World*, de Edward S. Pound, Jeffrey H. Bell e Mark L. Spearman (Nova York: McGraw Hill Education, 2014).
3. startup-marketing.com/the-startup-pyramid/.
4. Isso também vale para as startups, pois a maioria dos funcionários será originária de uma organização mais antiga.
5. O poder que os funcionários têm de deixar as empresas e começar outras sem ficarem amarrados por uma cláusula de não concorrência é uma proteção legal decisiva, e essa política é parte do que torna o Vale do Silício tão bem-sucedido. Para mais detalhes, ver o Capítulo 11.
6. Como Peter Drucker afirmou: "Sem dúvida não há nada tão inútil quanto fazermos com grande eficiência o que não deveria ter sido feito." "What Executives Should Remember", *Harvard Business Review*, vol. 84, nº 2, fev. 2006; hbswk.hbs.edu/archive/5377.html.
7. Para um exemplo de como o *stage-gate* deve funcionar, ver Robert G. Cooper. *Produtos que dão certo*. São Paulo: Saraiva, 2013.
8. Conheci muitas equipes que antedatavam o que afirmaram que iria acontecer só para que correspondesse à nova diretriz gerencial que estava na moda. George Orwell ficaria impressionado.
9. Criar essa estrutura de modo que seja verdadeiramente funcional em vez de apenas mais um sistema que possa ser manipulado exige o trabalho árduo de construir e usar diretorias de crescimento e outros mecanismos. Ver o Capítulo 9.
10. Brian Frezza palestrou na Conferência Startup Enxuta de 2013 em São Francisco; youtube.com/watch?v=I2l_Cn8Fuo8.
11. knowyourmeme.com/memes/profit.

PARTE 2
UM ROTEIRO PARA A TRANSFORMAÇÃO
"Quem está falando e do que estamos falando?"

1. en.wikipedia.org/wiki/United_States_Department_of_Health_and_Human_Services.
2. fastcompany.com/3046756/Obama-and-his-geeks.
3. nbcnews.com/news/other/only-6-able-sign-healthcare-gov-first-day-documents-show-f8c11509571.
4. advisory.com/daily-briefing/2014/03/03/time-inside-the-nightmare-launch-of-healthcaregov.
5. washingtonpost.com/national/health-science/hhs-failed-to-heed-many-warnings-that-healthcaregov-was-in-trouble/2016/02/22/dd344e7c-d67e-11e5-9823-02b905009f99_story.html.
6. advisory.com/daily-briefing/2014/03/03/time-inside-the-nightmare-launch-of-healthcaregov.

CAPÍTULO 6
Fase I: massa crítica

1. Cory Nelson é hoje gerente geral dos produtos de geração de energia e compressores de gás da divisão Distributed Power da GE Power.
2. pmarchive.com/guide_to_startups_part4.html.
3. A composição exata da "diretoria de crescimento do FastWorks", como ficou conhecida, variou um pouco de ano a ano, incluindo a participação de líderes de unidades de negócios individuais da GE. Para os oito projetos-piloto iniciais, ela incluiu Jamie Miller (então diretora de TI), Susan Peters (vice-presidente sênior de RH), Matt Cribins (então vice-presidente do Corporate Audit Staff da GE), Mark Little (vice-presidente sênior e diretor de tecnologia da GE Global Research) e Beth Comstock.
4. aei.org/publication/has-government-employment-really-increased-under-obama/; gao.gov/assets/680/677436.pdf; politicalticker.blogs.cnn.com/2009/04/18/Obama-names-performance-and-technology-czars; cei.org/blog/nobody-knows-how-many-federal-agencies-exist.
5. Aneesh P. Chopra. *Innovative State: How Technologies Can Transform Government* (Nova York: Atlantic Monthly Press, 2014), p. 215-16.
6. obamawhitehouse.archives.gov/the-press-office/2012/08/23/white-house-launches-presidential-innovation-fellows-program.

7   presidentialinnovationfellows.gov/faq/.
8   De fato, uma das aprendizagens principais se reflete em como contei a história aqui. A equipe percebeu que, em vez de construir um dispositivo único, fazia mais sentido conceituar seu novo produto como um sistema sendo vendido ao cliente.
9   Para mais detalhes sobre modelos de negócios, ver Alexander Osterwalder e Yves Pigneur. *Business Model Generation: A Handbook for Visionaries, Game Changers and Challengers* (Hoboken, NJ: John Wiley & Sons, 2010). [No Brasil, *Inovação em modelos de negócios*. Rio de Janeiro: Alta Books, 2011.]
10 fastcompany.com/3068931/why-this-ceo-appointed-an-employee-to-change--dumb-company-rules.

CAPÍTULO 7
Fase II: em expansão

1   Também participando desde o início da jornada, realizando trabalho de campo crucial e difícil, estavam Aubrey Smith, Tony Campbell, Marilyn Gorman e Steve Liguori.
2   playbook.cio.gov/.
3   inc.com/steve-blank/key-to-success-getting-out-of-building.html.
4   Os estudantes do método científico podem ficar preocupados com o fato de que não estamos ensinando às equipes a importância de uma hipótese refutável. É verdade que, em geral, guardo essa parte da teoria para muitas sessões depois, mas lembre-se de que a arrogância da startup na verdade trabalha a nosso favor aqui. A ideia de que *todo o planeta amará meu produto* é a hipótese facilmente refutável definitiva.
5   davidgcohen.com/2011/08/28/the-mentor-manifesto/.
6   Apoiado pelo Departamento do Reino Unido para o Desenvolvimento Internacional; pela Agência dos Estados Unidos para o Desenvolvimento Internacional; pela Omidyar Network; pela Agência Sueca de Cooperação para o Desenvolvimento Internacional; pelo Departamento de Relações Exteriores e Comércio da Austrália; e pelo Departamento de Ciência e Tecnologia da África do Sul.

CAPÍTULO 8
Fase III: sistemas profundos

1. Leigh Gallagher. *The Airbnb Story: How Three Ordinary Guys Disrupted an Industry, Made Billions... and Created Plenty of Controversy* (Nova York: Houghton Mifflin Harcourt, 2017), p. 177-8. [No Brasil, *A história da Airbnb*. São Paulo: Buzz, 2018.]
2. Ibid.
3. metropolismag.com/interiors/hospitality-interiors/whats-next-for-airbnbs-innovation-and-design-studio/.
4. bloomberg.com/news/articles/2015-08-18/emc-vmware-spinout-pivotal-appoints-rob-mee-as-new-ceo.
5. usds.gov/report-to-congress/2016/immigration-system/.
6. lean.org/lexicon/set-based-concurrent-engineering.
7. businessinsider.com/ge-is-ditching-annual-reviews-2016-7.
8. Ibid.
9. wsj.com/articles/ge-does-away-with-employee-ratings-1469541602.
10. Matt Mullenweg falou na Conferência Startup Enxuta de 2013 em São Francisco; youtube.com/watch?v=adN2eQHd1dU.
11. obamawhitehouse.archives.gov/blog/2013/05/15/rfp-ez-delivers-savings-taxpayers-new-opportunities-small-business.
12. ads.18f.gov.
13. seattlechildrens.org/about/seattle-childrens-improvement-and-innovation-scii/.
14. a16z.com/2017/03/04/culture-and-revolution-ben-horowitz-toussaint-louverture/.
15. currentbyge.com/company.
16. fastcompany.com/3069240/how-asana-built-the-best-company-culture-in-tech.
17. Ibid.

CAPÍTULO 9
Contabilidade para inovação

1. Podem ser coisas tão simples como a porcentagem de clientes que fazem pré-pedidos de um MVP; a porcentagem de clientes que concordam em participar de um programa de treinamento; ou a porcentagem de clientes que utilizam um sistema de TI (se for um projeto interno).

2. quora.com/What-was-it-like-to-make-an-early-investment-in-Twitter-What-was-the-dynamic-like; nbcnews.com/id/42577600/ns/business-us_business/t/real-history-twitter-isnt-so-short-sweet/#.WKZpShCOlaU.
3. medium.com/@dbinetti/innovation-options-a-framework-for-evaluating-innovation-in-larger-organizations-968bd43f59f6.
4. paulgraham.com/growth.html.
5. Em 2007, Scott Cook, da Intuit, criou o padrão de deleite com seu programa Design for Delight, com duração de um dia e que, mais à frente, desenvolveu-se e se tornou uma estrutura de inovação em toda a empresa. hbr.org/2011/06/the-innovation-catalysts.
6. netpromoter.com/know/.
7. slideshare.net/hiten1/measuring-understanding-productmarket-fit-qualitatively/3-Sean_Ellis_productmarket_fit_surveysurveyio.
8. Esses diagramas do tipo "cartela de bingo" se baseiam em meu trabalho com a GE e foram utilizados com permissão da empresa.
9. Aqueles que tentaram construir uma startup real sem um diretor financeiro, mesmo que em meio período, aprenderam essa lição da maneira mais difícil.

PARTE 3
O QUADRO GLOBAL

CAPÍTULO 11
Rumo a políticas públicas pró-empreendedorismo

1. Os empreendedores dos governos do Reino Unido e dos Estados Unidos adotaram essa abordagem dentro da filosofia de "a estratégia é entrega". Ver mikebracken.com/blog/the-strategy-is-delivery-again.
2. hbr.org/2016/10/an-entrepreneurial-society-needs-an-entrepreneurial-state.
3. Esses são apenas alguns exemplos de programas de visto disponíveis em outros países: startupchile.org/programs; startupdenmark.info; italiastart-upvisa.mise.gov.it.
4. Steven Watts. *The People's Tycoon: Henry Ford and the American Century* (Nova York: Vintage, 2006).
5. medium.com/tech-diversity-files/the-real-reason-my-startup-was-success-ful-privilege-3859b14f4560#.1skhsmiff.

6. Para saber mais, ver Scott Andrew Shane. *A General Theory of Entrepreneurship: The Individual-Opportunity Nexus* (Northampton, MA: Edward Elgar, 2003).
7. papers.ssrn.com/sol3/papers.cfm?abstract_id=2896309.
8. hbr.org/2017/02/a-few-unicorns-are-no-substitute-for-a-competitive-innovative-economy.
9. rand.org/content/dam/rand/pubs/working_papers/2010/RAND_WR637-1.pdf.
10. Carol S. Dweck. *Mindset: The New Psychology of Success.* (Nova York: Random House, 2006). [No Brasil, *Mindset: A nova psicologia do sucesso.* Rio de Janeiro: Objetiva, 2017.]
11. stvp.stanford.edu/blog/innovation-insurgency-begins/.
12. steveblank.com/category/nsf-national-science-foundation/.
13. bloomberg.com/news/articles/2016-02-10/how-tech-startup-founders-are-hacking-immigration.
14. blogs.wsj.com/digits/2016/03/17/study-immigrants-founded-51-of-u-s-billion-dollar-startups/.
15. citylab.com/politics/2013/04/how-immigration-helps-cities/5323/.
16. Um exemplo disso é Kunal Bahl, formado pela Wharton School, da Universidade da Pensilvânia. Ele voltou para a Índia, seu país natal, e fundou a Snapdeal, empresa de comércio eletrônico que está avaliada agora em 6,5 bilhões de dólares, e criou milhares de empregos naquele país, mas nenhum nos Estados Unidos, onde estudou. money.cnn.com/2017/02/02/news/india/snapdeal-india-kunal-bahl-h1b-visa/index.html.
17. thenation.com/article/what-if-we-treated-labor-startup.
18. thoughtco.com/intro-to-unemployment-insurance-in-the-us-1147659.
19. ncbi.nlm.nih.gov/pmc/articles/PMC2796689/.
20. A UBI não é necessariamente o único modo de construir um benefício econômico verdadeiramente universal. Uma garantia de emprego pelo governo federal pode alcançar resultados semelhantes: jacobinmag.com/2017/02/federal-job-guarantee-universal-basic-income-investment-jobs-unemployment/.
21. nytimes.com/2016/12/17/business/economy/universal-basic-income-finland.html.
22. qz.com/696377/y-combinator-is-running-a-basic-income-experiment-with-100-oakland-families.
23. kauffman.org/what-we-do/resources/entrepreneurship-policy-digest/can-social-insurance-unlock-entrepreneurial-opportunities.
24. theatlantic.com/business/archive/2016/06/netherlands-utrecht-universal-basic-income-experiment/487883/; theguardian.com/world/2016/oct/28/universal-basic-income-ontario-poverty-pilot-project-canada.

25 vox.com/new-money/2017/2/13/14580874/google-self-driving-noncompetes.
26 kauffman.org/what-we-do/resources/entrepreneurship-policy-digest/how-
-intellectual-property-can-help-or-hinder-innovation.
27 forbes.com/2009/08/10/government-internet-software-technology-breakthroughs-oreilly.html.
28 obamawhitehouse.archives.gov/the-press-office/2013/05/09/executive-order-
-making-open-and-machine-readable-new-default-government-.
29 Chopra, *Innovative State*, p. 121-22.
30 hbr.org/2017/02/a-few-unicorns-are-no-substitute-for-a-competitive-innovative-economy.
31 site.warrington.ufl.edu/ritter/files/2017/06/IPOs2016Statistics.pdf.
32 jstor.org/stable/1806983?seq=1#page_scan_tab_contents; larrysummers.com/2017/06/01/secular-stagnation-even-truer-today.
33 techcrunch.com/2017/06/28/a-look-back-at-amazons-1997-ipo.
34 niskanencenter.org/blog/future-liberalism-politicization-everything/.

EPÍLOGO
Uma nova religião cívica

1 bloomberg.com/view/articles/2017-04-12/here-s-one-more-thing-to-blame-
-on-senior-management.

CONHEÇA OUTRO LIVRO DO AUTOR

A STARTUP ENXUTA

A startup enxuta é um modelo de negócio que vem sendo amplamente adotado ao redor do mundo, mudando a maneira como as companhias idealizam seus produtos e serviços.

Pioneiro na implementação dessa abordagem, Eric Ries define startup como **uma organização dedicada a criar algo novo sob condições incertas** – e isso inclui tanto o jovem empreendedor que trabalha na garagem de casa quanto o profissional experiente em uma multinacional.

O que eles têm em comum é a missão de atravessar essa névoa de incerteza em direção a negócios inovadores e sustentáveis.

Com o objetivo de aumentar a taxa de sucesso de empresas e produtos, o modelo startup enxuta se baseia na aprendizagem validada e na experimentação contínua, adotando métricas efetivas para avaliar o progresso, práticas que evitam o desperdício de tempo e recursos, estratégias para descobrir o que os clientes realmente desejam e agilidade para mudar de direção quando necessário.

Neste livro, que já se tornou referência no assunto, Ries reúne histórias reais e exemplos de empresas que se transformaram ao implementar esse modelo revolucionário.

Um passo a passo essencial para qualquer empreendedor, *A startup enxuta* apresenta uma abordagem científica eficaz para a criação de empresas bem-sucedidas que façam a diferença numa era em que é preciso inovar mais do que nunca.

Para saber mais sobre os títulos e autores
da Editora Sextante, visite o nosso site.
Além de informações sobre os próximos lançamentos,
você terá acesso a conteúdos exclusivos
e poderá participar de promoções e sorteios.

sextante.com.br